La Démocratie des Crédules

La démocratie des crédules

쉽게 믿는

제랄드 브로네르 지음

자들의

김수진 옮김

민주주의

우리는 왜 가짜 뉴스에 현혹되는가

책세상

다프네에게

일러두기

- 본문의 각주는 모두 저자 주다. 각 인용 출처의 자세한 내용은 책 뒤쪽의 참고문헌 목록을 통해 확인할 수 있다.

- 고유명사의 로마자 표기는 책 뒤쪽의 '고유명사 일람'에서 확인할 수 있다.

- 단행본 및 신문·잡지 제목은 《 》로, 논문 및 기사, 예술 작품, 방송 프로그램 제목은 〈 〉로 표기했다.

이 책에는 미디어와 신념, 정보, 인터넷 등이 등장한다. 다만 지배사회에 봉사하기 위해 분노에 찬 호소력으로 진실에 맞서 음모론적 주장을 탐사하는 미디어 시스템에 대한 수많은 비판은 이 책에서 다루지 않는다. 이런 종류의 이론은 음모론에 속하건 혹은 더욱 교묘하게도 자칭 '비판적' 사고에 속하건 필자의 눈에는 하나같이 어떤 지적 유치함의 표현으로만 보였기 때문이다. 정말로 여론을 조작하려는 시도가 없어서, 혹은 우리가 사는 세상에 불명예스러운 일이나 부패가 존재하지 않아서가 아니다. 오히려 실상은 이와 거리가 멀다. 다만 핵심이 거기에 있지 않기 때문이다.

미디어 시스템이 재계 및 과학계(또 누가 더 있을까?)와 손잡고 진실 앞에서 '대중'의 눈을 가리려 한다고 상상하는 신화.

이런 신화가 아무리 정밀하게 짜여 있다 한들 내가 보기에는 아무래도 신화보다 현실이 더 우려스러운 것 같다. 그 이유는 (이 책에서 기술하겠지만) 거짓과 의혹으로 공적 공간을 점령하는 과정들이 정보기술의 발달과 우리 사고방식의 작용, 민주주의의 본질 그 자체 등에 의해 조장되기 때문이다. 더욱이 우려스러운 이유는, 이에 따라 현재 우리에게 일어나는 일에 대한 책임이 우리 모두에게 있기 때문이다.

차례

3장 경쟁은 진실을 도모하나 지나치면 진실을 해치는 법

4장 악의 원형: 민주적 위험

5장 무엇을 할 것인가: 쉽게 믿는 자들의 민주주의에서 지식의 민주주의로

서문
의심의 제국

2011년 12월 19일, 'Reopen-09/11'이라는 이름의 사이트 운영자 한 명이 보낸 이메일이 나에게 도착했다. Reopen-09/11은 2001년 9월 11일에 발생한 9·11 테러에 대한 공식 설명(알카에다가 모의한 살해 테러 행위라는 것)이 의심스럽다고 주장하는 사이트다. 그가 나에게 메일을 보낸 이유는 아마도 내가 여러 차례에 걸쳐 신문과 라디오, 심지어 TV에까지 나와서 신념의 메커니즘이 이른바 '음모론의 신화' 안에서 어떻게 작동하는지를 지적했기 때문인 듯하다. 때때로 내가 9·11 테러의 배후에 CIA가 있다고 믿는 사람들의 사례를 든 것은 사실이다. 아주 깍듯하게 작성된 이 메일에 대해 할 말은 많지만, 그중에서 그가 나에게 던진 일견 순진하면서도 지극히 상식적으로 보이는 질문 하나만 소개하고자 한다. "마지막으로 독립적인 조사를 한다면 공식적인 설명을 확실히 믿는 사람들과 의심을 하는 사람들이 다 수긍하지 않겠습니까?" 믿을 수 없는 전문가들이 공식 보고서[1]를 작성했다는 전제가 깔려 있었다. 또한 '독립적인' 전문가 평가를 요구하는 경우에 흔히 그렇듯, 나는 이 질문자도 결국 이런 전문가 평가에서 자신의 주장에 유리한 보고서가 나와야만 만족할 것이라는 인상을 받았다. 하지만 그의 이메일에서 무엇보다도 나의 눈길을 끈 부분은 메일 제목이 "의심할 권리"였다는 점이다. 이를 보면 메일 발신자가 자신의 기본권 중 하나가 우롱당하고 있다고 느끼는 것을 알 수 있다.

이미 자신이 온전히 누리고 있는 것이 명백한데도 새삼 이 권리를 요구하는 모습은 일견 놀랍기도 하다. 그가 이 사이트를 운영하고, 인터넷에 동영상을 올리고, 책을 출판하고, 기사를 쓰고, 거리에서 전단을 배부하고, 공공시위를 조직하는 것을, 그러니까 전반적으로 그가 자신의 의견을 표현하는 것을 누가 방해라도 했단 말인가?

일단 이런 의문을 제기하고 나면 그가 주장하듯 의심할 권리가 기본권이라는 사실을 인정하게 된다. 실제로 이 권리가 없다면 인간의 지식은 수정되지 못할 테니 말이다. 가령 과학계에서 의심할 권리가 박탈된다면, 지식에 어떤 진보도 이루어지기

---

1   《2001년 9월 11일: 반미 테러 공격에 관한 국가위원회 최종 보고서》. *11 septembre 2001: Rapport final de la Commission nationale sur les attaques terroristes contre les États-Unis*, Paris, Editions Alban, 2005.

를 기대할 수 없다. 지배적인 과학 이론들이 고정불변하는 것으로 여겨질 것이고, 그러면 그 길로 인류의 진보는 이제 끝날 것이다. 정치 분야에서 이 권리의 부재가 가져오는 결과는 말할 필요도 없다. 그런데 이 사람이 '의심할 권리'를 요구하면서 미처 보지 못한 점이 있는 것 같다. 대체로 모든 권리가 그렇듯, 이 권리에도 의무가 내포되어 있다는 사실 말이다. 그렇다면 왜 의무가 요구되는 것일까?

만약 의심이 그 자체만을 위해 어떤 제약도 없이 존재해야 한다고 주장한다면, 이런 경우 의심은 모든 담론을 부정해버리는 일종의 정신적 니힐리즘으로 쉽사리 빠질 수 있다. 무언가가 존재한다는 것은 증명할 수 있지만, 무언가가 존재하지 않는다는 것을 결정적으로 증명하기란 불가능하다. 그런데 극단적인 불신에 사로잡힌 자가 모든 공식적인 발표에 대해 던지는 명령이 정확히 그렇다. 음모가 없다는 것을 내게 증명해라, 이 제품이 전혀 위험하지 않다는 것을 내게 증명해보여라…. 나는 말〔馬〕이 존재한다는 것은 증명할 수 있지만, 유니콘이 존재하지 않는다는 것은 증명할 수 없다. 만약 내가 아무도 유니콘을 본 적이 없으며 이런 생명체의 존재는 동물학적 지식에 반한다는 식으로 접근한다고 하자. 그러면 공식적인 진리를 의심하는 사람들은 역사적으로 과학이 실수한 경우가 많으며, 어쩌면 사람들이 탐험하지 않은 곳, 깊은 숲속 한가운데나 다른 행성에 유니콘이 존재하리라는 말로 쉽게 반박할 것이다. 심지어 유니콘을 봤다고 주장하는 사람들의 증언을 동원하거나, 유니콘 한 마리가 남겼을 수 있는 흔적을 증거로 보여줄지도 모른다….

바로 이것이 이른바 무지에 근거한 논증(반대 증거가 없다는 것을 근거로 내세우는 논리적 오류. 가령 A가 거짓이라는 증거가 없으므로 참이라고 주장하는 것—옮긴이)이라는 궤변을 보여주는 사례다.

앞으로 살펴보겠지만, 심지어 우리 동시대의 민주주의에서조차 이런 '무지에 근거한 논증'이 공적 공간에서 전파되기에 유리한 조건들이 조성되어 있다. 그 필연적인 결과로, 의심할 권리를 주장하는 자들이 막대한 양의 논거를 쏟아부어 자신의 담론과 경쟁하는 모든 담론을 묻어버리는 것이 가능해졌다. 다시 9·11테러의 예를 들자면, 이 음모론적 신화를 뒷받침하는 논거는 거의 백여 가지에 달할 뿐만 아니라 그중 일부는 재료물리학에 속하고, 일부는 지진학, 또 일부는 주가 분석과 관련되는 식으로 다양한 전문 분야를 망라한다![2]

이런 상황에서는 자신만의 확고한 견해가 없는 사람은 쉽사리 빠져나올 수 없는 정신적 미궁이 생겨난다. 그런 이는 이 강박적인 불신에 동조하건 하지 않건, 불편한 느낌이 마음 한구석에 남는다. 일반적으로뿐만 아니라 공공보건, 환경, 경제, 정치권력의 행사, 기성 미디어 내에서의 정보 전파 등과 관련된

---

2   Anfossi(2010) 참조.

수많은 문제에 대해서도 우리 동시대인들의 마음속에는 의심이 스며들어 있는 것처럼 보인다.

이 같은 의심할 권리가 워낙에 급속히 퍼진 탓에, 이 권리를 일종의 도덕적 위협처럼 요구하는 사람들은 권리의 남용 또한 존재한다는 사실을 망각하기라도 한 것처럼 보인다. 이러한 지적을 자유 말살이라 생각할 사람들에게 다시 한번 짚어주고 싶다. 아무 제약 없이 행사되는 자유보다 자유를 말살하는 것은 없으며, 이렇듯 전이성 있는 의심은 합리적인 사고를 지닌 사람에게 짜증을 유발하는 정도를 훨씬 넘어서는 충격적 영향을 미칠 수 있다. 실제로 잠시만 생각해보면 우리는 모든 사회적 삶의 본질이 신뢰라는 것을 알 수 있다.

우리가 다 함께 어울려 살 수 있는 것은, 우리의 집단적 삶이 예측 가능성을 띤다고 생각하기 때문이다. 가령 출근하러 집을 나서는 A씨는 자신이 도둑이나 살인자에게 희생되지는 않으리라 예상한다. 영화표를 끊으면서는 극장 직원들이 예정된 영화를 상영할 것이라 믿는다. 초록색 신호등이 켜져서 안심하고 길을 건널 때는, 교차로의 자동차들이 교통법규를 준수한다고 전제한다. 또한 우편으로 발송한 편지는 (자세히는 몰라도) 공무원들이 수행하는 모종의 작업 라인 덕분에 수신인에게 무사히 도착할 것으로 어느 정도 당연하게 기대한다….

이 많은 예상은 모두 암묵적으로 이루어진다(만약 그렇지 않다면 우리 머릿속은 다루어야 할 수많은 정보에 잠식될 것이다).

왜냐하면 이런 예상들은 평균적으로 사회질서의 예측 가능성을 믿을 수 있다는 것을 아는 개인들의 경험을 바탕으로 하기 때문이다. 즉 그들에게 신뢰심이 있기 때문이다. 이런 신뢰가 매우 견고한 신념이 되는 이유는 그것이 막대한 경험을 토대로 하기 때문이다. 하지만 그러면서도 이런 신뢰가 취약한 이유는 그것이 하나의 신념에 불과하기 때문이다. 모든 사회질서는 신뢰라는 이 신념이 널리 공유되어야 존재할 수 있다. 동료 시민이 빨간 신호등을 지킬지 몇몇 사람만 의심하기 시작해도, 모두가 교차로에서 속도를 줄이게 되면서 도시에 교통체증을 유발하기에 충분하다. 정치학자인 잉글하트 교수와 그의 동료들이 국제적으로 진행한 대대적인 조사 결과[3]가 보여주듯, 일반적으로 정치권력에 대한 불신 수준은 그 나라 국민이 타인을 불신하는 정도와 상관관계에 있는 것으로 보인다. 한 가지 예만 들자면, 브라질은 정치에 대한 불신이 강한 나라들 가운데 하나이면서 개인들 간에 불신이 팽배한 나라이기도 하다. 브라질인의 2.8퍼센트만이 다른 사람을 신뢰한다고 응답하기 때문이다. 신뢰라는 이 신념이 변질되면 더 심각한 결과를 낳을 수도 있다. 가령 정치적 긴장이 한층 고조된 상황에서 시내에서 발포가 있었다는 소문이 돌면, 돌발적인 내전으로 인한 폭력에 노출되지 않으려고 상당히 많은 사람이 집 밖으로 나오기를 꺼릴 수 있다. 사람들

---

3   Ingelhart(2003).

은 이렇게 행동함으로써 심각한 사건이 일어나려 한다는 주장에 신빙성을 더하고 악순환의 누적 과정에 동참하게 된다.

1984년 11월 20일, 바로 그런 일이 인도에서 일어날 뻔했다. 자일 싱 대통령이 암살당했다는 소문이 뉴델리에 파다하게 퍼졌기 때문이다. 저녁 뉴스 시간까지 8시간 동안, 뉴델리는 이 거짓 정보가 유발할 수밖에 없는 불안감에 휩싸여야 했다. 당시 여론은 불과 얼마 전(1984년 10월 31일) 인디라 간디의 암살이라는 트라우마를 겪으면서 인도 사회가 매우 취약하고 불안정하다고 느끼고 있었다. 이런 여건에서 또다시 정치적 암살이 발생하면 사회적으로 비극적인 영향을 미칠 수도 있는 상황이었다. 공무원, 은행원, 일부 교사들이 퇴근 시간 전에 귀가했고, 상인들은 상점 셔터를 내렸으며, 언론사에는 문의 전화가 쇄도했다. 타인이 어떻게 할지 모르는 상태에서 각자 자신의 일상적인 예상이 제대로 작동하지 않는 것을 목격하면서 사회질서가 위협받았다. 그러다가 저녁 뉴스에서 대통령이 방문자의 예방을 받으며 업무를 보는 건재한 모습이 방영되자 이 소문은 눈 녹듯 사라졌다. 이런 소문이 돌았던 것을 모를 리 없는 진행자는 논평 시간에 대통령이 아주 건재하다고 다시금 강조했다.

그렇다면 대체 무슨 일이 벌어졌던 것일까? 대통령궁에 암살 사건이 발생한 것은 맞았다. 그런데 희생자는 대통령이 아니라 정원사였다. 인도의 사회·정치적 맥락에서 대통령궁에서 암살이 일어났다면 자연스럽게 대통령이 암살되었다고 해석하기 마련이었다. 다행히 그날 뉴델리는 아무런 피해 없이 혼란에서 벗어났지만, 자칫 다른 결과로 이어질 수도 있는 상황이었다.

이렇듯 신뢰는 모든 사회적 삶에 필요하지만 지식의 진보와 지적 분업을 중심으로 조직되는 민주주의 사회에서는 더더욱 필요하다. 실제로, 지식이 계속 생산됨에 따라 지식이라는 공동 능력 가운데 각 개인이 통제할 것으로 기대받는 부분은 감소한다. 즉 우리가 많이 알게 될수록 그에 비례해서 내가 아는 부분의 비중이 줄어드는 것이다. 몇 세기 전에는 한 개인이 과학적 지식 전체를 통제할 수 있다고 기대하는 게 가능했다. 하지만 오늘날 그런 건 어림도 없다는 것을 모르는 사람이 없다. 이 말인즉슨, 지식의 진보라는 토양 위에 세워진 사회가 역설적으로 위임에 의한 신념 사회가 되고 이에 따라 신뢰 사회가 된다는 뜻이다. 이런 사실을 토크빌은 이미 당대에 파악하고 있었다.

다른 사람이 믿는 수많은 것을 믿지 않고, 자신이 밝혀내는 것보다 훨씬 더 많은 진실을 전제하지 않는 위대한 철학자는 세상에 없다. 이런 태도는 필요할 뿐만 아니라 바람직하다.[4]

그렇다. 이런 태도가 바람직한 것은 분명하다. 모든 사람이

---

4   Tocqueville(1992), p. 519.

모든 정보를 각자 열심히 검증하는 세계가 오래 생존하리라고 상상하기는 어렵기 때문이다. 그럼에도 이러한 신뢰 과정의 변질이 일어나는 사회적 조건들은 존재한다.

물론 현재 서양의 민주주의는 1980년대 초의 인도와 같은 정치적 긴장 상태에 놓여 있지 않다. 일촉즉발의 내전 상황에 있지도 않다. 하지만 권위와 공식 발표에 관한 논란, 전문가들이 내린 결론에 대한 불신이 피부로 와닿을 정도로 모든 분야에 팽배해 있다. 예를 들어 불신을 주제로 한 다양한 여론조사에서는 좋게 보면 모호하고 나쁘게 보면 우려스러운 결과들이 나오고 있다. 2011년에 실시된 프랑스인과 과학의 관계에 관한 조사 결과[5]는 뚜렷한 대조를 이루었다. 그중 몇몇 결과는 프랑스인의 마음이 주요 쟁점들에 대한 의심으로 잠식되었음을 보여준다. 가령 "과학과 기술은 우리에게 득보다 실을 가져다주는가?"라는 문항에 대해 '그렇다'는 응답이 43퍼센트였다. 56퍼센트는 '아니다'라고 대답했을 테니 기쁜 일일지도 모른다. "과학과 기술 덕분에 미래 세대가 현재 세대보다 잘살 것이라 보는가?"라는 질문에도 같은 비율로 과학에 긍정적인 응답이 나왔으니 반가울 수도 있다. 그러나 달리 생각하면 믿기 어려울 만큼 배은망덕한 결과가 나타났다고 해석할 수도 있다. 앞서 질

5   입소스, 로지카 비즈니스 컨설팅, 《라르셰르슈》와 《르몽드》의 공동 여론조사.
     http://www.larecherche.fr/content/system/media/Rapport.pdf

문에 그렇다고 응답한 사람들, 즉 과학기술이 득보다 실을 가져다준다고 대답한 사람은 과연 1800년에 출생한 이의 기대수명이 30세에 불과했으며 1960년대 출생자에 이르러서야 겨우겨우 60세에 도달했지만 오늘날에는 무려 80세가 넘는다는 사실을 인식하고나 있을까?[6] 과연 그들은 19세기 런던의 아파트 평균 실내온도가 섭씨 12도밖에 되지 않았던 것을 알고 있을까? 예전에 수백만 명의 목숨을 앗아갔던 페스트, 콜레라, 티푸스 같은 전염병의 존재를 기억하는 것일까? 그들은 일상 속에서 전기와 전자제품, 컴퓨터 덕분에 누리는 혜택을 높이 평가하지 않는 것일까?

과학을 바라보는 이런 의혹의 시선은 30년 전부터 증가하고 있다.[7] 미디어에 많이 노출되면서 일반 시민이 잘 알고 있다고 느끼게 된 주제들의 경우에는 이런 현상이 더욱 명백하다. 이를테면 여론조사 응답자의 58퍼센트가 유전자변형 식품이나 원자력 분야에 대해서 과학자들이 진실을 이야기하지 않는다고 믿는 것으로 나타났다(각각 33퍼센트와 35퍼센트만이 신뢰한다고 응답했다). 게다가 72퍼센트는 원자력발전소의 안전성 평가를 믿을 수 없다고 말했다. 나는 독자들 가운데 많은 이가 이 부분을 읽는 순간에는 이러한 의견이 합리적이며 이렇게 표현

---

6   http://www.ined.fr/fr/tout_savoir_population/graphiques_mois/esperance_
      vie_france
7   http://www2.cnrs.fr/presse/journal/1715.htm

된 의혹에 지나친 면이 없다고 생각하리라는 것을 잘 알고 있다. 만약 그렇지 않다면 이 책은 존재할 이유가 없다. 유전자변형 식품은 거짓이 여론을 장악한 방식을 보여주는 매우 적절한 사례이기 때문에 이 문제에 대해서는 본문에서 다시 다루도록 하겠다. 일반적으로 생명과학기술의 이미지는 1990년대 중반부터 유럽 전역에서 크게 변질되었다.[8]

이 같은 의혹은 비단 과학 분야에만 한정되지 않는다. 시민에게 정보를 제공하는 창구 역할을 하는 언론인들도 의혹의 시선을 벗어나지 못한다.[9] 실제로 조사 대상 프랑스인의 63퍼센트가 언론인이 정당과 권력의 압력에 직면했을 때 독립적이지 못하다고, 58퍼센트가 돈의 압력 앞에서 독립적이지 못하다고 생각했다. 프랑스에서 TV는 여전히 주요 정보 공급원이지만, 1989년 이래로 20퍼센트포인트 정도 신뢰를 잃었다. 오늘날에는 프랑스인의 54퍼센트가 세상일이 TV에서 이야기하는 것처럼은 거의 돌아가지 않는다고 여기는 것으로 나타났다.

정치인에 대해서는 프랑스 시민의 42퍼센트만이 신뢰한다고 말했다.[10] 다른 정치인에 비해 시장市長에 대해서는 신뢰한

8   Boy(2003).
9   《라크루아》의 의뢰로 TNS-Sofres가 실시한 여론조사는 다른 사이트에서 확인할 수 있다. http://www.tns-sofres.com/_assets/files/2011.02.08-baromedia.pdf
10   Cevipof 2011 여론조사: http://www.cevipof.com/fr/le-barometre-de-laconfi-ance-politique-du-cevipof/resultats3/

다는 응답이 54퍼센트로 인식이 좋았던 반면, 국회의원은 겨우 30퍼센트의 신뢰만 받았다. 프랑스인 둘 중 한 명 이상이 좌파와 우파를 막론하고 나라를 다스리는 정치인에 대한 신용이 전혀 없다고 했으며, 30퍼센트만이 프랑스 정치인이 정직하다고 여겼다.

이 여론조사는 프랑스인의 심리 상태를 파악하려는 목적으로 시행되었는데 그 결과는 고무적이지 않다. (2010년에 실시한 직전의 여론조사와 비교했을 때) 프랑스 국민이 느끼는 권태감, 침울함, 두려움은 증가한 반면 평온함, 열의, 행복감은 감소했다. 하지만 가장 현저하게 뚜렷해진 마음 상태는 불신이었다. 6퍼센트포인트가 증가해 응답자의 34퍼센트가 불신감을 호소했다. 전체적으로 응답자의 70퍼센트가 다른 사람들을 상대할 때 아무리 신중해도 지나치지 않다고 여겼으며, 38퍼센트는 대부분의 사람이 자신을 이용하려 든다고 생각하는 것으로 나타났다.

전반적으로 세계 어디에서나 정치제도에 대한 개인들의 신뢰는 떨어졌다.[11] 많은 서양 국가에서 이런 종류의 조사 결과를 얻을 수 있지만, 그중에 프랑스가 이상적인 관찰 플랫폼이라는 사실은 인정하자. 언젠가부터 프랑스에서는 불안감이 국가적인 문제가 되었다. 갤럽 인터내셔널 네트워크가 51개국을 대상으

11   이 문제에 대해 종합적으로 살펴보려면 Dogan(2005)을 참조하기 바란다.

로 다양한 국민의 '모럴'(집단적 심리 상태—옮긴이)을 평가하기 위해 실시한 최근(2012년) 연구 결과, 세계에서 가장 침울한 나라는 프랑스로 밝혀졌다. 더 우려스러운 점은 이 연구에서 강조하듯 프랑스인이 지금껏 오늘날처럼 이렇게 비관적이었던 적은 없었다는 사실이다. 각국 국민의 모럴을 알아보는 이런 유형의 여론조사가 실시된 이래로 프랑스인은 가장 근심이 많아진 것으로 나타났다. 이 조사가 처음 실시된 시기는 1978년 2차 석유파동 이후로, 경제 시스템 전체를 재고해야 했던 때였다. 하지만 지금은 이 마음의 병이 세계에서도 제일 부유한 국가들을 강타하고 있기에 그만큼 역설적이다. 프랑스 국민이 기아와 내전으로 위협받는 나이지리아나 이라크 국민보다 낙관적이지 않다는 응답 결과는 당황스럽기까지 하다. 이런 놀라운 결과의 원인을 떠나(이와 관련해서도 토크빌의 저작을 읽어보면 꽤 유용하다) 마치 어리광 부리는 아이처럼 이렇게 대대적으로 주장하는 모습을 보면 불편함 이상의 마음이 든다.

이는 자유와 안전이 보장된 안정된 민주주의 사회에 사는 사람이 어떻게든 무언가의 피해자가 될 방법을 찾고 있는 듯한 모습이다. 프랑스 언론인 기욤 에르네르가 지적하듯[12] 피해자라는 지위는 민주주의적 공간에서 역설적이게도 선망의 대상이 되었다. 의심은 우리 모두에게 피해자의 지위를 부여하며, 진실

12   Erner(2006).

과 반대되는 방향의 음모를 유발하는 강력한 피해자가 될 수 있게 해준다. 이런 불신은 그저 막연하고 단순한 감정에 그칠 수도 있지만, 규탄하는 내용을 담은 담론으로 조직될 수도 있다. 최근 몇 년 사이에 공적 공간에 화려하게 귀환하고 있는 듯한 다양한 음모론이 그렇다.[13] 대체 이런 음모론이란 무엇일까? 바로 '모든 것이 연관되어 있다', '우연히 일어나는 일은 없다', '세상일은 보이는 것과는 다르다' 등의 표현으로 규정될 수 있는 하나의 편집증적 세계다. 도미니크-스트로스 칸 스캔들, 시에클 클럽(영어로 표현하면 '센추리 클럽'이라 할 수 있는, 프랑스 정계·재계·언론계 엘리트들의 민간 모임이다—옮긴이), 일루미나티, 9·11테러, 아이티 지진, 음지에서 우리를 지배하는 파충류 인간, 홍수… 가장 엉뚱한 주제부터 가장 우려스러운 주제까지 망라하는 음모론적 상상계. 우리가 세상을 제대로 보는 것을 방해하는 힘이 존재한다는 주장, 사람들이 우리에게 숨기는 것이 있다는 주장을 그곳에서 볼 수 있다. 이런 의미에서 음모론적 상상계는 어디에나 침투해 있는 불신이 또 다른 모습으로 표현된 것이라 할 수 있다.

음모론적 신화는 인간의 상상계에 존재하는 바다뱀과 같다. 무엇보다도 세상을 알고 싶어 하는 우리의 갈증을 크게 해

13 Campion-Vincent(2005), Taguieff(2005), Charpier(2005) 참조. 이 세 저작이 같은 해에 발표되었다는 사실은 다른 무엇보다도 이런 주제가 다시 부상하고 있다는 지표다.

소해주기 때문이다. 실제로 이런 신화의 바탕에는 우리의 사고를 매우 만족시키는 폭로 효과가 자리하고 있다. 이는 수수께끼의 답을 발견했을 때의 느낌과 비슷하다. 지금껏 일관성 없었던 현상들을 일관성 있게 설명하고, 얼핏 독립적으로 보이는 사건들이 사실은 한 집단이나 개인의 의지에 따라 몰래 연결되어 있다는 것을 보여주면서 이 사건들 사이의 연결고리를 발견하게 해주기 때문이다. 이런 신화는 대부분 눈길을 사로잡고 사람들의 사고방식을 손쉽게 강타한다. 그 결과, 사람들 머릿속에 쉽게 기억된다. 이는 이런 신화가 인지 시장에서 성공적으로 보급되는 주된 비결이다. 더군다나 음모론적 신화를 자기 것으로 삼는 사람들은 자신이 그 누구보다 많이 알고 있고 그래서 누구보다도 순진하게 속아 넘어가지 않는다고 느낀다. 그렇기에 이런 이들에게는 그들이 내세우는 논거가 무용하다고 설득하기가 쉽지만은 않다. 왜냐하면 이들은 금세 대화 상대를 자신이 맞서 싸우려는 공식적인 견해의 중재인으로 생각해버리기 때문이다. 여기에 덧붙여 음모론적 신화가 대개 고정관념이나 모든 종류의 하위문화를 부추긴다는 사실을 고려하면, 비합리적인 사람이 아니더라도 이런 신화를 매력적으로 느낄 수 있다는 것이 쉽게 납득된다.

《시온 장로 의정서》라든지, 프랑스대혁명의 배후에 프리메이슨이 있다는 주장 등 역사적으로 보면 음모론적 신화가 등장하지 않았던 때가 없다. 템플기사단의 해체도 음모론의 시각으로 볼 수 있다. 직관적으로 설명되지 않는 수많은 실제 사건과 허구의 사건이 음모론적 전설을 만들어내는 소재다. 20세기도 이런 음모론 만들기 경쟁에서 결코 뒤지지 않았다. 유대인, 프리메이슨, 집시 등이 실업이나 콜레라, 인플레이션, 정치적 음모, 여론 조작 등 모든 종류의 재앙을 불러왔다는 오명을 차례로 또는 동시에 뒤집어썼다. 따라서 음모론적 신화는 21세기에 탄생한 것이 아니다. 하지만 오늘날에는 이런 음모론이 전대미문의 지지자를 끌어모으고 있는 것으로 보인다. 한 가지 사례만 들자면, 여론조사를 할 때마다 9·11테러를 둘러싼 음모론적 신화의 성공이 확인되는 것이 놀랍지 않은가? 이 신화가 가장 큰 반향을 불러일으키는 나라들이 일반적으로 친미나 친이스라엘 성향으로 분류되지 않는 아랍 국가라는 사실은 놀라운 일이 아니다(가령 요르단에서는 두 명 중 하나 정도가 미국이나 이스라엘이 이 테러의 배후에 있다고 믿으며, 이집트에서는 그 비율이 55퍼센트다). 하지만 이런 신념이 독일 같은 여러 서방 국가에서 상당히 인기가 있다는 사실을 확인하면 말문이 막히고 만다. 독일에서는 이 테러에 관한 음모론을 믿는 사람의 비율이 26퍼센트로 집계되었다. 프랑스는 조금 더 현명하게도 응답자의 15퍼센트만이 미국과 이스라엘이 각기 단독으로 혹은 공동으로 테러에 연루되어 있다고 여기는 것으로 나타났다. 그러나 23퍼센트는 '모른다'고 대답함으로써 공식적인 설명에 대한 의구심을 표현했다. 그런데 이러한 조사 결과 가운데 확실히 가장 우려스러운 것은 바로 미국에서 나왔다. 한 여론조사 결과[14] 미국인의 36퍼센트가 9·11테러에 연방 관리들이 연루되었을 가능성이 있거나 매우 그럴 것 같다고 대답했기 때문이다.

베로니크 캉피옹-뱅상(2005)이 지적하듯, 예전에 우리는 음모론적 상상계가 반동적 사고에 갇혀 있다고 생각했지만 오늘날 이 상상계는 모든 사회계층으로 전파되고 있으며, 그 주제도 정치적인 것에만 한정되지 않는다. 캉피옹-뱅상에 따르면 현재의 음모론적 사고방식이 지닌 두 번째 측면은 '메가급 음모', 즉 전 지구적 차원의 야심을 품은 음모가 존재한다고 상상하는 것이다. 다른 모든 분야가 그렇듯 상상계의 주제들에 대해서도 세계화가 진행 중이라고 해야 할까. 이런 신화 가운데 일부는 쉽사리 조롱거리가 되기도 한다. 예컨대 파충류에 집착을 보이는 데이비드 아이크의 음모론이 그렇다. 그는 우리의 위대한 정치인들이 고대 수메르인과 외계인의 혈통을 이어받은 파충류 인간의 후손이라고 상상한다. 또는 비행기가 하늘을 날면서 남기는 흔적인 '켐트레일'에 대한 음모론도 마찬가지다. 이 음모론자들은 켐트레일이 정부가 기상이나 사람들의 정신을 조작하기 위해 살포하는 화학물질이라고 주장한다. 한편 미국 텍사스주에서 벌어진 웨이코 참사(1993년 미국 정부가 '다윗의 별'이라는 사이비 종교 단체를 강경 진압하면서 많은 희생자가 발생

14   http://www.scrippsnews.com/911poll/

한 사건—옮긴이)나 오클라호마시티 폭탄테러(1995년에 발생한 미국 오클라호마시티 연방정부청사에 대한 폭탄테러 사건—옮긴이)처럼 음모론이 유혈이 낭자한 사건을 동반하는 경우도 있다.

그런데 음모론적 신화가 현재 흥하는 것이 우려스러운 데는 또 다른 이유가 있다. 현대의 음모론들은 일견 다양해 보이지만, 공통되게도 모두 규탄하는 모습으로 수렴한다. 실제로 지난 수십 년 동안 집단적 불안의 범주는 변했다. 이런 면에서 상징적인 의미를 지닌 사례가 바로 존 F. 케네디 대통령 암살과 관련된 음모론이다. 오늘날 미국 국민의 75퍼센트가 이 음모론에 동조한다고 밝혔다. 이 사건의 범인은 누구인가? 답변은 다양하다. 백인우월주의 집단 KKK, 외계인, 마피아 등이 거론되지만, 끊이지 않고 입에 오르는 것이 바로 CIA다. 이 미국 정부기관이 연루되었다는 것은 결코 하찮은 일이 아니다. 그 후로 이 정부기관은 미국 권력의 유독한 모습을 상징하게 되었으며 모든 음모론의 이상적인 배후로 여겨지고 있다.

현대의 음모론적 상상계에는 음모를 꾸미는 악의적인 두 실체가 있다. 과학과 서방 정부들 및 그 첩보기관은 공범 역할을 하는 미디어와 손을 잡는 경우가 흔하다. 예전에는 이상적인 범인으로 지목된 것이 일탈자나 소수자, 즉 타자였다. 역사가 말해주듯 이는 끔찍한 결과를 낳기도 했다. 그러나 오늘날에는 환상 속 공포가 증오의 연극무대에 또 다른 우리 자신을 새로운 배우로 등장시키면서 자기혐오의 표현을 드러낸다. 이때 과학은 우리 지도자들이나 미디어 못지않게 서양의 동시대성을 상징한다.

이리하여 다른 민족과 자연을 자신의 부조리하고 부도덕한 욕망에 굴복시키려 하는 서양이 이상적인 범인이 된다. 음모론에 우연은 어디까지나 불청객이다. 음모론은 세상의 불행에 책임이 있는 자들을 비난하며, 자신이 인류 역사를 이루는 괴리된 요소들의 일관성을 드러내고 있다고 주장하기 때문이다. 이런 의미에서 단 하나의 원인을 찾기 위해 현실계의 복잡성은 늘 부정된다. 그래서 일반화된 의심과 회의에서 분별력의 결핍이 아닌 지성의 표식을 발견하는 현대의 사상이 근심스럽게 여겨진다.

자칭 '시간 여행자' 앤드루 D. 바시아고와 윌리엄 스틸링스가 주장하는, 화성을 식민지로 만들고자 미국 정보기관이 버락 오바마 대통령을 19세 시절에 붉은 행성 화성으로 순간이동시켰다는 음모론 같은 건 사실 재미있다. 그럼에도 2012년 1월 백악관이 그랬듯 이런 주장에 대해 (아무리 냉소적이었어도) 부인할 필요까지 있었을까 하는 생각이 들기도 한다. 반면 의혹의 대상이 전문적인 의학적 감정에 관한 것일 경우 상황은 분명 더욱 우려스럽다. 이런 의심 때문에 B형 간염이나 홍역 같은 질병에 대한 예방접종률이 떨어지고, 그 결과 자신이 이 만연한 의혹의 희생자라는 사실도 모른 채 목숨을 잃는 사태가 발생할 수 있기 때문이다.

MMR(홍역·볼거리·풍진) 백신의 경우가 바로 이런 가슴 아픈 사례다. 1990년대 말, 영국 의학잡지 《랜싯》이 경솔하게도 자폐증을 비롯한 몇몇 질병의 발병과 이 백신의 연관성을 입증했다고 주장하는 연구를 소개한 것이 문제의 시초였다.[15] 그 후 단 12개 케이스만을 바탕으로 한 이 논문이 잘못되었음이 밝혀졌고, 값비싼 비용을 들인 연구들이 발표되며 이 논문의 결론을 수차례에 걸쳐 반박했다. 《랜싯》과 이 논문의 저자들은 논문을 철회했고, 《랜싯》의 편집장은 《가디언》에 다음과 같이 입장을 밝히기까지 했다.

"지극히 명확하게도, 이 연구의 보고 내용은 전적으로 거짓으로 드러났습니다. 제가 실수한 것 같습니다."

결국 영국 의학위원회가 비난을 받았다. 이 사건으로 인해 여러 나라에서 예방접종률이 떨어지고 홍역이 재유행하는 일이 벌어지지 않았다면 이는 그저 하나의 일화에 그쳤을지도 모른다. 이후 수년이 지난 뒤에도 루머는 수그러들지 않았으며, 많은 부모가 이른바 '백신 리스크'에 자녀를 노출시키기를 꺼리고 있다. B형 간염 백신에 대해서도 같은 지적을 할 수 있다. 이 백신도 다발성 경화증 발병을 촉진한다는 루머가 여전한 탓에, 의학계의 반론에도 불구하고 백신 기피 현상이 나타났다. 그 결과 미래 세대에는 자신이 부모의 지각 없는 의심에 따른 피해자라

---

15   이 사건에 대해서는 Krivine(2010) 참조.

는 사실도 모른 채 그저 자신이 운명의 희생자라고 생각하는 환자들이 많이 생겨나리라 예상할 수 있겠다.

이런 명시적 혹은 묵시적 의심은 언제나 존재했다. 이런 감정을 불러일으키는 것은 경제권력이건, 정치권력이건, 또는 상징적 권력이건 권력의 전유물이다. 그래서 이런 의심은 그 태생부터 민주주의의 역사와 함께였다.[16] 그러나 의심의 주제와 대상은 새로운 양상을 띠게 되었다. 특히나 얼마 전까지만 해도 급진주의의 영역에서만 들을 수 있었던 이런 의심이 이제는 그 영역을 훨씬 넘어선 곳까지 전파되었다.

우리는 당황스러운 신념에 직면할 때면 쉽사리 어리석음이나 부정직을 운운하지만, 이만큼 대대적인 현상을 설명하면서 그러기는 어렵다. 나는 오히려 확신을 갖고 정반대되는 가설에서 출발하고자 한다. 즉 의심이 세력을 확장하는 건, 사람들이 믿는 데는 그만한 이유가 있기 때문이며[17] 이 현대적 의심이 겉으로 보기에 특히 뛰어난 논증을 발전시키기 때문이다. 믿을 만한 이유가 있다는 말은 믿는 것이 옳다는 의미가 아니다(프랑스어 'raison'에는 '이유'와 '옳다'는 두 가지 뜻이 모두 담겨 있다—옮긴이). 그보다는 우리의 욕망이나 감정과는 별개로 우리를 수긍하게 만드는 것이 있다는 뜻이다. 바로 일관성, 논증적 힘, 그리

---

16   Rosanvallon(2006)의 지적처럼 말이다.
17   나는 특히 이 점에 대해 Boudon(1995 & 2012)의 관점으로부터 영감을 받았는데, 그의 입장은 독일 사회학자 막스 베버에게서 영향을 받은 것으로 볼 수 있다.

고 세상을 밝혀준다고 주장하는 거짓 명제들과 우리가 사실로 여기고 싶은 것의 우연한 일치다. 이러한 거짓 명제들이 드러내는 것은 우리의 합리성이 지닌 어두운 면모다.

이 책에서는 우리의 합리성이 지닌 이 어두운 면모가 표현되도록 도와주고 의심과 거짓이 공적 공간에 만연하도록 조장하는 것이 바로 정보 시장의 새로운 조건이라는 사실을 살펴볼 것이다. 이런 상황에 대해 특별히 책임이 있는 사람은 아무도 없다. 언론인, 과학자, 정치인, 네티즌은 물론이고 음모론자조차 아니다! 이 문제에 대해서는 모두가 책임을 공유하기 때문이다. 이러한 상황을 명확히 밝히고자 나는 이것이 두 가지 '민주화' 과정, 즉 정보 시장의 자유화(매체의 종류와 무관하게 모든 미디어는 경쟁 중이다)와 이 시장에서 일어나는 '상품' 공급의 혁명에서 기인함을 보일 것이다. 이 이중적 과정 속에는 자유와 평등이라는 우리 사회의 두 가지 기본 가치가 메아리치고 있다. 따라서 민주주의자 입장에서는 내가 이 과정을 본디 나쁜 것으로 해석하려 드는 점이 불편하게 느껴질 것이다. 하지만 누구라도 이런 과정이 가공할 역효과를 낳는다는 사실을 자유롭게 지적할 수 있다. 이 역효과가 워낙 무시무시한 것이라 나는 아무 망설임 없이 이 민주화 과정이 우리 민주주의에 매우 우려스러운 역사적 순간을 드러내고 있다고 기술하고자 한다. 마치 비누칠을 해서 빠져나가듯 이런 과정을 통해 두려운 성향 하나가 대충 넘어가 버리기 때문이다. 그 결과, 예전에는 사적인 범위를 벗어나지 않왔던 잘못된 추론법이 공적으로 개방되기에 이른다.

　이러한 합리성의 어두운 면모는 한창 민주주의 정신을 장악하고 있다. 그러나 아마도 아직은 너무 늦지 않았을 것이다. 내가 이 책을 집필한 것은 어디까지나 민주주의를 사랑하기 때문이다. 그래서 일견 무섭게 느껴질 수도 있는 진단을 내린 후에 문제에 대한 몇 가지 해결책(전적으로 급진적인 해결책은 아니다)을 제시하는 것이 나에게는 무척이나 중요한 과제로 여겨졌다.

1장

과유불급

정보의 대중화와
인지적 구두쇠

인지 시장에 일어난 혁명

우리는 가설, 신념, 뉴스 등 정보를 제공하는 상품을 바탕으로 세계관을 형성한다. 인지 시장이란 이러한 정보 상품이 확산하는 가상의 공간을 나타내는 이미지다. 이 책에서는 정보 시장보다는 인지 시장이라는 이미지를 주로 사용할 예정이다. 정보라고 하면 레스토랑 주소나 개인의 전화번호도 포함될 수 있지만, 이 책에서 말하는 인지 상품은 정보를 조직해서 진실과 선, 혹은 둘 중 하나에 관한 명시적 또는 묵시적 담화로 만드는 행위를 전제로 하기 때문이다. 이 같은 인지 상품들은 서로 경쟁 관계에 놓일 수 있다. 가령 성경이 들려주는 인류와 동물의 출현에 관한 이야기는 진화론과는 그야말로 양립할 수 없다. 이 부분을 다루는 성경 텍스트(특히 〈창세기〉[1])를 믿는다면, 동물과 인간은 하느님에 의해 창조되었고 모든 종은 각자 개별적으로 만들어졌다고 보아야 한다. 그러면 지구는 단 6일 만에 창조되었으며[2] 지구의 나이는 6000년이 되는 셈이다. 그러나 우리는 화석을 발견해 그 연대를 측정할 수 있게 되었고, 진화론적 관점의 해석을 제시할 수 있게 되었다. 전반적으로 말해 지난 2세기 동안 지식의 진보가 이루어졌다. 그 결과, 거의 3000년 동안 세상을 지배

---

1   〈창세기〉 1장 20~30절, 2장 7절.
2   〈창세기〉 1장 1~31절.

했던 성경적 세계관의 토대가 매우 빈약해졌다. 그래도 이 두 가지 인지 상품, 즉 성경과 진화론은 (특히 미국에서는) 오늘날에도 여전히 서로 경쟁을 벌인다고 할 수 있다.

그런데 인지 상품과 달리 인지 시장은 과점적인 수준을 넘어 독점적 시장이 될 수 있다. 이 시장의 자유화 정도는 여러 기준에 따라 달라지는데, 그중 가장 명백한 기준이 되는 것이 바로 정치다. 전체주의체제에서는 인지 시장을 정권의 감시 아래 둔다. 적어도 특정 주제와 관련해서는 그렇다. 가령 탈레반이 정권을 잡고 있다면 기독교 신앙을 표현하기란 어려운 법이다. 하지만 민주주의체제에서도 소수에 의한 인지의 과점이 존재할 수 있다. 이 경우에는 정치적 제약 때문에 그런 것이 아니다. 그보다는 다른 곳에 눈을 돌릴 수 없을 정도로 진실이 워낙 명백해 보이는 탓에 다른 경쟁 상품이 조금도 비집고 들어올 틈이 없기 때문이다. 지구가 평평하다는 주장이 현대 세계에서는 그다지 설득력이 없다는 것이 그 좋은 예다.[3]

앞으로도 자주 언급하겠지만, 인터넷은 인지 시장을 자유화하는 데 안성맞춤인 도구다. 이에 따라 인지 시장을 포함하는 사회현상 그룹(경제 시장도 바로 이 그룹에 속한다)에서는, 한층

---

3 그럼에도 이러한 주장은 하나의 '명제로 제시된' 상태다. '평평한 지구 학회Flat Earth Society' 회원들은 지구가 원판 모양이며, 한가운데에 북극이 있고 원판의 둘레를 따라 남극이 있다고 주장한다. 더 나아가 아무도 남극을 가로지르지 못하므로 원판에서는 그 누구도 절대로 떨어지지 않는다고 주장한다. http://www.lepcf.org/wiki/ 참조.

더 안정되어 있는 사회적 삶에 개인의 상호작용이 거의 맹목적으로 수렴된다. 물론 시장은 중립적인 용어가 아니다. 시장이라는 용어는 유구한 역사를 지닌다. 일각에서는 이 용어를 처음으로 사용한 인물이 아리스토텔레스라고 주장하기도 하지만[4] 그기원을 스미스나 튀르고에 두는 것이 중론이다. 내가 시장이라는 비유를 인간의 인지 세계에 도입한 목적은 여기에 경제 시장의 현실을 '곧이곧대로' 적용하기 위해서가 아니다. 그러나 내가그 한계를 강조한다 하더라도[5] 시장의 비유는 사회현상을 기술하는 데 여전히 매우 유용하다.

인지 시장이 출현하기 위한 필수 조건은 언어가 인류 역사에 생겨난 것이었다. 문자는 모든 대화에서 의미의 불안정성을불식한다. 그래서 문자의 탄생은 21세기 민주주의 사회의 특징인 인지 시장의 공급 혁명을 준비하는 근본적인 단계 가운데 하나였다.[6] 하지만 대중의 범위가 점차 확대되는 가운데 이들을위한 인지적 공급이 이루어지기 시작한 시점은 21세기보다 훨씬 전으로 거슬러 올라갈 수 있다. 활판술과 인쇄술의 실용화가 이루어진 15세기와 최초의 주요 정기간행물이 등장한 17세기까지 말이다. 1524년《신약성경》을 (라틴어가 아닌) 일상어

---

4   Defalvard(1995).
5   Bronner(2003).
6   이하 내용에 영감을 준 학자들은 Albert(2003), Cardon(2010), Flichy(2010), Poulet(2011)다.

로 번역한 루터의 의지 덕분에, 당시 근본적인 정보의 원천으로 여겨졌던 성경을 최대 다수의 사람이 접하게 되었다. 사실 기존에도 일상어로 기록된 성경이 존재하기는 했으나 육필로 된 것들이라 값을 매길 수 없을 정도로 비쌌을 뿐만 아니라 바티칸의 처벌 대상이기도 했다.

하지만 17세기와 18세기 동안 언론은 검열의 틀 안에서 발전했다. 그로 인해 대중의 불신이 야기되었고 육필 간행물이 계속 인기를 누렸다. 귀한 책을 돌려보듯 이 마을에서 저 마을로 유통된 육필 간행물은 정치권력과 종교권력이 통제하기가 상대적으로 어려웠다. 그 후 수세기에 걸쳐 인지적 공급이 점진적으로 자유화되는 시대가 영국에서 시작되어 프랑스로 이어졌다. "사상과 의견의 자유로운 소통은 인간의 소중한 권리 중 하나다. 따라서 모든 시민은 자유롭게 의견을 말하고 글을 쓰고 출판할 수 있다"라고 천명한 프랑스 인권선언이 나온 것이다. 정보와 사상의 보급이라는 역사 안에서 검열은 전설 속의 거대한 바다뱀처럼 그 실체가 드러나지 않았다. 그러나 얼마 지나지 않아 기술의 진보(실린더형 인쇄기, 윤전기, 라이노타이프 등)와 함께 인쇄가격이 크게 떨어지면서 검열이 모습을 드러냈다. 그리고 20세기 동안 민주주의의 명령 앞에서 검열의 기세는 꺾이고 말았다.

19세기는 수많은 신문이 과잉 공급된 덕분에 정보의 보급이 최초로 현저히 가속화한 시대로 기록된다. 이와 함께 대중이 점차 글을 깨치면서 대중화된 수요가 출현할 여건이 마련되어 자동적으로 공급이 활기를 띠게 되었다.

인지적 공급 혁명의 역사에서 19세기는 결정적인 전환점이었던 시기다. 이런 관점에서 보면, 최초로 유선 기술에서 탈피한 정보 전송이 이루어진 1898년은 가히 주목할 만한 해라고 할 수 있다. 1898년 11월 5일, 외젠 뒤크레테가 모스부호로 에펠탑에서 팡테옹으로 메시지를 전송하는 사건이 일어났기 때문이다. 이로써 인지적 공급은 결정적인 단계를 넘어선다. 시간과 공간의 제약에서 해방된 것이다. 그 후, 바로 이 에펠탑에서 프랑스 최초의 라디오 방송이 송출된다. 물론 1921년이 될 때까지 기다려야 했지만, 이번에는 모스부호가 아니라 누구나 들을 수 있는 프랑스어로 메시지가 전송되었다. 30분 동안 뉴스 브리핑, 날씨 예보, 음악 한 곡이 전파를 탔다. 당시에는 라디오 수신기를 보유한 사람이 거의 없어서 방송에 대한 수요가 매우 적었으나, 얼마 지나지 않아 많은 가정에 라디오 수신기가 보급되면서 수요가 대대적으로 증가한다. 하지만 공급은 이에 미치지 못한 채 한동안 미미한 수준에 머물렀다(예를 들어 영국에서는 1955년까지 BBC가 방송 공급을 독점했다).

1926년, 20세기 내내 인지적 공급의 역사에 혁명을 불러올 기술 상품, 바로 텔레비전이 등장한다. 그러나 1930년이 되어서야 최초의 대중적 TV 수신기가 상용화되기 시작했고(최초의 정규 TV 방송은 1935년에 시작된다), 거의 모든 가정에 보급되기까지는 몇 년이 더 지나야 했다.

프랑스에서는 (라디오 송신기 소유자에게 공식 신고를 의무화한) 1923년 법이 있기는 했으나 여러 민영 라디오 방송국이 허용되었다. 하지만 제2차 세계대전으로 이러한 자유화 물결에 제동이 걸려, 1945년부터 다시 라디오 방송은 물론이고 TV 방송이 엄격한 국영 독점으로 회귀하고 만다. 1954년, 공급을 확대하는 FM 방송이 최초로 송출되면서 훗날 국영 독점 체제에 변곡점이 된다.

1961년, MIT 박사과정에 있던 레너드 클라인록이 조셉 릭라이더가 기여한 데 힘입어 장차 인터넷이 될 컴퓨터 네트워크의 이론적 기반을 세운다. 1968년에 탄생한 아파넷 프로젝트는 핵공격 시 통신을 유지하기 위한 목적으로 만들어진 정보 보급 네트워크 시스템이다. 곧이어 이 네트워크는 미국 서부 지역 대학들은 물론이고 군부대에서 발전을 거듭한다. 그리고 다음 해인 1969년 컬럼비아대학교, 유타대학교, 캘리포니아대학교, 스탠퍼드대학교를 연결하는 네트워크에서 초당 50킬로비트의 속도로 정보 교환이 가능해진다.

이와 함께 인지적 공급도 점차 발달한다. 프랑스에서는 1972년에 세 번째 TV 채널이 탄생했다. 물론 당시 프랑스 국민의 4분의 1만이 이 채널을 수신할 수 있었지만, 그래도 이는 다수의 공급이 경쟁하는 단계로 넘어가는 계기가 되었다. 비자유화 체제는 여전했으나, 1975년 프랑스 국영 라디오 텔레비전 방송국인 ORTF가 해체되면서 이 시대는 종언을 고한다.

1980년, 미국의 테드 터너는 최초의 24시간 연속 뉴스 채널인 CNN을 창립해 역사에 한 획을 긋는다. 1년 후 프랑스는 독립 라디오 방송을 허가하며 인지 시장의 자유화를 향해 결정적인 한 걸음을 내딛는다. 그 결과 처음에는 귀에 거슬릴 정도로 많은 라디오 방송이 난무했으나, 해를 거듭하면서 다윈의 자연선택설처럼 수요의 속성에 따라 오늘날 우리가 알고 있는 모습대로 라디오 방송계의 윤곽이 잡혀간다. 이 점이 중요한 이유는, 그 당시 청취자였던 수요자들이 실제로 수많은 명제를 접하면서 광범위한 선택의 폭을 누릴 수 있었고, 이러한 공급의 결집이 라디오 방송 시장의 본질이 나아갈 방향을 설정해주었기 때문이다. 사실 청취자들이 수준 높은 상품보다 보잘것없는 것을 더 원하도록 길이 들었다고는 누구도 말할 수 없다. 예를 들어 젊은이들을 위한 음악을 트는 NRJ나 댄스뮤직을 전문으로 하는 펀라디오 같은 방송 채널의 프로그램 발전상을 보더라도, 수요에 맞춰지는 공급의 속성이 여실히 드러난다.

1986년, 실비오 베를루스코니의 방송 채널 라생크가 개국하면서 프랑스 TV 방송 시장은 민간 공급에 개방된다. 곧이어 1987년에 TF1이 민영화되고 M6가 출현하며 프랑스 TV 방송 시장은 본격적인 경쟁 구도에 들어간다. 이후 TF1은 프랑스 제1의 종합방송 채널이 되고, M6는 TF1의 아성을 위협하는 채널로 자리 잡았다. 프랑스 방송계에서 이처럼 지각변동이 일어나는 동안 미국에서는 1985년에 더웹이 창립된다. 더

웰은 오늘날 우리에게 친숙한 모든 가상 토론 포럼의 원형이다. 1989년, 팀 버너스-리는 그 얼마 후 우리가 접하게 될 모습으로 '웹'을 고안하기 시작한다. 미국에서는 인터넷이 첫 모습을 드러냈고, 1990년대부터는 초창기 검색엔진과 브라우저가 등장하면서 대중에게 널리 보급된다. 가령 대표적인 웹 브라우저였던 넷스케이프는 1995년에 상장되는 성공을 거둔다. 그 후 인터넷이 어떻게 되었는지는 최근의 일이기 때문에 우리 모두 잘 알고 있을 터다. 1995년만 해도 2만 3500개에 불과했던 인터넷 사이트는 2010년 현재 2억 500만 개가 넘는 것으로 집계되고 있다. 라디오나 TV와 마찬가지로 인터넷도 선진국이나 개발도상국 가정에 빠르게 보급되면서 막대한 수요를 창출했다. 과거 문자 교육이 인지 시장 발달에 중요한 조건이었던 것과 마찬가지로, 사회학자 도미니크 카르동이 지적하듯 이제는 인터넷이 두 가지 측면에서 혁명의 중심이 되었다. 즉 "공적 발언권이 사회 전체로 확대되는 한편, 사적 대화의 일부가 공적 공간에 뒤섞이는" 일이 벌어지는 것이다.[7]

따라서 인터넷 덕분에 인지적 공급 혁명이 가능해졌다. 이전까지만 해도 프랑스에서는 언론의 자유에 관한 1881년 7월 29일 법 덕분에 공공 정보를 보급할 권리를 전문가들이 독점했다. 그에 따라 이들은 누구나 납득할 수 있는 평가 기준에 의거

---

7   Cardon(2011), p. 11.

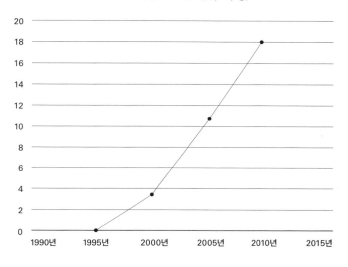

전 세계 네티즌 수 (단위: 억 명)

해 정보의 홍수 속에서 보급될 수 있는 정보와 보급되어야 하는 정보를 가려냈다. 오늘날에는 이러한 검열 과정이 더는 존재하지 않는다. 또한 인지 시장에 공급을 제공할 기회는 철저히 민주화되었다. 현재 프랑스 네티즌 가운데 블로그가 있는 사람은 5명 중 1명꼴이며, 네티즌의 56퍼센트가 넓은 의미에서 멀티미디어나 글로 된 콘텐츠를 올린 것으로 집계된다.[8] 이러한 웹의 잠재력을 모두 종합해서 제공하는 인디미디어 같은 사이트에서는 아예 "미디어를 증오하지 말고 당신 스스로 미디어가 되라!"를 슬로건으로 내걸었다. 이 사이트는 '열린 공표'의 원칙을 바탕

8   Flichy(2010), p. 27 & 40.

으로 한다. 위키피디아나 오마이뉴스, 아고라북스에서 보듯 인터넷상에서는 사후 편집 검열이라는 개념이 서서히 자리 잡아가고 있다. 이것은 지금껏 전통적인 미디어에서 주로 이루어졌던 사전 검열이라는 규범과는 정반대다. 인터넷이 이러한 공급 혁명을 불러오기 전에는 공적 공간에 접근하는 길이 무척 협소했고 사회적 차별도 심했다. 그러나 (앞으로 살펴보겠지만) 이제는 공적 공간으로 진입하는 문이 너무도 활짝 열린 탓에, 때때로 합리적인 논쟁에 필요한 통상적 규칙들이 마치 급류에 휩쓸려가듯 사라져버리기도 한다.

이와 동시에 베르나르 풀레[9]의 지적처럼 이러한 공급 혁명에는 전통적인 정보 보급 매체의 퇴보가 함께한다. 예를 들어 미국의 경우, 신문 구독자 수가 1970년에는 6200만 명에 달했으나 2008년에는 5300만 명에 불과했다. 풀레에 따르면 "인구 증가를 감안할 때 이는 사실상 74퍼센트 감소한 것과 같다". 이와 같은 현상은 프랑스를 비롯해 세계 곳곳에서 나타난다. 주요 종합 라디오 방송은 청취자 수가 크게 감소했으며(1980년대 이후 절반으로 뚝 떨어졌다), 매년 수만 명에 달하는 시청자가 주요 TV 방송을 멀리하고 있다. 설령 정보를 보급하고 수용하는 매체가 변하더라도, 보급된 정보의 본질에 영향이 없다면 이러한 매체의 변화쯤은 대수롭지 않다고 주장할 수도 있다. 그런데 풀

---

9   Poulet(2011), p. 23 & 50.

레는 이 같은 세계적인 변화가 자동적으로 정보의 질 저하로 이어진다는 것을 적절하게 보여주었다.

인지 시장에 이러한 혁명이 일어난 것은 정치적 여건과 기술적 여건이 무르익었기 때문이다. 이제 우리는 이러한 혁명이 미치는 영향의 규모를 막 가늠하기 시작했을 뿐이다. 즉 평범한 정보를 보급하고 취득하는 데 드는 비용이 감소했고, 공급이 대중화되었으며, 정보 보급자들 간에 경쟁이 치열해졌다….

확증 편향의 증폭

전반적으로 현대 서구 사회의 인지 시장은 자유주의적이라고 볼 수 있다. 소수의 예외를 제외하면(가령 프랑스에서는 유대인 학살을 부인하는 행위가 금지되어 있다) 인지 상품이 세금 부과 대상이 되거나 국가로부터 금지당하는 일이 없기 때문이다. 이러한 인지적 자유주의는 민주주의의 수립과도 불가분의 관계에 있다. 그런 의미에서 1789년에는 인지적 자유주의가 인간의 기본권으로 여겨졌다. 인지적 자유주의는 정치적 결정을 통해 허용되었으며 기술혁신으로 실현되었다. 이를 상징적으로 보여주는 것이 바로 인터넷이다. 이처럼 정치적, 기술적으로 자유화된 인지 시장은 자연스럽게 정보 보급의 대중화로 연결된다. 연구자들의 주장에 따르면, 그 결과 21세기로 전환되는 시점에

5년간 지구상에서 생산된 정보의 양이 구텐베르크가 인쇄기를 발명한 이후 인쇄된 정보 전체보다 많다고 한다.[10] 인류가 한 해 동안 생산한 데이터의 양을 따져보면 2005년에는 150엑사비트, 2010년에는 무려 1200엑사비트에 달한다! 요컨대 점점 더 많은 양의 정보가 보급되고 있으며, 이런 추세로 가면 이는 인류사에 중대한 획을 긋는 역사적 사건이 될 것이다. 그런데 이 모든 것이 어떤 변화를 가져오는지 생각해봐야 하지 않을까? 우리가 사용할 수 있는 정보의 양이 점점 더 많아진다? 그렇다면 이 모든 정보가 결국에는 모두의 머리에 각인될 것이니 이는 민주주의를 위해, 지식을 위해 더없이 좋은 일이 아니겠는가!

이런 관점은 너무도 낙관적으로 보인다. 여기에는 신념과 체계적인 지식이 경쟁하면 필연적으로 지식이 승리한다는 전제가 깔려 있다. 그런데 시장에 이처럼 과잉 공급이 이루어지는 상황이 되면, 개인은 진실하기보다는 정신적으로 편안하게 세상을 표현하는 쪽으로 쉽사리 마음이 끌릴 수 있다. 달리 말하면, 다수의 정보를 추천받은 덕분에 개인은 지식 상품 때문에 흔히 느끼는 정신적 불편함을 보다 싼 비용으로 회피할 수 있다. 그런데 이런 불편함을 느끼는 데는 여러 요인이 작용한다.

먼저, 지식 상품은 경쟁 상품(신념 상품—옮긴이)보다 복잡한 경우가 많다. 그래서 대중화된 형태를 띠고 있다 하더라도

10   Autret(2002) 참조.

이를 완벽히 이해하려면 상식 이상의 기술적, 이론적 능력이 있어야 한다. 많은 개인이 과학적이라 주장하는 진술 앞에서 섣불리 위축되어 순순히 그 결론에 귀를 기울인다. 하지만 그런 뒤에는 이 결론을 쉽게 잊어버리고 더 이해하기 쉬운 해석을 받아들이고 만다. 몇몇 비과학적인 설명이나 유사과학이 더 설득력 있게 들리는 이유는 그 나름의 논거가 있을 뿐만 아니라 듣는 사람이 단번에 알아들을 수 있는 논리로 선동하기 때문이다.

다른 한편으로, 지식 상품은 그 안에 일종의 환멸을 내포하기가 쉽다. 세상을 이해하는 표본으로 마법 같은 술책이나 우리에게 우주의 의미를 심어주는 초월적 의지보다는 메커니즘에 바탕을 둔 표본을 제공하기 때문이다.

지식 상품에 비해 신념 상품은 자연히 기울어진 우리의 사고 성향을 더욱 기울어지도록 부추긴다. 이에 따라 인지 시장의 혁명으로 인해 치열한 경쟁이 이루어지는 공간이 만들어진다. 게다가 이 경쟁은 가히 공정하지도 않다.

그런데 내가 조금 전 언급한 '정신적 편안함'이나 '기울어진 사고 성향' 등이 진정으로 의미하는 것은 무엇일까?

공급이 폭발적으로 증가하면 시장에는 복수의 인지적 명제가 등장하고 이런 명제들에 대한 접근성이 높아지기 쉽다. 오늘날에는 그리스도교 한 줌과 불교 한 줌에 음모론적 신화의 몇몇 요소를 버무려 만든 세상에 대한 표상에 누구나 쉽게 동조할 수 있다. 이런 세계관은 우리의 건강이 파장의 지배를 받는다고 보면서도 스스로 합리주의적인 사고라고 주장한다. 현재 이 같은 상황으로 인해 가장 결정적이면서도 비가시적인 결과가 초래되었다. 바로 **확증 편향**이 전력을 다해 우리를 진실로부터 멀어지게 만들 수 있는 모든 여건이 조성된 것이다. 통상적인 논리를 억압하는 모든 추론의 유혹 가운데 확증 편향이야말로 신념을 존속시키는 과정에서 단연 가장 결정적인 역할을 한다. 일찍이 프랜시스 베이컨은 《신기관》 1권 46장에서 이러한 확증 편향에 관해 다음과 같이 기술한 바 있다.

> 인간의 지성은 (진실로 여겨지거나 호감이 간다는 이유로) 일단 어떤 견해를 좋아하게 되면, 모든 것을 동원해서 이 견해를 뒷받침하거나 검증한다. 이와 상반되는 요구가 아무리 강하거나 많더라도, 이를 고려하지 않고 무시하거나 멀리하고 거부한다. 이는 처음 가졌던 견해에 부여한 권위를 온전히 지키기 위해서다. 그런데 이렇게 반대 의견을 구별하는 과정은 심각하고도 치명적인 추정을 바탕으로 한다. 가령 어느 성전에 난파의 위험에서 벗어난 자들이 신앙을 맹세하는 모습을 그린 그림이 걸려 있다. 이 그림을 보고 이제는 신의 권능을 인정하라는 재촉을 받자, 한 사람이 되묻는다. "그런데 신앙을 고백한 뒤 소멸한 자들은 어디에 그려져 있소?" 점성술, 해몽, 징조, 신의 복수 등 거의 모든 미신이 다 이런 식이다. 이러한 근거 없는 겉모습에 심취한 사람들은 자기 기대에 부합하는 사건들에 주목한

다. 기대에 상응하지 않는 반대 경우가 훨씬 빈번히 일어나지만, 그러면 사람들은 멀리 우회해서 지나쳐 가버린다.[11]

따라서 확증 편향은 모든 종류의 신념을 확고하게 만든다. 대단한 신념은 물론이거니와 제아무리 사소한 신념(예를 들면 미신적인 버릇이 그렇다. 우리 마음속에 이런 버릇들이 자리 잡는 이유는 우리가 그런 의식이 가져다줄 행복한 일들만을 간직하려고 노력하기 때문이다)이라 해도 말이다. 지난 20세기 중반에 시애틀에서 일어난 애석한 사건의 원인도 바로 확증 편향이었다.

시애틀 사건

1950년대 말, 집단 히스테리가 미국 시애틀을 강타했다. 저녁 식사 시간이건, 길거리에서건, 직장에서건 시애틀 시민들은 만나기만 하면 한 가지 기이한 현상 이야기만 했다. 앞 유리창에 작은 균열이 생긴 자동차가 시내에 점점 많아진다는 소문이었다. 이런 뉴스가 퍼지면서 모두가 자신의 차량은 어떤지 확인해보고 싶은 마음이 생겼다. 그렇게 이 소문이 부풀더니 얼마 지나지 않아 모두의 걱정거리가 되었다. 대체 자동차 앞 유리창

---

11   Bacon[1620](1986).

이 왜 이렇게 변한 걸까?

　한순간에 여론은 이 미스터리에 사로잡혔고, 급기야 주지사의 요청으로 아이젠하워 대통령까지 나서서 이 사건을 규명하기 위해 전문가들로 구성된 진상조사단을 파견한다. 먼저 조사단은 현지에서 경쟁 관계에 있는 두 신념이 서로 맞서고 있음을 확인했다. 일명 '낙진 이론'이라고 불리는 첫 번째 이론에 따르면, 이 현상은 소련의 핵실험 결과로 대기가 오염된 것과 관련이 있었다. 이런 대기오염의 영향으로 유리에 작용할 정도로 미세한 산성비가 내려서 자동차 앞 유리창이 손상되는 전염병이 돌기 시작했다는 주장이었다.

　두 번째는 '머캐덤 공법'이라 불리는 이론으로, 로솔리니 주지사가 시작한 대규모 도로망 정비사업을 주범으로 지목했다. 이 고속도로 건설 계획으로 인해 최근에 이루어진 머캐덤 공법의 도로포장에서 발생한 산성 방울들이 빈번하게 방출된 데다가 퓨젯 사운드 지역의 습한 기후가 이를 부채질했다는 주장이었다.

　진상조사단은 당연히 이러한 신념적인 분위기에 젖어 있지 않았기 때문에 이 두 이론에 의구심을 가졌다. 그래서 가장 먼저 사실 확인 작업에 들어갔다. 이 모든 자동차 앞 유리창이 훼손된 것이 과연 사실일까? 조사단은 손상된 차량을 면밀하게 조사해 실제로 앞 유리창에 난 미세한 균열을 발견했다. 하지만 동시에 이 작은 손상 흔적이 맨눈으로는 겨우 보일 정도라는 사실도 확인했다. 그렇다면 이웃 도시들의 사정은 어땠을까? 이렇게 간단한 의문을 품는 것만으로도 조사단은 확증 편향에서 벗어날 수 있음을 보여주었다. 불과 몇십 킬로미터만 달려가면, 시애틀 시내에 퍼져 있던 신념을 테스트할 수 있었다. 이 경우에는 반증을 통해 확인하는 작업이었다. 즉 시애틀에 정말로 기이한 일이 벌어지고 있다면, 이웃 도시에 있는 자동차에는 유사한 증상이 나타나지 않아야 한다. 하지만 조사단은 다른 이웃 도시들에서도 시애틀과 같은 증상을 발견했다.

그러니까 시애틀 시내에 소문이 퍼지면서 주민들이 평소에는 하지 않던 일을 하기 시작한 것이 원인이었다. 너무도 세심하게 자동차 앞 유리창을 살펴본 결과, 간혹 작은 홈이 파여 있음을 발견한 것이다. 진상조사단이 말했듯 이는 자동차가 노후화하면서 생기는 자연스러운 결과일 뿐이며, 일반적으로는 알아채지 못하는 현상이었다. 따라서 파울 와츨라비크[12]의 다음과 같은 지적이 적절하다.

"시애틀에서 벌어진 일은 자동차 앞 유리창 손상 전염병이 아니라 검사 전염병의 유행이었다."

만약 시애틀 시민이 자동차 앞 유리창이 훼손된 것을 확인해서 신념을 확증하는 대신에 이웃 도시의 자동차 앞 유리창을 관찰할 수 있었다면, 어쩌면 그들은 이런 신념의 반증을 확인할 수 있었을지도 모른다.

---

12   Watzlawick(1978), p. 81.

웨이슨의 실험

베이컨이 지적한 내용과 시애틀 사건에서 알 수 있듯, 일상적인 인간의 사고방식에서 신념을 반증하려는 태도가 무의식적으로 나타나는 경우는 거의 없다. 이런 사실은 1966년 피터 캐스카트 웨이슨이 행한 실험을 통해 관찰할 수 있다.

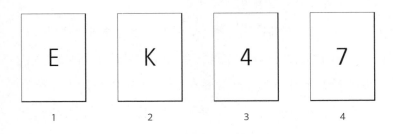

앞면에는 두 글자 E나 K만 올 수 있고 뒷면에는 두 숫자 4나 7만 올 수 있다고 분명하게 밝힌 다음, 질문을 던진다.

"한 면에 모음이 적힌 카드의 반대 면에는 짝수가 적혀 있습니다. 이 주장을 검증하려면 어떤 카드들을 뒤집어야 할까요?"

정답은 1번과 4번 카드를 뒤집어야 한다는 것이다. 하지만 우리 가운데 대다수는 1번과 3번을 정답으로 선택한다. 이렇게 함으로써 주어진 규칙을 반증하는 경우보다는 확증하는 경우에 집중하는 것이다. 3번 카드가 문제의 진술에 규정되어 있는 규칙을 확증한다고 생각하는 것은 당연해 보인다. 이는 3번 카드를 뒤집어 모음이 나온다면 맞는 말이다. 그러나 실제로는 이 규칙을 위반하지 않은 채 뒷면에 자음이 올 수도 있다. 논리적 타당성을 세울 수 있는 유일한 카드(가장 먼저 제외되는 카드)는 4번 카드다. 뒷면에 모음이 적혀 있다면 문제의 진술이 거짓임이 명백해지기 때문이다.

이러한 사고 과정은 신념의 긴 생명력을 파악하는 데 필요한 단순하지만 강력한 시각도 제공한다. 실제로 우리는 의심스러운 진술과 양립할 수 있는 사실들을 관찰하는 방법을 흔히 찾아내기 때문이다. 하지만 모순되는 사실들의 비율이나 심지어 그 존재를 고려하지 않는다면, 이것을 증명하는 일은 아무런 가치도 없다.

확증에 대한 이 본능적 욕구는 객관적인 합리성의 표현은 아니지만, 어떤 면에서는 우리의 세상살이를 용이하게 해준다. 우리의 목적이 진실을 찾는 것이라면, 반증 과정은 거짓을 참으로 여길 가능성을 줄여주기 때문에 확증보다 확실히 더 효과적이다. 반면 반증 과정에는 시간을 투자해야 하는데[13] 그저 만족스러운 결정을 내리려는 일에 그렇게까지 시간을 써야 한다는 게 불합리하게 여겨질 수 있다. 이 점에 대해 에바 드로즈다-센코브스카는 다음과 같이 매우 정확하게 지적한다.

우리가 매 순간 내리는 수많은 결정을 생각해보기 바란다. 가

---

13   Friedrich(1993)의 지적과 같다.

장 중요한 결정을 내릴 때 반증 과정을 거친다면 어떤 일이 벌어질까? 아마 우리는 모든 것을 다시 문제 삼으면서 영구적 회의에 빠져 살게 될 것이다. 그러는 통에 절대로 행동을 취하는 단계로 넘어가지 못할 것이다.[14]

빅토르 스토츠코브스키[15]는 완전무결한 추론 절차를 따르면 건강이 위험해질 수 있다는 해학적인 지적을 한다. 불이 화상을 입힌다는 생각을 엄격하게 테스트하려면 실제로 신체 모든 부위에 화상을 입히는지 확인해야 하지 않을까? 아마도 여러분은 난로에 너무 가까이 갔다가 손에 화상을 입은 경험이 있을지 모르겠다. 이런 경험은 불이 손에 화상을 입힐 수 있다는 사실을 증명한다. 그렇다면 발이 불에 데어본 경험도 있는가? 반증 전략에서는 상식적으로 보면 당연히 어리석고 위험할 수 있는 이런 종류의 절차를 따라야만 불이 인체에 화상을 입힌다는 원칙에 동의할 수 있다. 스토츠코브스키가 강조하듯, "너무 합리적이지 않은 것이 합리적이다. 이상하게도 뛰어난 합리성이 편집증처럼 보이는 상황들이 있기 때문이다".[16]

사실 사회적 주체는 객관적으로 의심스러운 설명들 가운데서 어떤 것들은 타당해 보이기 때문에 수용한다. 여기서 타당

---

14   Drozda-Senkowska(1997), p. 109.
15   Stoczkowski(1999).
16   Stoczkowski(1999), p. 393.

하다는 용어는 당 스페르베르와 데어드레이 윌슨이 부여한 의미로 사용된 것이다.[17] 이들에 따르면, 여러 명제가 경쟁하는 상황이라면 사람들은 최소한의 정신적 노력으로 최대의 인지적 효과를 생산하는 명제를 선택한다고 한다. 객관적으로 훌륭한 해결책이 존재한다면 그것이 가장 만족스러운 해결책인 경우가 많다(우리는 논리적인 수수께끼를 풀었을 때 이런 경험을 한다). 하지만 개인에게는 이런 해결책을 생각해낼 만한 상상력이나 동기가 늘 있는 것이 아니라서[18] 수잔 피스크와 셸리 테일러가 명명한 우리의 '인지적 구두쇠'[19] 경향에 빠져드는 경우가 빈번하다. 많은 주제에 정통한 사람이 되려는 동기가 없는 우리는 이러한 인지적 구두쇠에게 끌려 의심스러우면서도 상대적으로 설득력 있는 신념을 수용하는 경우가 많다. 이는 신념이라는 '만족'스럽기만 한 명제보다 체계적인 지식이 우월한 인지적 효과를 생산하기는 하지만 그만큼 더 많은 투자 비용을 전제로 하기 때문이다. 체계적 지식을 받아들일 가능성은 신념을 만나기가 얼마나 쉬운가에 좌우된다.

17   Sperber & Wilson(1989).
18   Bronner(2006b; 2007a; 2007b). 여기서 나는 객관적 정답이 존재하는 수수께끼가 주어지면 실험 대상자들은 이 정답을 다른 답보다 우월한 것으로 여긴다는 사실을 실험을 통해 증명했다. 다만 이를 위해서는 이들이 객관적 정답을 발견할 수 있어야 한다는 조건이 전제되는데, 그런 일은 흔히 일어나지 않는다.
19   Fiske & Taylor(1984).

우리 안의 지적 구두쇠

이 개념을 설명하기 위해 'THOG 문제'[20](프랑스에서 잘 알려진 명칭대로 이하 '슈밀블릭 문제'라고 부르겠다)라는 이름으로 알려진 간단하면서도 재미있는 문제를 소개하고자 한다. 규칙은 다음과 같다. 실험자가 어떤 대상이 '슈밀블릭'이 되는 데 필요한 두 가지 특징, 즉 형태와 색상을 선택했다고 가정하자. 가능한 형태(하트나 마름모)와 색상(흑색이나 백색)은 각각 두 가지뿐이다. 한 대상이 슈밀블릭이 되려면 실험자가 선택한 두 가지 특징 가운데 (형태건 색상이건) 딱 한 가지만 지녀야 한다. 두 가지를 다 가져서도 안 되고, 하나도 없어서도 안 된다. 우리는 실험자가 어떤 형태와 색상을 선택했는지는 모르지만, 흑색 마름모가 슈밀블릭이라는 것만 안다. 자, 그렇다면 흑색 하트와 백색 마름모, 백색 하트는 슈밀블릭일까 아닐까? 세 가지 대답이 가능하다. 이들이 슈밀블릭이거나, 슈밀블릭이 아니거나, 슈밀블릭인지 아닌지 판단하는 것이 불가능할 수 있다. 따라서 이문제를 표로 정리하면 다음과 같다.

◆	♥	◇	♡
슈밀블릭	?	?	?

---

20   Wason(1977) 참조.

실험 결과, 사람들은 세 가지 유형의 추론을 한다는 것을 관찰할 수 있었다.[21]

가장 흔하게 하는 추론은 다음과 같다. 흑색 마름모가 슈밀블릭이기 때문에 실험자는 흑색을 선택했거나 마름모를 선택한 것이다. 그 결과, 이 두 가지 특징 가운데 하나도 공유하는 것이 없는 백색 하트는 슈밀블릭이 될 수 없다. 마찬가지 이유로, 이 두 가지 특징 가운데 한 가지를 공유하는 흑색 하트와 백색 마름모는 슈밀블릭이 된다. 따라서 다음 표와 같은 결과를 얻는다.

◆	♥	◇	♡
슈밀블릭	슈밀블릭	슈밀블릭	슈밀블릭 아님

또 다른 유형의 추론이 이루어지기도 한다. 흑색 마름모와 공통분모가 하나도 없는 백색 하트는 슈밀블릭이 될 수 없지만, 앞의 진술로 추론해볼 때 흑색 하트와 백색 마름모가 슈밀블릭이라고 단정할 수는 없다. 실제로 실험자가 선택한 특징이 무엇인지 우리는 모르기 때문이다. 그런데 만약 실험자가 선택한 특징이 흑색이라면, 흑색 하트는 슈밀블릭이 되고 백색 마름모는 슈밀블릭이 아니다. 역으로 실험자가 선택한 특징이 마름모라

---

21   이에 관해서는 Griggs & Newstead(1983), O'Brien 외(1990), Girotto & Leg-renzi(1989) 참조.

면, 백색 마름모는 슈밀블릭이 되지만 흑색 하트는 슈밀블릭이 될 수 없다. 따라서 흑색 하트와 백색 마름모가 슈밀블릭인지 아닌지는 알 수가 없다. 이 결과를 정리하면 다음과 같다.

◆	♥	◇	♡
슈밀블릭	알 수 없음	알 수 없음	슈밀블릭 아님

실험 대상자들에게 이 문제를 풀게 하면, 앞에서 제시한 두 유형의 추론을 만족스러워하며 이들을 선택하는 경우가 대다수다. 이런 추론은 합리적인 인지적 투자로 답을 얻을 수 있게 해결책을 제공한다. 그러나 이 두 유형의 추론은 우리의 인지적 구두쇠를 보여주는 것으로, 완벽한 오답이다.

유일하게 유효한 추론은 평균적으로 실험 대상자의 10퍼센트만이 선택했다. 이 방법은 평범한 수준의 직관력을 넘어선 것으로, 더 즉각적인 다른 해결책들보다 많은 투자 비용을 전제로 한다. 이 추론은 다음과 같이 형식화할 수 있다. 우리는 흑색 마름모가 슈밀블릭이라는 것만 알기 때문에, 실험자가 선택한 특징이 흑색이나 마름모 가운데 하나지 두 가지 모두가 될 수는 없다는 결론을 도출할 수 있다(만약 두 가지 모두가 실험자가 선택한 특징이라면 흑색 마름모는 슈밀블릭이 될 수 없기 때문이다). 그러므로 이를 바탕으로 백색 하트가 슈밀블릭이라고 추론할 수 있다. 왜냐하면 흑색 마름모가 슈밀블릭인 이유가 흑색 때문이라면 슈밀블릭이 될 수 있는 두 번째 특징은 하트밖에 없으며, 흑색 마름모가 슈밀블릭인 이유가 마름모 때문이라면 슈밀블릭이 될 수 있는 두 번째 특징은 백색밖에 없기 때문이다. 이두 경우에 각각 백색 하트가 슈밀블릭의 정의에 부합한다. 반면 흑색 하트나 백색 마름모는 슈밀블릭이 될 수 없다. 흑색이 슈밀블릭의 특징이라면 슈밀블릭이 될 수 있는 형태는 하트이기때문이다. 그러면 흑색 하트는 두 가지 특징을 모두 가지게 되고 백색 마름모는 하나도 가지지 않게 된다. 이 두 경우 모두 슈밀블릭이 되지 못한다. 역으로, 슈밀블릭의 특징이 되는 형태가 마름모라면 슈밀블릭의 색상은 백색이 된다. 그러면 흑색 하트는 슈밀블릭의 어떤 특징도 지니지 못하게 되고 백색 마름모는두 가지 특징을 다 가지게 된다. 그 결과 문제의 해답은 다음과같이 나온다.

◆	♥	◇	♡
슈밀블릭	슈밀블릭 아님	슈밀블릭 아님	슈밀블릭

이 문제의 답은 매우 놀랍고도 반反직관적이다. 찾아내고나면 이것이 훌륭한 풀이임을 알게 된다. 다만 이 해답에 도달하기 전까지는 실험 대상자의 90퍼센트가 길을 잃고 잘못된 풀이를 향해 나아간다. 이렇게 길을 잃는 이유는 이들이 추론의 결과로 어쨌든 문제의 답을 얻었기 때문이며(이렇게 되면 고민

을 중단하고 싶은 마음이 강하게 든다), 그 답의 오류가 명백하게 보이지 않기 때문이다. 이렇듯 매우 단순한 측면을 지닌 우리의 사고방식이 주로 문제가 된다.

정보 맹신에 관한 정리

신념이 제시하는 해결책은 자연적으로 기울어져 있는 우리의 사고 성향을 주로 따른다. 게다가 뒤에서는 확증 편향이 신념을 든든히 뒷받침해준다. 그 결과, 동원된 정신적 노력에 비해 매우 유리한 인지적 효과가 생산된다.

리 로스와 로버트 리퍼가 보여주듯[22] 개인은 일단 어떤 생각을 받아들이면 자신의 신념을 끝까지 밀고나간다. 선별되지 않은 정보의 보급이 증가하면서 자신의 신념을 증명해주는 '데이터'를 접할 가능성이 커진 만큼 이는 더 쉬운 일이 되었다. 필자는 니콜라스 카[23]의 주장대로 인터넷이 생물학적으로 우리 뇌를 새롭게 프로그래밍한다고 생각하지는 않는다. 반면 인터넷에서 정보를 찾는 사람의 사고가 검색엔진의 조직 방식에 따라 부분적으로 좌우된다는 주장은 그럴듯하다고 생각한다. 웹

---

22   Ross & Leeper(1980).
23   Carr(2008).

을 통해 드러나는 것은 새로운 사고방식이 아니라 오히려 아주 오래된 사고방식이다.

동종요법(질병의 증상을 인체의 자연 치유 과정으로 보아 증상을 더욱 유발하는 방식의 치료법—옮긴이)의 효능을 믿는 사람이 있다고 하자. 인터넷상의 아무 검색엔진으로 클릭 몇 번만 하면 그는 자신의 신념을 확인해주는 자료를 수백 페이지 발견할 수 있다. 알다시피 우리는 자신의 정치적 감수성에 따라 유독 어떤 유형의 언론 기사를 읽는 경향이 있다. 자신의 세계관과 맞지 않는 출처에서 제공하는 정보를 열람하면 금세 시간을 낭비했다는 느낌이 든다. 이러한 사실은 상당수의 사회심리학 연구에서 입증되었다. 그중에는 프랑스 대학생들의 유럽 정치관에 관한 연구도 있다. 이에 따르면, 이 주제에 대한 자료를 가장 많이 가진 대학생들은 정치라는 장기판에서 좌파 성향을 보인다.[24] 이 연구 조사가 이루어진 시점에 유럽 정치계가 좌파를 표방하고 있었다는 사실은 분명 이러한 결과와 무관하지 않다. 2006년에 실시된 연구 가운데 정치 블로그 구독자들을 파헤친 것이 있었다. 예상대로 2300명의 조사 대상자 가운데 94퍼센트가 자신의 감수성과 맞는 블로그만 열람한다는 결과가 나왔다.[25] 이와 마찬가지로 인터넷 서점 아마존에서도 정치 서적은 구매자의 정치적 선호에

24   Roussiau & Bonardi(2001).
25   http://www.themonkeycage.org/blogpaper.pdf

따라 판매되며, 이러한 경향은 점점 더 강해지고 있다. 이런 현실은 인간과 확증 편향만큼이나 오래전부터 존재해왔다. 인지 시장의 혁명을 고려하면, 이런 현실로부터 정보의 맹신에 관한 정리를 도출해낼 수 있다. 이 정리는 정보의 대중화로 선별적인 정보 검색 메커니즘이 더 쉬워졌다는 데 기본 바탕을 둔다. 이 모든 것 덕분에 신념의 제국은 그 영속성이 보장된다. 그러므로 이 정리를 가장 간단하게 표현하면 다음과 같다.[26]

선별되지 않은 정보가 사회적 공간에 많을수록 맹신이 더 많이 퍼진다.

'정보를 확인할 때
나는 인터넷을 찾는다'

2011년 12월 8일, 필자는 음모론을 주제로 한 쉬드 라디오의 〈조사와 탐사〉라는 방송에 출연했다. 이 방송이 기획된 배경에는 당시 반전을 거듭하던 DSK(도미니크 스트로스-칸) 스캔들이 있었다. 미국의 저널리스트 에드워드 제이 엡스타인이 IMF 전 총재였던 DSK가 음모의 희생자일 수 있음을 암시하는 새로운 정보를 확보했다고 주장하던 상황이었다. 사실 그날 토론

---

26   이 정리의 역은 반드시 참은 아니다.

은 이 스캔들보다는 전반적인 음모론에 집중되었다. 흔히 그렇듯, 이런 종류의 방송에 출연하면 나는 인터넷에서 비난의 대상이 되어 집중포화를 받는다(수많은 반응 가운데 하나만 소개하면, "제랄드 브로네르는 사람들의 판단력을 앗아가려는 나치 동조자들과 다를 바 없다" 같은 글이 올라온다). 그런데 여기서 내가 짚고 넘어가려는 이야기는 이것이 아니다. 그날 방송에 초대된 토론자들 가운데 토마Thomas라는 이름의 출연자는 음모론적 세계관에 매우 동조하는 인물이었다. 그는 자신의 접근법이 진지하다는 것을 증명하려고 선포하듯 이렇게 말했다.

"저로 말할 것 같으면, 제가 입수한 정보는 모두 검증을 합니다. 예를 들어 '이집트 테러' 발생 뉴스를 들으면 인터넷 검색창에 이 키워드를 입력하고 그 옆에 '음모'라는 단어도 입력하지요."

그러면서 토마는 자신의 관점이 어느 한쪽으로도 치우치지 않았음을 잘 표현했다고 생각했을 것이 틀림없다. 하지만 이로써 그는 인터넷 기술이 확증 편향에 기여하는 방식을 은연중에 제대로 보여주었다. 그는 정보의 미로가 되어버린 인지 시장에서 제대로 방향을 잡기 위해 객관적인 방법을 사용했다고 생각하지만, 사실은 자기도 모르게 정신적 독약을 삼키고 있는 셈이다. 나는 그날 그가 내 논거에 설득되었다고는 생각하지 않는다. 하지만 오늘날에는 아주 간단한 실험만으로도 내 말이 옳다는 것을 확인할 수 있다. 먼저, 예전에 있었던 시사 뉴스 가운데 많은 논평의 대상이 될 만큼 중요했던 주요 뉴스를 몇 개 골라 보자. 2010년 아이티를 강타했던 지진과 다이애나비의 사망 뉴스 같은 것 말이다. 이번에도 토마가 '모든 정보를 검증하기 위해' 바로 그 오류 없는 확실한 방법을 동원한다고 가정하자. 그가 얻게 될 결과는 다음과 같다.

구글에서 검색된 상위 30개 사이트 가운데 음모론 사이트 수

	다이애나비 관련	아이티 지진 관련
검색창에 '음모'를 입력하지 않은 경우	2	0
검색창에 '음모'를 입력한 경우	20	15

다이애나비 사건의 경우, '다이애나'와 '음모'를 공통 키워드로 검색하면 토마가 음모론을 접할 가능성이 67퍼센트나 된다. 반면 '다이애나'로만 검색하면 이 확률은 7퍼센트밖에 되지 않는다. 아이티 지진의 경우, '음모'라는 검색어를 추가하면 음모론 사이트를 접할 가능성이 50퍼센트, 추가하지 않으면 0퍼센트가 된다. 분명 토마가 인터넷 검증을 공언했을 때, 그에게 이것이 자기 나름의 지적 엄격함을 보여주는 행동이라는 확신이 있었던 것은 변함없는 사실이다. 하지만 실상 그는 확증 편향의 힘이 작용하면 상식이 얼마나 큰 오류에 빠질 수 있는지를 드러냈을 뿐이다. 이렇듯 인지 시장은 일종의 포틀럭potluck 파티처럼 자신이 가져온 것을 자신이 소비하는 곳이 되었다. 토마

가 제시한 질문 형식 때문에 그는 자신이 원하는 방향으로 인도
될 확률이 다분했다. 여기서 우리는 구글을 동원해서 정보를 검
색할 때 확증 편향의 발현을 증대하는 요인이 존재한다는 사실
을 토마가 몰랐다고 추정할 수 있다. 바로 필터 버블의 존재 말
이다.

필터 버블

정치적, 윤리적 감수성이 매우 다른 두 사람이 구글로 정보
를 검색한다고 가정하자. 두 명 모두 평소 인터넷을 꾸준히 사
용하는 사람들이다. 이들은 가장 가까운 피자집 주소를 찾는 것
이 아니라 사형제도나 금융 위기, 아랍 혁명에 관한 자료를 검
색한다. 과연 검색엔진 구글은 두 사람에게 같은 것을 같은 순
서대로 제시할까? 일라이 파리저[27]에 따르면, 그렇지 않다. 우
리는 인터넷 검색을 할 때, 특히 구글을 사용하는 경우 필터 버
블에 갇혀버린다. 이 필터 버블은 우리의 검색 기록, 위치, 사용
하는 컴퓨터 유형, 언어 등 57개 기준을 고려해서 우리가 요구
한 정보를 제시한다. 물론 이것은 검색 수행능력을 높이려는 의
지에서 출발한 것이다. 프랑스에서 가구를 사려고 하는 사람에

---

27   Pariser(2011).

게는 검색엔진이 페루보다는 그가 사는 프랑스에 있는 가구점을 알려주는 게 더 유리할 터다. 그러나 만약 여러분이 자신의 신념에 맞는 정보를 피하고 싶은 경우, 간단히 말해 확증 편향의 희생자가 되는 것을 피하고 싶은 경우 이는 심각한 문제를 낳을 수 있다. 실제로 구글이 여러분의 소비자 감성과 시민 감성에 맞는 순서대로 사이트 검색 결과를 보여주는 경향이 있다고 하자. 이는 여러분을 전자적 표현 형식 안에 가두어버리는 것이 광고 배너만이 아니라는 뜻이다. 구글 검색 결과로 상위 몇몇 페이지에 소개되는 정보들도 부분적으로 이와 같은 역할을 한다는 뜻이다.

구글과 별개로, 인터넷상에서 정보를 조직화하기 위한 목적으로 필터 버블을 동원하는 경우가 크게 늘고 있다. 가령 슬레이트닷컴을 소유한 《워싱턴 포스트》는 트로브를, 《뉴욕 타임스》는 뉴스닷미를 활용한다. 이 두 검색엔진은 네티즌의 선호를 참작해서 이들이 우선적으로 관심을 보일 것 같은 정보로 이들을 안내한다. 같은 사고방식으로, 핀도리라는 소프트웨어는 인터넷 사용자가 자신이 선호하는 주제와 정보 처리 방법을 스스로 프로그래밍할 수 있게 해준다. 하지만 최종적으로 사용자가 소프트웨어의 지시를 따르지 않는 것으로 드러나면 소프트웨어가 자체적으로 재프로그래밍해버린다! 이와 같은 사례는 무수히 많은데, 특히 플립보드와 자이트가 대표적이다. 이들은 SNS(페이스북, 트위터)상에서 개인의 뉴스 피드를 기반으로 신문을 생성하고 추천하는 태블릿용 앱이다. 이렇게 하면 개인별로 자신에게 맞는 매개변수가 설정된 맞춤형 미니 매거진을 열람할 수 있다. 기술적 진보는 대대로 전해 내려온 인간의 사고 성향을 강화하는데, 그런 강화 방식의 부수적인 모습 중 하나가 바로 이것이다. 이렇듯 정신적 성향이 기술적으로 연장되면 일상적 소비행위에는 매우 유용할 수 있다. 매일같이 대중교통으로 이동하는 30분 동안, 우리는 사회보장제도의 구멍보다는 스포츠에 관한 기사를 추천받을 수 있다. 하지만 동시에 늘 옳지만은 않은 선입견이 강화되는 일이 벌어질 수도 있다.

반면 제이컵 와이스버그가 열심히 진행한 '재조사' 결과에 따르면[28] 필터 버블이 유발하는 위험은 어쩌면 그렇게 우려스러운 것이 아닐 수 있다. 구글에 같은 키워드로 정보를 검색했을 때 과연 사람마다 아주 다른 결과를 얻을까? 와이스버그는 서로 매우 다른 감수성을 지닌 여러 사람(월스트리트에서 근무하는 사람, 중소기업을 경영하는 온건한 민주당원, 전직 슬레이트 사이트 개발자, 스스로 좌파라 여기는 운송업체 직원 등)에게 사상을 세분화할 수 있는 키워드들을 구글로 검색하게 했다. 이들의 검색 결과를 스크린 캡처해서 본 와이스버그는 구글이 추천한 내용에서 주목할 만한 차이를 발견하지 못했다. 와이스버그는 파리저가 무엇보다 활동가의 투쟁적 입장에서 고발했기 때

---

28   http://www.slate.fr/story/39977/web-bulle-personnalisation-google

문에[29] 그의 우려가 타당하지 않다고 생각한다. 이 문제에 관해 와이스버그는 적극적으로 구글에 문의한 결과 다음과 같은 답변을 얻었다.

"사실 저희는 특별한 알고리즘을 고안해서 개인화를 제한하고 검색 페이지에서 다양성을 증진하려 노력하고 있습니다."

조너선 지트레인 하버드대학교 법학 및 컴퓨터공학 교수의 설명도 마찬가지다.

"제 경험상, 검색의 개인화 효과는 미미하다고 봅니다."

나는 학생들과 함께 신념과 인터넷의 관계에 관한 실험을 수없이 진행했다. 그 결과 나 역시 이 문제에 대해서는 파리저만큼 경각심을 갖지는 않게 되었음을 인정한다(이 문제에 대해서는 뒤에서 다시 다루도록 하겠다). 물론 필터 버블은 분명 존재하며, 현대 인지 시장에서 확증 편향의 발현에 부수적으로 기여하는 것도 사실이다. 하지만 아직은 부차적인 수준에 머물러 있다. 인터넷상의 정보 추천 방식을 조직화하는 데는 필터 버블보다 중요한 것들이 많다. 이제부터 이에 대해 살펴보고자 한다.

29　일라이 파리저는 자유주의적 행동주의 단체인 Moveon.org의 이사장이었다.

2장

인터넷은 왜 의심스러운 생각들과 결속하는가

지식사회라는 유토피아와
신념의 제국

수많은 주요 기술혁신이 등장할 때면 늘 그러했듯, 인터넷 역시 우려와 기대를 한몸에 받았다. 다수의 베스트셀러 가운데 이런 우려와 기대를 다룬 내용이 많은 것만 보아도 알 수 있다.[1] 이제 웹 덕분에 정보의 보급이 천문학적 규모로 대중화되었고, 누구나 무료로 이런 정보에 접근할 잠재성이 생겼다. 그래서 일각에서는 웹을 통해 지식사회 건설 계획을 구체화할 수 있다고 보는 시각도 고개를 들었다. 피터 드러커[2]가 처음 사용한 이 개념은 그동안 수차례에 걸쳐 계승되고 심화 연구되었다.[3] 이 개념의 토대가 되는 분석은 다음과 같다.

생산 시스템의 변동으로 우리 사회는 앎과 혁신을 경제 발전의 핵심 요인으로 여기고, 모든 사람에게 앎에 대한 접근 가능성이 보장되는 것이야말로 우리 미래의 민주주의를 이루는 근본적인 관건이라 생각하게 되었다. 지식사회론은 정치 분석인 동시에 정치 프로젝트를 표방한다. 유네스코 세계 보고서 〈앎의 사회를 향하여〉는 이러한 지식사회론의 선언문으로 여겨질 수 있다.

---

1   Tapscott(2008)는 인터넷에 대한 기대를, Bauerlein(2008)은 우려를 다룬다.
2   Drucker(1969).
3   Mansell Wehn(1998) 또는 Stehr(1994) 참조.

현재 신기술이 보급되고 인터넷이 공공 네트워크로 등장하면서 앎의 공적 공간을 확장할 새로운 기회가 열리는 것처럼 보인다. 과연 이제 우리는 지식에 대한 평등하고 보편적인 접근과 진정한 공유를 가능케 하는 수단을 지니게 될까? 이렇게 이루어지는 지식의 공유는 인류의 지속 가능한 발달의 원천인 진정한 앎의 사회를 이루는 요체가 될 것이다.[4]

이 유네스코 보고서가 주요 근거로 삼는 분석 사항은 두 가지다. 첫째, 디지털 격차의 존재다. 서로 다른 사회뿐만 아니라 한 사회 내부에도 정보의 원천, 콘텐츠, 인프라에 대한 접근에 불평등이 존재한다는 뜻이다. 이러한 디지털 격차는 '앎의 사회'로의 도약을 저해할 수 있다. 그러므로 민주주의의 가치를 위해서뿐만 아니라 모든 곳에서 경제적 도약을 촉진하려면 이런 디지털 격차를 해소하는 일이 시급할 것이다.

둘째, 이러한 노력은 어디까지나 필요조건이되 충분조건은 아니다. "정보가 앎으로 변환되려면 심사숙고하는 작업이 전제되어야 하기 때문이다. 정보는 그 자체만으로는 원자료, 즉 지식 생성에 필요한 원료에 불과하다."[5] 따라서 (주로 교육 수준 차이로 인해) '인지·비판·이론 능력의 숙달' 측면에서 개인 간

---

4   Bindé(2005), p. 17.
5   Bindé(2005), p. 47.

의 불평등을 규정하는 '인지 격차'의 존재를 공식적으로 인정해야 한다. "이러한 능력을 발전시키는 것이 바로 앎의 사회가 지닌 목표다."[6] 유네스코 보고서에 따르면, 이런 능력이 숙달되면 개인은 정보의 바다로 나아가 지식이라는 육지를 발견할 수 있다고 한다.

이 프로그램의 윤리적·정치적 의도에는 쉽게 공감하지만, 그렇다고 아무런 논쟁 없이 받아들일 의무가 있는 것은 아니다. 지식 상품과 신념 상품[7]의 실제 경쟁 메커니즘을 고려하면, 유네스코 보고서의 진단에는 이론의 여지가 있어 보인다(이 보고서에서 레지 드브레, 자크 데리다, 장-피에르 뒤퓌, 프랑수아즈 에리티에, 줄리아 크리스테바, 브뤼노 라투르, 장 도르메송, 폴 리쾨르, 당 스페르베르, 알랭 투렌 등 명망 있는 학자들을 인용한 부분은 전문적인 평가를 받아야 한다).[8] 인지 시장, 특히 인터넷상에서 이루어지는 수요-공급 관계는 비선별적인 정보 보급이 특징인데, 지식사회 프로그램은 이러한 비선별적 정보 보급 과정에 대한 평가 오류를 드러내기 때문이다.

6 Bindé(2005), p. 47.
7 이 두 상품을 구분할 수 있는 경계선에 대해서는 뒤에서 다룰 예정이다.
8 이들에게는 보고서의 주장에 대한 책임이 있을 수 없다. 그럼에도 이 보고서는 이 대가들이 행한 '초창기 공헌과 분석'의 혜택을 보았다고 인정하면서 이들을 언급했다.

우유부단한 자의 문제

앞서 우리는 정보에 접근하기 쉬워지고 정보의 보급이 대중화되면 확증 편향이 조장되어 신념을 영속시키는 기반이 된다는 사실을 살펴보았다. 그런데 이 외에도 우리가 고려해야 하는 한 가지 요소가 더 있다. 인터넷 문화 평론가들이 미처 파악하지 못한 것처럼 보이지만, 인터넷은 공급의 구조화와 이에 따른 공급자의 동기에 과민하게 반응하는 인지 시장이라는 점이다. 이는 이 시장에서 인지 경쟁을 구성하는 주요 요인 가운데 하나다.

정보 검색은 주로 두 가지 관점에서 이루어진다.

첫째, 확증 편향의 관점에서 정보를 검색할 수 있다. 이때 우리는 이미 신념을 가지고 있어서(이 신념은 확인이 필요한 조건부 신념일 수도 있다) 이 신념을 공고히 하기 위해 정보를 찾는 경향을 보인다. 이런 예는 SNS에서 흔히 볼 수 있다. 정보가 주장하는 바와 상관없이, 어떤 페이스북 가입자가 자신의 페이스북 담벼락에 우습거나 불미스러운 정보를 '포스팅'하면, 그의 페북 '친구들'이 바통을 이어받아 같은 방향성을 지닌 또 다른 정보나 링크를 올려 원래 정보의 관점을 확고하게 한다. 물론 페이스북에서도 논쟁의 장은 열릴 수 있다. 그러나 감수성 차이가 계속 나타나면 친구들은 금세 떨어져나가 자신이 공유하는 생각에 더 우호적인 곳으로 도피해버린다. 페이스북이라는 도구 자체가 이런 방향으로 고안되어 있어서, 게시물에 대해 '좋아요'만 표시할 수 있지 '싫어요'라고는 표현할 수 없다.

둘째, 선입견 없이, 그래서 확증 편향의 위험성 없이 정보를 검색하는 경우도 있다. 우리가 무식하기 때문일 수도 있고, 아니면 어떤 주제에 대해 아직 굳센 확신이 서지 않았기 때문일 수도 있다. 가령 '아르메니아에 대해 좀 더 알고 싶지만 이 나라에 대해 아는 것이 없다'면 전자에 해당한다. '원자력 에너지와 그 위험성, 이를 반대하는 의견에 대해 많이 들어보았지만, 더 자세히 알고 싶다'면 후자다.

바로 이 시나리오에 등장하는 인물이 우유부단한 사람이다. 이런 사람이 결정적인 데는 다 까닭이 있다. 통계상 이런 사람이야말로 자신이 자주 찾는 인지 시장의 구조화에 영향을 받을 가능성이 가장 크다고 볼 만한 여러 이유가 있기 때문이다. 달리 말해 이런 사람은 최종적으로 확정된 의견을 갖고 있지 않아서, 인지 시장이 이러저러한 유형의 논거를 제공하는 방식에 그 누구보다도 민감하다. 이것은 마치 소비자가 자기에게 가장 적합한 세탁세제 브랜드가 무엇인지 모른 채 무작정 슈퍼마켓에 가는 경우와 같다. 이 소비자는 (평소 자신이 애용하는 브랜드를 먼저 찾는) 다른 사람들보다 진열대에 상품이 진열된 상태에 영향을 받을 확률이 높다. 이 가설을 시험하기 위해 나는 몇몇 학생과 함께 신념의 변화에 관한 실험을 진행했다.

인터넷 사용에 따른 임사체험에 관한 신념의 변화

이 실험[9]의 목적은 임사체험에 관한 신념을 사례로 삼아 인터넷 검색이 신념에 미칠 수 있는 영향을 평가하는 것이었다. 우선, 임사체험이란 무엇인가? 임사체험을 했다고 주장하는 사람들은 거의 목숨을 잃을 정도로 심한 사고를 당한 경우가 많다. 이들은 의식을 잃은 동안 간혹 하얀 터널을 보았다거나 아니면 단순히 자신의 육신 위에 떠 있었다고 말한다. 누구나 한 번쯤은 이런 이야기를 들어본 적이 있을 것이다. 이 실험에 자원한 실험 대상자 103명[10]도 모두 임사체험에 대해 들어본 적이 있었다. 우리는 이 주제에 관해 간략한 대화를 나눈 다음, 실험 대상자들에게 임사체험 현상이 사후세계의 존재를 보여준다는 확신이 드는 정도를 0~10으로 평가하게 했다(0은 전혀 믿지 않음, 10은 절대적으로 믿음을 의미했다). 그런 다음 인터넷에 연결된 컴퓨터를 제공해 15분간 이 주제에 관해서 마음대로 검색하게 했다. 이때 검색엔진으로는 구글을 이용했고, 크롬 브라우저를 통해 검색한 사이트 목록을 표시하고 각 사이트에서 머문 시간을 측정했다. 그 후 다시 한번 면담하면서 이 주제에 관해 실험 대상자의 감정이 어떤 식으로 변했거나 변하

9   이 대목에서 나는 1년간 조사 작업을 진행해준 스트라스부르대학교 2011학번 학생들에게 감사를 표하고자 한다. 그들의 실제적인 도움이 없었다면 이 실험은 불가능했을 것이다.
10   실험 대상자는 '18~30세', '31~40세', '41~50세', '51~60세', '60세 이상'으로 나이에 따라 선정되었고 7개 학급에 똑같이 나뉘어 배치되었다.

지 않았는지를 평가했다. 면담을 마치면서 이들에게 자신의 신념에 대해 0~10으로 새로 평가해달라고 요청했다.

실험 결과를 분석하기 위해 나는 신념 점수가 0~2거나 8~10이면 강한 확신(임사체험이 사후세계의 존재를 증명한다는 확신 또는 그 반대의 확신)으로 해석했다. 역으로 3~7 사이는 확신이 약한 신념을 가리키는 것으로 보았다. 전체적인 결과를 보면, 69명은 의견이 달라지지 않았고 34명은 관점이 변한 것으로 나타났다. 사실 실험 조건은 이처럼 의견 변화를 표명하기에 썩 좋은 조건이 아니었다. 먼저, 주어진 검색 시간이 짧았다(15분). 또한 면담자 가운데는 자신의 일관성을 보여주고 싶은 마음이 분명한 경우도 있었다. 이들은 자신이 인터넷에 영향을 받을 수 있다는 사실을 인정하고 싶어 하지 않았다. 하지만 이러한 어려움에도 실험 결과는 흥미로운 정보를 제공한다. 가령 처음에 강한 신념을 지녔던 사람들(47명)과 이보다 명확하지 않은 관점을 가졌던 사람들(56명)의 차이를 분석해보면, 인터넷 검색 후 관점이 달라진 사람의 수는 전자보다 후자에 훨씬 많다는 것을 알 수 있다. '확신에 찬 사람들'의 경우 11퍼센트만이 관점이 달라졌지만(심지어 달라진 정도도 미미하다), 확신이 없었던 사람들의 경우는 52퍼센트가 생각이 바뀌었다. 그런데 이렇게 '생각이 달라진 사람들' 가운데 26.5퍼센트는 임사체험이 사후세계의 존재를 보여준다는 사실을 더 믿지 않게 되었지만, 73.5퍼센트는 신념이 더 생겼다고 대답했다.

이 실험에서 보면 결단력 없는 사람들 중에서 생각이 달라진 사람이 많이 나왔을 뿐만 아니라, 이들의 생각이 달라지면서 임사체험 현상에 대한 해석이 합리주의보다는 신비주의 방향으로 변했음을 알 수 있다. 과연 이것이 놀라운 결과일까? 아니다. 상당수의 주제에 관해 인지 시장이 조직되는 방식, 혹은 앞서 언급했던 슈퍼마켓의 비유를 다시 들자면 진열대에서 다른 상품보다 특정 상품에 손이 잘 가게 만드는 방식에 관심을 가지고 더 자세히 들여다볼 때 이런 결과는 그다지 놀랍지도 않다. 하지만 앞서 살펴보았듯, 이 문제가 매우 중요한 이유는 여기에는 정보를 찾는 우유부단한 사람들이 연루되어 있기 때문이다. 이들은 과연 어떤 유형의 상품을 마주하게 될까? 모순되는 상품이 공존하는 이 시장에서, 과연 우리는 그 공존의 특징이 되는 경쟁의 본질을 파악할 수 있을까?

인터넷상에서 벌어지는 신념과 지식의 경쟁 상태

이 같은 질문들에 대한 답을 구하기 위해 나는 고정관념 없는 인터넷 사용자가 여러 주제에 관해 검색하면 웹에서 무엇을 '공급'받을 수 있는지를 탐색했다. 인터넷 사용자의 검색 방식대로 모의실험을 진행하고자 디지털 시대 프랑스인의 문화적 관행에 관한 조사 결과[11]를 참고했다. 그 결과, 예상대로 프랑스 국민이 인터넷을 검색하는 빈도가 점차 증가하고 있으며 국민의 절반 이상이 가정에 고속 인터넷 연결망을 보유한 것으로 나타났다. 또한 15~24세 연령대에서는 TV가 출현한 이래 처음으로 TV 시청 시간이 감소한 반면, 인터넷에 할애하는 시간은 계속 증가 중임을 알 수 있다(신문이나 책을 읽고 라디오를 듣는 시간은 줄어들고 있다). 이는 인지 시장에서 청년층의 수요 가운데 인터넷 정보 검색이 차지하는 비중이 늘고 있음을 보여준다.

이뿐만 아니라 네티즌의 절반은 접속 시간의 70퍼센트 이상을 검색엔진으로 정보를 검색하는 데 보낸다고 한다. 이들이 애용하는 검색엔진 중에서 구글은 단연 과점적 위치를 점한다(2008년 7월 한 달 동안 구글을 이용한 검색 건수는 490억 회에 육박하는데, 이는 시간당 6500만 회에 해당한다).[12] 게다가 검색에 실패할 경우 76.4퍼센트는 검색을 다시 시도할 때 검색어는 다르게 입력하면서도 검색엔진은 다른 것으로 바꾸기보다 같은 것을 그대로 사용한다. 이러한 이유로 나는 평균적인 네티즌이 인지적 공급에 접근하는 방식을 그대로 따르기 위해 검색엔진으로 구글을 사용하기로 했다.

구글이 높은 인기를 누리는 비결 가운데 하나는 단순하면

---

11   여기서 나는 Donnat(2008)의 저서와 http://docs.abondance.com/qestion14.
       html에 게시된 자료를 활용했다.
12   Poulet(2011), p. 59.

서도 영리한 기술적 장치다. 세계 제1의 검색엔진 구글의 효율성을 설계하는 실제 알고리즘의 비밀은 여전히 베일에 가려 있지만, 그 요체를 페이지랭크(줄여서 PR이라고도 하며, 페이지별 사이트 분류법이다)라고 부른다는 사실은 익히 알려져 있다. 이것은 인기도에 따라 사이트에 대한 관심도를 평가해 점수를 매기는 방식이다. 이 점수는 주로 다른 사이트로 연결해주는 링크 수로 측정되는데, 이런 링크 수는 연결된 사이트의 인기도에 따라 조절된다. 이렇게 평가하기 위해 수백 개에 달하는 자동 프로그램이 전 세계 네트워크를 탐색한다. 이때 사이트의 페이지 랭크가 높으면 그만큼 조회될 가능성이 커진다. 따라서 검색엔진이 작동하면 다시 인터넷상에서 공급의 **가용률**이 높아진다.

내가 품은 의문은 매우 단순하다. 선입견을 지니지 않은 네티즌이 구글로 특정 주제를 검색할 경우 무엇을 추천받을까? 내가 검색 대상으로 선정한 다섯 가지 주제는 점성술, 네스호의 괴물, 아스파르템(간혹 발암물질로 의심받는 물질이다), 크롭 서클, 염력이다. 분명히 말하지만, 이런 의문에 대해 여러 답변을 검토하는 이유는 구글이 추천한 모든 정보 가운데서 네티즌이 설득력 있거나 없다고 생각하는 것이 무엇인지 알아내어 문제를 해결하려는 것이 아니다. 물론 개인이 인식하는 정보 출처의 본질이 정보의 신뢰도[13]에 영향을 주더라도 말이다.

---

13   흔히 거론되는 이런 문제에 관해서는 Bovard(1953), Chaiken(1980), Shérif &

이 다섯 가지를 선정한 데는 이유가 있다. 관련된 신념의 사실성에 대해 정통 과학이 이의를 제기한 주제들이기 때문이다. 염력[14], 네스호의 괴물, (외계인이 남긴 기호로 해석되는) 크롭서클, 점성술[15], 한동안 아스파르템[16]에 쏟아졌던 의혹 등이 모두 그렇다. 따라서 이 다섯 가지 주제를 통해 우리는 인지 시장에서 과학계가 정통이라고 여기는 정보들과 그렇지 않아서 내가 신념이라고 여기는 정보들의 갈등 관계를 흥미롭게 관찰할수 있다.[17] 여기서 신념이라는 용어를 사용한 목적은 이러한 명제들을 깎아내리려는 것이 아니라(지금은 진술이 참인지 따질 필요가 없다), 이렇게 구분하지 않으면 사라져버리는 현실을 분명

Hovland(1961) 참조.

14 Launière(1980), 혹은 Broch(1989) 참조.

15 점성술은 내가 아는 한 어떤 과학자도 지지하지 않는 학설이다. 이는 사상적 반
감 때문이 아니라, 단지 확정적인 것으로 보이는 논거들에 의해 점성술의 바탕
이 되는 두 가지 가설이 무효가 되었기 때문이다. 점성술의 토대가 되는 두 가지
가설은 다음과 같다. (1) 우리의 성격은 출생 순간의 별자리에 의해 영향을 받을 뿐만 아
니라 결정되기까지 한다. (2) 우리의 운명, 미래, 그리고 전체적인 세상의 미래도 별자리의
변화에 따라 영향을 받거나 결정된다. 과학계가 일반적으로 채택한 논거들에 대한
종합적인 평가를 살펴보고자 한다면 Lequèvre(2002)를 참조하기 바란다.

16 아스파르템은 아미노산 2개가 결합된 디펩티드의 메틸 에스테르다. 아무런 영
양분이 없지만 설탕보다 단맛이 200배 더 강한 물질이다. 발암물질 의혹은 이
탈리아에서 발표된 한 연구(Soffriti 외(2006)) 결과에서 시작되었다. 이 연구
팀은 쥐를 대상으로 한 실험에서 아스파르템을 섭취하면 암 종양 발생이 촉진
될 수 있다는 것을 증명했다고 주장했다. 하지만 이 실험 결과는 과학계, 특히
EFSA(유럽식품안전국)로부터 인정을 받지 못했다. 실험 결과를 신뢰할 수 없
을 정도로 실험 기록의 편향이 너무 심했기 때문이다(EFSA(2006)).

17 신념과 지식의 관계는 복잡하게 얽혀 있다. 그래서 나는 이 두 인지적 대상을 구
분하는 요소들이 구멍이 숭숭 뚫린 경계선으로 이루어져 있다는 이미지를 제안
했다(Bronner, 2003).

하게 보여주기 위해서다. 여기서 우리가 관찰해야 하는 것은 같은 현상을 설명한다고 주장하는 서로 다른 진술 유형들 사이에 존재하는 경쟁이다. 한쪽은 전문적인 과학의 평가를 통한 합의를 표방할 수 있는 반면, 다른 한쪽은 그렇지 못하다. 따라서 어떤 경우에도 신념은 일반 여론이나 네티즌 여론을 특별히 대표해서 보여주지 않는다. 그보다는 정보에 대한 수요가 있을 때 인터넷이 추천하는 공급을 파악할 수 있게 해준다.

그런데 구글은 어떤 주제에 대해서라도 수백 가지, 심지어 수천 가지 사이트를 추천하는 경우가 흔하다. 하지만 우리가 잘 알고 있듯, 인터넷 사용자는 정보를 얻겠다고 그렇게 많은 사이트를 절대로 다 조회하지 않는다. 따라서 나는 검색을 현실적으로 하기 위해 인터넷 사용자의 행태를 통해 알게 된 범위로 검색을 제한했다. 네티즌의 65퍼센트는 검색 결과의 첫 페이지만(처음 제시된 사이트 10개만) 열람하는 것으로 만족하며, 25퍼센트는 두 번째 페이지에서(20번째 사이트에서) 멈춘다. 세 번째 페이지로 넘어가는 경우는 단 5~10퍼센트에 불과하다. 따라서 95퍼센트 이상의 인터넷 사용자는 처음 추천받은 30개 사이트 이상은 조회하지 않는 셈이다. 게다가 이들 중 80퍼센트는 검색어를 2개 이하로 입력한다.

이에 따라 나는 구글이 보여주는 수천 개의 사이트 가운데 가장 먼저 제시된 30개만 조회하는 방법을 선택했다. 또한 검색어를 입력할 때는 '염력', '네스호의 괴물', '아스파르템', '점성술', '크롭 서클'처럼 최대한 짧고 중립적인 단어만 사용했다.[18] 그런 다음 주어진 주제에 관해 구글이 가장 먼저 추천한 사이트 30개를 네 가지 카테고리로 분류했다.

- 부적절한 사이트. 검색한 주제를 구실로 삼아 완전히 다른 대상을 접하게 만드는 내용을 지닌 사이트는 적절하지 않은 것으로 여긴다. 가령 '네스호의 괴물'을 입력했을 때 7번째로 소개되는 사이트(http://www.gizmodo.fr/2010/03/11/le-monstre-du-loch-ness-nest-pas-en-ecosse-mais-dansmon-salon.htm)는 네스호의 괴물 모양 램프를 판매하는 곳이다. 또한 사이트의 내용이 우리가 대상으로 삼은 신념과 관련해서 어떠한 논거나 관점도 발전시키지 않을 경우, 이 사이트도 적절하지 않은 것으로 간주한다. 이를테면 '아스파르템'을 입력했을 때 19번째로 등장하는 사이트(http://forums.futura-sciences.com/chimie/223689-formule-aspartam.html)는 아스파르템의 화학식을 논하는 토론방이다.

- '중립적인' 사이트. 정통 과학적 명제(즉 지식—옮긴이)와

---

18 평균적으로 모든 네티즌이 얻을 수 있는 검색 결과라고 한다면 이러한 접근법이 타당하다. 그런데 파리저(2011)에 따르면 구글은 네티즌마다 각자의 감수성에 따라 다른 사이트 목록을 제시하기 때문에, 우리는 필터 버블 문제를 고려해야만 한다. 하지만 앞서 살펴보았듯('69쪽 필터 버블' 참조), 필터 버블 문제의 중요성은 과대평가된 것이 분명하다. 나 역시 이렇게 느끼는 데는 다 이유가 있다. 내가 진행하는 집단 신념 세미나에 참석하는 학생들은 해마다 검색 결과를 테스트하는데, 이들도 앞으로 내가 소개할 순서와 비슷한 순서로 늘 검색 결과를 얻기 때문이다.

그렇지 않은 명제(신념—옮긴이)에 대해 모순되는 논리도 함께 소개하는 사이트는 그 배경이 어떠하든(심지어 다른 모든 종류의 신념을 조장하는 사이트라 하더라도) 중립적인 사이트로 여긴다. 가령 '아스파르템'을 입력했을 때 11번째로 등장하는 AMESSI(진화대체의학과 건강 및 과학 혁신)의 사이트(http://www.amessi.org/L-Aspartam)는 향기 치료법과 최면요법을 홍보하는 곳이지만, 아스파르템에 대해서는 균형감 있는 기사를 소개한다. 즉 아스파르템의 위험성을 입증하는 과학적 증거는 존재하지 않는다고 인정하면서도 여전히 의혹이 짙다는 사실을 끊임없이 강조한다. 이러한 이유로 이 사이트는 '중립적인' 사이트로 분류한다.

• 신념에 대해 비우호적인 사이트. 신념에 대해 비우호적인 논거나 관점만을 발전시키거나, 오로지 부질없음을 강조하기 위해 신봉자들이 주장하는 논거를 소개하는 회의주의적 사이트는 비우호적인 사이트로 간주한다.

• 신념에 우호적인 사이트. 신념에 대해 우호적인 논거나 관점만을 발전시키거나, 오로지 부질없음을 부각하기 위해 회의주의자들이 주장하는 논거를 소개하는 사이트는 우호적인 사이트로 여긴다.

이렇게 해서 얻은 결과는 다음과 같다. 즉 다섯 가지 주제를 검색해, 주제마다 구글이 가장 먼저 추천한 사이트 30개를 각 주제에 대한 감수성에 따라 분류했더니 다음과 같은 결과가 나왔다.

염력

염력이란 널리 알려진 메커니즘이나 에너지를 사용하지 않고 정신을 통해 사물이나 과정, 시스템에 영향을 줄 수 있다고 주장하는 능력을 말한다.[19] 이러한 정신력이 존재한다는 가설에 대해서는 우호적인 입장의 사이트가 가장 많고, 그다음이 중립적인 사이트, 비우호적인 사이트 순이다. 찬반 입장을 명확하게 취한 사이트만 놓고 보면 우호적인 사이트가 74퍼센트, 회의적인 사이트가 26퍼센트를 차지한다.

구글이 추천한 '염력' 관련 상위 30개 사이트의 주제에 대한 감수성별 분류

	우호적	비우호적	중립적	부적절
염력	17 (74%)	6 (26%)	7	0

네스호의 괴물

공식적인 동물학에서는 미지의 대상이거나 최소한 멸종된 것으로 여기는 생명체가 스코틀랜드 호수에 존재한다는 가

---

19   이 주제에 관한 검색은 2010년 8월 20일과 23일에 실시했다.

설에 관한 주제다.[20] 이 주제에 대해서는 적절하지 않은 사이트 수가 많은 점이 눈에 띈다(27퍼센트). 이런 결과가 나온 것은 이 전설적인 생명체가 워낙 유명하기 때문이다. 그래서 영감을 받아 만들어진 가상의 이야기들이 많고, 이 생명체의 존재에 대한 신념과는 무관하게 몇몇 사이트에서 그러한 이야기를 전달하고 있다.

적절하지 않은 사이트를 훨씬 앞질러 개수가 가장 많은 건 신념을 옹호하는 사이트다. 찬반 의견을 분명하게 밝힌 사이트만 따졌을 때는 신념에 우호적인 사이트가 78퍼센트, 회의적인 사이트가 22퍼센트다.

구글이 추천한 '네스호의 괴물' 관련
상위 30개 사이트의 주제에 대한 감수성별 분류

	우호적	비우호적	중립적	부적절
네스호의 괴물	14 (78%)	4 (22%)	4	8

아스파르템

아스파르템에 관한 가설은 국제적으로 이루어진 전문적인 과학 평가와는 달리 이 물질이 건강에 해롭다는 주장을 바탕으로 한다. 내가 검색어로 '아스파르템'을 선택한 이유는 이것이

---

20 이 주제에 관한 검색은 2010년 7월 13일에 실시했다.

'아스파르템과 건강' 또는 '아스파르템과 암'보다 덜 편향된 것으로 보였기 때문이다.[21] 이처럼 단어를 모호하게 선택하면 판별에 어려움이 생긴다는 단점이 있다. 그 결과 이 주제에 대해서는 부적절한 것으로 분류되는 사이트가 무시하지 못할 만큼 많이 검색되었다(23퍼센트).

그러나 부적절한 사이트의 수를 능가하며 이번에도 가장 많이 검색된 건 신념을 지지하는 사이트였다. 명확한 입장을 드러내는 사이트만을 고려했을 때, 표명된 의견 가운데 신념에 우호적인 사이트가 전체의 70퍼센트, 회의적인 사이트가 30퍼센트를 기록했다. 이로써 전체 취합된 결과 가운데서 가장 팽팽한 갈등 관계가 확인되었다. 검토한 표본 범위가 좁았다는 점을 감안하면 신중하게 판단하는 편이 좋지만, 그 원인은 어쩌면 이 주제가 (적어도 아스파르템 생산업체 입장에서는) 경제적 이해관계가 걸린 문제라서일 가능성이 있다. 이런 조건 때문에 일부 회의주의자들은 자신의 관점을 표현하고 싶다는 동기가 더 강해졌을 수 있다. 이에 관해서는 뒤에서 다시 다루도록 하겠다.

'아스파르템'의 위험성에 관해 구글이 추천한
상위 30개 사이트의 주제에 대한 감수성별 분류

	우호적	비우호적	중립적	부적절
아스파르템	14 (70%)	6 (30%)	3	7

21　이 주제에 관한 검색은 2010년 7월 15일에 실시했다.

크롭 서클

크롭 서클은 일반적으로 밀밭에서 발견되는 신비한 거대 원형 무늬를 말한다.[22] 이 무늬는 단순한 동그라미인 경우도 있고, 더 복잡한 그림으로 나타나기도 한다. 이 현상이 일어난다는 객관적인 정황에 대해서는 아무도 의혹을 제기하지 않는다. 그러나 이 현상에 관해서는 여러 해석이 제기되어 서로 경쟁하고 있다. 가장 즉각적인 해석은 이것이 속임수라는 것이다. 주로 1980년대 영국 남부에서 나타난 이 현상은 인위적으로 쉽게 재현할 수 있기 때문이다. 게다가 1991년 9월에는 더그 보우어와 데이브 콜리라는 두 명의 예술가가 자신들이 1976년부터 200개가 넘는 크롭 서클을 만든 장본인이라고 주장하는 일도 있었다. 세계 각지에서 '서클 메이커'라고 불리는 단체가 자신들이 이 '예술 작품'을 만들었다고 주장하기도 한다. 그럼에도 이런 동그라미 무늬가 모두 속임수일 수는 없다는 주장을 굽히지 않는 사람들도 있다. 이들은 일부 문양은 너무 복잡하고 규칙적이라서 사람의 손으로 하룻밤 사이에 뚝딱 만들 수 있는 것이 아니라고 이야기한다. 또한 크롭 서클과 접촉하면 생화학적 현상이 일어난다고 주장하면서 속임수나 예술 작품이라는 가설을 배제한다. 이들은 이 현상이 외계 기술이 작용한 결과라고 주장한다. 가장 널리 알려진 이론 가운데 하나가 바로 외계인이

---

22   이 주제에 관한 검색은 2010년 7월 19일에서 21일까지 실시했다.

착륙한 흔적이라는 설이다. 이 주장은 나이트 샤말란 감독의 영화〈싸인〉을 통해 대중에게 알려졌다.

검색 결과, 가장 많이 발견된 것은 이 신념에 우호적인 사이트였다. 입장이 분명한 사이트만 따졌을 때는 87퍼센트가 우호적인 사이트였고 13퍼센트가 회의적인 사이트였다. 그런데 주목할 부분은 이 주제에 대해서는 '중립적인' 사이트의 수가 모든 주제 가운데서 가장 많았다는 점이다. 모든 종류의 신념에 우호적인 입장을 지닌 사이트라 하더라도, 염력의 경우처럼 이 주제와 관련된 자료에는 완곡하고 신중한 의견이 실려 있다. 아마도 염력과 마찬가지로 이 크롭 서클과 관련해서도 공인된 사기극이 일어난 적이 있었기 때문인 것 같다.

구글이 추천한 '크롭 서클' 관련
상위 30개 사이트의 주제에 대한 감수성별 분류

	우호적	비우호적	중립적	부적절
크롭 서클	14 (87%)	2 (13%)	12	2

점성술

구글이 추천한 상위 30개 사이트 가운데서 특히 점성술에 매우 유리한 경쟁 구도가 관찰되는 이유는 이 신념[23]을 둘러싼

23   이 주제에 관한 검색은 2010년 7월 12일에 실시했다.

경제적 이해관계 때문임이 틀림없다.

구글이 추천한 '점성술' 관련 상위 30개 사이트의 주제에 대한 감수성별 분류

	우호적	비우호적	중립적	부적절
점성술	28 (97%)	1 (3%)	−	1

입장을 분명하게 드러내는 사이트들만 대상으로 하면, 97퍼센트가 점성술을 지지하는 것으로 나타난다.

경제적 요인을 무시해서는 안 되겠지만, 전반적으로 위의 다섯 가지 주제에 관해서 항상 정통적인 지식에 불리한 경쟁 구도가 나타나는 이유는 경제적 요인이 아니다. 이 주제들이 명백한 이익을 쟁점으로 동원하지 않을 때조차 그렇기 때문이다.

다섯 가지 주제에 관한 검색 결과의 평균을 구하면, 찬반 입장이 분명한 사이트 가운데 신념을 지지하는 사이트가 81.2퍼센트에 달한다. 이 같은 결과는 매년 내 수업에 참여하는 학생들에 의해 검증되고 있다. 이 학생들도 내가 선정했던 주제와 비슷한 종류의 주제들을 대상으로 삼아 마찬가지 방법으로 검색 실험을 한다. 가령 달이 출생에 미치는 영향, 파충류 인간의 존재, 텔레파시 등 다양한 음모론을 검색한다. 이러한 결과는 프랑스어권뿐만 아니라 영어권, 더 나아가 중국에서도 얻을 수 있을 것으로 보인다. 적어도 '수정 해골'의 전설을 검색한 결과는 그렇다(수정 해골은 메소아메리카에서 제작된 것으로 추정되는 조각품으로, 그 기원에 초자연적인 비밀이 숨어 있어서 커다란 초자연적 힘을 띤다고 주장하는 사람들이 있다). 이것이 나의 중국 학생들 가운데 한 명이 검색한 유일한 주제였기 때문이다(이 점에 대해 고백하자면, 사실 필자는 어학 능력이 모자라서 이 학생의 검색 결과를 확인하지 못했다. 그래서 신뢰를 바탕으로 그 결과가 정확하다고 믿는 것이다).

이러한 결과를 어떻게 설명해야 할까

인터넷에서는 매우 특이한 방식으로 정보의 상호작용이 일어난다. 특히 공급의 구조화는 주제에 따라서는 수요자보다 공급자의 동기에 훨씬 더 많이 좌우된다. 그중에서도 상반되고 경쟁적인 공급을 조직할 기술적 능력이 있는 공급자들이 특히 그렇다. 분명히 말하건대, 신념을 신봉하는 사람들은 믿지 않는 사람들보다 자신의 관점을 옹호하고 거기에 시간을 할애하려는 동기가 대체로 더 강하다.

이처럼 무언가를 신봉하는 사람의 정체성에는 신념이 관여한다는 것이 바로 이와 같은 결과가 생긴 첫 번째 이유다. 이로 인해 신봉자는 신념에 대한 자신의 동의를 확고히 할 새로운 정보를 찾고 싶은 굴뚝 같은 마음에 쉽사리 사로잡히게 된다. 예를 들어 음모론자는 9·11 테러가 CIA의 소행이라고 믿게 하는 몇몇 논거를 손에 쥐고 놓지 않으려 애쓴다. 반면 불신하는 자는 무관심한 입장인 경우가 많다. 그는 신념을 거부하지만, 이를 위해 자신이 인정하지 않는 진술의 약점 말고 다른 해명은 필요로 하지 않는다. 이런 사실은 토론 사이트에서 특히 피부로 느낄 수 있다. 여러 주제가 뒤섞인 23개의 토론방 사이트를 살펴보았는데, 이 가운데 부적절한 것으로 분류되어 여기서 사용할 수 없는 것이 모두 9개였다. 나머지 14개 토론 사이트를 종합했더니, 211개의 의견이 개진된 가운데 83개는 신념의 관점을 지지하는 의견이었고 45개는 반대 의견, 83개는 중립 의견이었다. 토론에 올라온 글을 읽으면서 발견한 사실은 놀랍게도 회의론자들은 기껏해야 빈정거리는 내용의 메시지를 쓰는 경우가 많으며, 신념에 반대하는 논리를 펼치기보다 그 신념을 조롱한다는 것이었다. 반면 진술을 옹호하는 자들은 확실히 편파적인 논거(링크, 동영상, '복붙'한 글 등)를 제시하기는 하지만 그래도 자신의 관점을 뒷받침하고자 노력하고 있었다. 신념을 옹호하고 싶어 하는 사람들이 게시한 글 가운데 36퍼센트가 참고자료와 링크, 확장된 논리로 뒷받침된 반면, 믿지 않는 사람들이 올린 포스팅 중에 이처럼 논거가 제시된 경우는 10퍼센트에 불과했다.

두 번째 이유는, 신봉자들의 주장에 강력한 반대 논거를 제시할 힘을 지닌 사람들은 정작 그런 일에 그다지 관심이 없다는 것이다. 점성술의 예를 다시 들어보자. 천문학자라면 누구나 점성술의 주장에 의구심을 불러일으키는 몇몇 근거를 손쉽게 홍보할 수 있을 것이다(일부 천문학자는 포기하지 않고 그렇게 하기도 한다). 하지만 이들은 점성술의 주장에 대해서는 대부분 짜증 이상의 감정을 느끼지 않는다. 이런 주장이 그들에게 아무런 위험도 되지 않는 마당에 이에 맞서 싸우는 것은 그저 시간 낭비에 제도적 이익도 없는 일일 테니까. 빅토리아 시대의 대표적인 과학자 토머스 헨리 헉슬리도 1869년에 심령술에 관해 바로 그런 입장을 취했다.

나는 이처럼 매우 우려스럽고 지겨운 조사 작업을 벌일 시간이 없다. 내가 직접 검토할 기회가 있었던 유일한 심령술 케이스는 내가 살면서 만난 가장 큰 사기극이었다.

같은 맥락에서 UFO 현상에 관한 어느 천문학자의 발언을 인용할 수 있겠다.

저는 이처럼 명백하게 터무니없는 것에 대한 질문은 받고 싶지 않습니다. 저는 이 주제가 그저 성가실 뿐이며, 진지한 과학자라면 이 문제에 뛰어들어서는 안 된다고 생각합니다. 달리 이보다 더 나은 할 일이 없는 경우가 아니라면 말입니다. … 자신의 의미 있는 시간을 UFO에 할애하는 것은 직무상의 자살 행

위와 같다고 봅니다.[24]

물론 이 과학자들이 내세우는 이유는 납득이 가지만, 이들이 반격을 가할 동기를 잃은 탓에 결과적으로는 이들보다 훨씬 더 결연한 태도를 지닌 신념 주동자들이 역설적인 인지적 과점을 구축하는 데 성공하고 말았다. 그 결과, 점성술이 내세우는 주장이 무의미하다는 것을 쉽사리 증명할 수 있는 사람들의 관점보다는 신념 신봉자들의 관점을 인터넷에서 훨씬 더 쉽게 접하게 되었다. 이는 이미 도서 시장에서 확실히 드러난 현상인데, 인터넷이 공급 비용을 크게 줄이는 만큼 이런 현상은 증폭된다.

타이타닉 신드롬

때로 신념 신봉자들의 주장에 반박하려면 매우 강한 동기가 필요하다. 이 견해를 설명하기 위해 1988년 4월 22일 프랑스 제5채널에서 방영한 토론을 자세히 소개하고자 한다. 이 채널에서는 점심시간에 짧은 논쟁 프로그램을 편성하곤 했다. 이 자리에서는 과학자들과 유사과학이라 불러 마땅한 내용(점성술 등)을 옹호하는 사람들이 대립하는 일이 심심치 않게 일어났

24   앞의 두 인용문은 Renard(2011), pp. 50~51에서 발췌했다.

다. 그런데 이 토론 내용을 빠짐없이 다시 읽다 보면[25] 과학자들이 대부분 설득에 실패하는 모습에 충격을 받게 된다. "저는 정말로 믿지는 않지만, 어쩌면 약간은 사실일지도 모릅니다." "전부 완전히 엉터리일 수는 없어요." 이 같은 발언 때문에 토론 내용이 마치 유사과학에 우호적인 듯한 인상을 주기도 한다.

문제의 그날에는 파리 6대학의 심리학과 교수 이브 갈리프레와 '점성가'로 자처하는 드쉬아르(무속인) 사이에 논쟁이 붙었다. 점성가는 예지력의 존재를 주장하면서 방청객을 설득하기 위해 1898년에 출판된 모건 로버트슨의 소설 《허무》를 언급했다. 이 소설은 '인간이 만든 가장 거대한 대형 여객선'에 관한 이야기다. 드쉬아르가 들려준 이야기는 다음과 같다.

1898년. 미국의 SF소설가 모건 로버트슨이 4월의 어느 밤에 첫 출항한 대형 여객선에 관한 소설을 썼습니다. 이 배는 3000명의 승객을 수용할 수 있고, 전장全長 244미터, 중량은 7만 톤에 달했어요. 공교롭게도 이 여객선은 빙하에 부딪혀 침몰하지요. 그런데 구명보트가 24척밖에 없어서 1000명 이상의 승객이 익사하고 맙니다. 바로 1898년에 나온 실제 소설입니다! 소설 속에 나오는 이 여객선의 이름이 무엇인지 아십니까? 바로 타이탄입니다. 그런데 그로부터 14년이 지난 1912년에 타

25　Cuniot(1989)의 책에 소개되어 있다.

이타닉호가 4월의 어느 날 밤에 빙하를 만나 침몰합니다. 사고 당시 시속 25노트로 달리고 있던 타이타닉호의 전장은 244미터, 중량은 6만 6000톤이었고, 구명보트가 20척밖에 없어서 1000명의 사망자가 발생했지요.

드쉬아르가 생방송으로 '증거'를 제시하자 토론 상대인 이브 갈리프레가 조금 당황했다. "일단, 말씀하신 정보를 과학적으로 검증해야 할 텐데요…"라고 운을 떼더니 이렇게 덧붙였다. "우연이란 건 존재합니다." 물론 이 심리학자의 말은 옳았지만, 그의 논거가 대중에게 설득력이 있었다고는 확신하지 못하겠다. 문제는 이브 갈리프레 교수가 '초심리학' 논리의 고전 격인 이야기를 반박할 준비를 해오지 않은 것이다. 잠시 후 살펴볼 내용대로 이 논리는 충분히 반박 가능한 것이었지만, 그러려면 시간과 정신적 에너지 측면에서 많은 투자가 필요하기에 이를 위한 동기가 있어야 했다.

우선 이 심리학자는 로버트슨의 소설을 읽었어야 했겠으나, 그는 그렇게 하지 않았다(틀림없이 이런 소설이 있는지도 몰랐을 것이다). 그런데 점성가 드쉬아르도 이 소설을 읽지 않은 것은 매한가지다. 만약 읽었더라면 이 소설을 그렇게 왜곡해서 전달하지는 않았을 것이다. 가령 그는 타이탄과 타이타닉의 전장이 같다고 했지만, 이것은 틀린 말이다. 소설 속 여객선의 전장은 214미터지만 실제 타이타닉은 269미터여서, 그 차이가 타이탄 전장의 30퍼센트에 육박하는 55미터나 되었다. 이 정도 차이는 부차적인 것으로 보일지 모르겠다. 그러나 로버트슨의 집필 방식을 고려하면 이 차이는 중요하다. 이에 대해서는 잠시 후에 살펴보도록 하겠다. 점성가 드쉬아르는 여객선 중량에 대해서도 실수를 했으나, 전장 쪽보다는 실수 규모가 작았다. 이제 남은 문제는 사망자 수와 구명보트 개수다. 사망자 수와 관련해서 점성가는 정확한 숫자를 밝히는 데 신경을 너무 쓰지 않았다. 그는 타이탄이 '1000명 이상', 타이타닉은 '1000명'이라고 언급했다. 이렇게 두루뭉술하게 진술함으로써 로버트슨의 소설 속 수치가 예언력이 있다는 믿음을 주었다. 그러나 실제로 소설에서는 사망자 수가 2987명이라고 되어 있는 반면, 현실에서는 희생자 수가 1523명이었다. 이는 거의 50퍼센트 차이가 나는 수치다…. 구명보트의 경우, 양쪽 모두 부족했던 것이 맞다.

이런 내용을 사전에 지적하더라도 로버트슨의 소설에 모종의 예지력이 있었다고 믿고 싶은 사람에게는 틀림없이 '쇠귀에 경 읽기'일 것이다. 이렇게 정확히 문제점을 제시해도 신념 신봉자가 설득당하지 않는 이유는, 여전히 그에게는 이 소설적 서사가 14년 후에 일어날 참극의 대략적인 내용과 세세한 부분을 상대적으로 정확하게 예측하는 것으로 보이기 때문이다. 이런 현실을 부정하다니, 다분히 악의적이지 않은가?

모건 로버트슨은 해양에 관한 소양이 매우 깊었다. 아버지가 선장이었던 그는 10년간 화물선에서 선실 담당 선원으로 일했다. 덕분에 해양 모험소설 전문 작가가 될 수 있었다. 그러므로 그가 조선업계의 혁신에 관한 뉴스에 밝았다고 상상해보아도 전혀 이상할 바 없다. 로버트슨이 이 소설을 쓰기 전에도 거대한 규모의 배를 건설하는 일은 이미 화젯거리였다. 따라서 그가 세상에서 가장 큰 여객선 가운데 하나인 '자이갠틱Gigantic'호 건조 소식을 몰랐을 가능성은 없다. 더군다나 그 예언적 소설이 출판되기 6년 전인 1892년 9월 16일 자《뉴욕 타임스》에 관련 기사가 실렸던 만큼, 몰랐을 리는 만무하다.

화이트스타사社가 규모 면에서나 속력 면에서 신기록을 세우게 될 대서양 횡단선 건조 건을 벨파스트에 있는 거대 조선업체 할랜드앤울프 측에 위임했다. 선명은 이미 '자이갠틱'으로 정해졌다. 전장 213미터, 전폭 20미터, 엔진 출력 4만5000마력 규모로 건조될 예정이다. 순항 속도는 22노트, 최대 속도는 27노트에 달할 것으로 예측한다. 이뿐만 아니라 이 여객선에는 추진기 3개가 탑재되는데, 2개는 '마제스틱'호처럼 설치되고 나머지 1개는 중앙에 설치된다. 완공 예정일은 1894년 3월 1일이다.[26]

엔진 출력이나 추진기 개수, 선박 규격을 보면 로버트슨의

---

26   이 인용문은 Bélanger(1999)에서 발췌했다.

타이탄은 마제스틱호를 능가하리라는 기대를 한몸에 받은 자이 갠틱호에서 영감을 얻은 것이 분명하다. 문외한의 눈에는 타이탄의 특징이 타이타닉의 특징과 비범할 정도로 비슷해 보이지만, 실제로는 여객선 규격과 기계적으로 관련되어 있다. 그래서 방수 처리된 선실의 개수는 아무렇게나 바뀔 수가 없다. 게다가 당시에는 구명보트 개수가 선박의 중량과 연계되어 있었다. 이렇게 구명보트 개수가 승객 수와 무관했기에 필연적으로 부족할 수밖에 없었다. 이 사실을 로버트슨은 너무도 잘 알고 있어서, 소설가로서 그의 상상력이 자극을 받았던 것이 틀림없다. 제반 상황이 달라진 것은 정확히 타이타닉호 참사 이후다. 다시 말해 일단 선박의 중량을 정하고 나면, 그로부터 상당히 많은 요건(방수 선실 수, 속력, 엔진 출력, 구명보트 수 등등)이 결정된다. 이에 따라 타이탄의 예언적 성격은 호소력을 크게 잃는다.

로버트슨이 한 일은 그저 조선업체 간의 경쟁 추이를 지켜본 뒤 정통한 과학소설을 쓴 것이 전부다. 당시에는 많은 해양소설이 출간되었다. 따라서 그중 하나가 비극적 현실을 예상했다고 해서 놀랄 이유는 하나도 없다. 그런데 '타이탄'과 '타이타닉', 둘 다 4월에 난파했다는 사실을 기억하는가? 이 점도 마찬가지다. 만약 로버트슨이 자연의 힘에 도전해서 침몰하지 않는다고 알려진 여객선 이야기를 들려주고자 했다면, 신뢰할 만한 난파 원인을 찾아야만 했을 것이다. 선박의 크기를 고려하면 가장 이상적인 후보는 빙하가 된다. 바다에 관한 한 전문가였던 그는 이것이야말로 대형 선박이 맞서야 하는 가장 두려운 위험 가운데 하나라는 사실을 잘 알고 있었다. 또한 이런 위험은 눈이 녹는 4월에만 실제로 일어난다는 것도 알고 있었다….

우리는 신봉자가 내세울 만한 모든 반박 논리에 적절히 대응할 준비를 하지 않았다고 우리의 동료 갈리프레 교수를 탓할 수는 없다. 문제는 이 사례가 지극히 일반적으로 일어나는 일이라는 데 있다. 대체로 과학자들은 이런 경쟁에 할애할 시간도 없을뿐더러 이에 대한 관심도 많지 않다. 개인적인 흥미 이상으로 학문적으로 탐구하고 싶은 마음이 없는 것이다. 그들의 입장은 충분히 이해가 가지만, 그 결과 신념 신봉자들이 인터넷 인지 시장에 과점을 구축하는 데 성공하게 되었다. 이뿐만 아니라 이들은 일부 주제와 관련해서는 비정통적인 정보 출처에 매우 예민하게 반응하는 공식 미디어까지 장악하게 되었다.

올슨의 역설이 지식에 맞서 작용할 때

이 같은 인지적 과점은 그 유명한 올슨(1978)의 역설을 잘 보여준다. 그런데 올슨의 역설이란 무엇일까? 5명의 개인이 공동 이익을 가진다고 가정하자. 이들이 힘을 합하면 이익을 획득할 수 있다. 이때의 이익을 경제적 이익이라고 하자. 하지만 이들은 이 이익을 얻으려면 약간의 시간과 에너지를 투자해야 한다는 사실을 모두 알고 있다. 이 투자는 그들이 얻을 이익보다 매우 작지만, 이를 위해 굳이 모두가 이 전투에 참여할 필요는 없다는 사실을 모두가 잘 인식하고 있다. 몇 명만 참여해도 그 결과로 승리를 거머쥐면 이렇게 획득한 이익을 모두가 누릴 수 있다.

개인들이 집단으로 행동하면 얻을 수 있는 공동 이익이 있지만, 이를 위한 투자비용(시간, 에너지, 나아가 돈)을 지원할 필요 없이 집단적 요구의 혜택을 누리기를 기대하는 개인들이 집단행동을 하지 않을 때 올슨의 역설이 나타난다. 바로 '다른 사람들에게 맡긴다'는 전략이다. 개별적으로 비용 대비 이윤을 많이 얻으려면 각자의 입장에서는 다른 사람들이 하게 내버려두는 것이 유리하기 때문에, 많은 이들이 행동을 삼가게 되고 그러면 결과적으로 바람직한 집단 목표는 달성되지 않는다.

이처럼 올슨의 역설이 나타나는 상황은 자신의 관점을 관철하려는 동기가 강한 그룹에 항상 유리하다. 이런 그룹이 매우 소수로 이루어져 있다 하더라도 그 소규모 집단이 더 규모가 큰 집단을 지배할 수 있기 때문이다. 대규모 집단은 소규모 집단의 주장에 짜증을 내거나 경악하고, 심지어 아연실색하기도 한다. 하지만 이들 가운데는 저들과 맞서서 인지 공급 시장을 장악하겠다는 동기와 의욕으로 충만한 사람이 충분치 않다. 이에 따라 많은 분야에서 정통성 있는 지식이 소수가 되어 다시 세력을 잃고 만다. 이런 경향에 대한 예외는 이른바 '합리주의자' 집단에서 나온다. 이들은 전투적인 활동을 할 만큼 충분히 부여받은 동기가 있어서 시간과 정신적 에너지를 쏟아부어 저들에 맞선다. 내가 앞서 인터넷 검색 대상으로 삼았던 다섯 가지 신념에 이의를 제기하는 의견들을 살펴보면, 이 가운데 37퍼센트가 스스로 합리주의자라 주장하는 사이트(회의론 사이트, 프랑스 과학정보협회, 퀘벡의 회의론자들 등)에 올라온 것들이었다. 회의주의자들이 많은 관심을 보이지 않는 아스파르템 주제를 제외하면, 이 수치는 54퍼센트까지 올라간다.

인터넷이 공급의 구조화와 공급자의 동기에 과민하게 반응하는 인지 시장이라는 사실은 신념이라는 주제에만 영향력을 미치는 것이 아니다. 앤드루 킨[27]이 가입자 수가 90만 명인 디그닷컴 사이트[28]에 대해 지적했듯, 홈페이지에 게시된 글의 3분의 1을 결정하는 데는 30명만으로 충분하기 때문이다. 넷스케이프 닷컴[29]에서는 단 1명의 가입자가 217개의 글을 게시했는데, 이는 최고 조회수 목록에 포함된 글들 가운데 13퍼센트에 해당한다. 이와 같은 현상은 유명한 온라인 백과사전 위키피디아에서도 관찰된다. 가장 활발히 참여하는 기고자 100여 명이 전체 텍스트의 4분의 1 이상을 쓰고 있으니 말이다![30] 이것이 바로 '1

---

27   Keen(2007).
28   Digg.com은 네티즌들이 선호하는 기사와 사이트를 선정하는 참여형 사이트다.
29   Netscape.com은 뉴스 사이트였는데, 후에 AOL로 계승되었다.
30   Flichy(2010), p. 69.

대 10 대 100'의 법칙이라는 멱법칙이다. 도미니크 카르동은 이를 다음과 같이 설명한다.

실생활에서는 어떤 업무팀도 팀원들의 참여가 불공평해지는 것을 용인하지 않는다. 하지만 온라인상에서 이루어지는 자발적 협력은 참여도 차이가 매우 크다는 것이 특징이다. 극소수의 기여자가 매우 적극적으로 참여하며 … 소수 인원이 규칙적으로 참여하지만, 다수는 공동체의 자원을 형성하는 데 결정적으로 기여하지도 않으면서 그 혜택을 누린다.[31]

내 눈에는 인지 시장의 이런 경쟁이 회의론자들의 동기보다 강력한 신봉자들의 동기를 근원으로 삼는다고 추정하는 것이 그럴듯해 보인다. 달리 말하자면, 통계적으로 봤을 때 신봉자들이 회의주의자들보다 투쟁적이라는 것이다. 물론 매우 격렬한 사회적 논쟁이 있는 경우, 회의주의자들은 완벽한 능력을 발휘해서 서로 결집해 공적 토론의 장에서 그들의 본래 자리를 차지한다. 그러나 대부분의 경우에는 마치 현대의 합리주의에 일종의 아킬레스건이라도 존재하는 것처럼, 비합리주의가 매우 일관성 있으면서도 역설적인 공간을 대범하게 장악해버린다.

합리적 논증에는 같은 야심을 지녔으되 아무 사고방식으로

---

31   Cardon(2010), p. 19.

나 구성된 그 어떤 진술보다 우월한 기술적·설명적 능력이 있는 진술을 생산하고 장려하는 능력이 있다. 과학사 속에서 이런 합리적 논증은 이론과 실천으로 표현되었다. 그런데 비합리주의가 이런 능력에 대한 반박을 담론으로 조직한 것을 의미한다면, 이 비합리주의가 포괄하는 범위는 실질적으로 매우 방대해진다. 현대의 비합리주의는 민속적이거나(크롭 서클, 점성술 등) 이보다 덜 민속적인(GMO, 즉 유전자변형 농산물, 파장, 백신 등) 방식으로 과학의 정통성에 이의를 제기한다. 그런데 이 비합리주의가 그렇게 할 이유가 없다고 생각한다면 큰 오산이다. 의심할 권리를 주장하고 이런 권리야말로 당연히 민주주의 원칙에 부합한다고 생각하는 사람들은 아무 이유 없이 맹신에 빠져들지 않는다. 그러는 데는 다 이유가 있다. 인지 시장의 새로운 조건들은 이런 비합리주의가 전파되도록 부분적으로 장려할 뿐만 아니라, 비합리주의가 아무리 다양하게 표현되더라도 과거보다 훨씬 더 뛰어난 능력을 지닐 수 있게 해주기 때문이다. 하나의 인지 상품이 보급되려면 사람들의 믿음을 얻어 신념이 되어야 하는데, 그러려면 합리주의의 논거에 맞설 수 있는 견고한 논증 체계가 필요하다. 바로 이 점을 찰스 포트는 일찍이 간파했다. 당시에는 그의 말에 귀 기울이는 사람들이 많지 않았지만, 마침내 그의 시대가 도래했다.

찰스 포트의 야망과 그의 유산

1910년, 찰스 포트는 자신이 그 시대의 모든 지식을 흡수해 이를 능가하겠노라고 작심한다. 이런 야심은 제정신이 아닌 것처럼 보일 수 있지만, 이런 독특한 생각쯤은 그에게는 아무것도 아니었다. 그는 8년 안에 모든 과학을 섭렵해서 두각을 나타내기로 마음먹는다. 참으로 터무니없는 계획이 아닐 수 없다. 물론 찰스 포트가 비범한 인물인 것은 맞다. 1874년 올버니에서 출생해 1932년 뉴욕에서 사망하기까지, 그는 세상에서 가장 이상해 보일 수 있는 작품군에 꼽힐 만한 저서 4권을 남겼다. 그는 일생을 바쳐 다소 기이한 현상을 종류 불문하고 모두 관찰했고(개구리 비, 운석우, 설명할 수 없는 천재지변, 실종 등), 이를 가리켜 "과장된 우연들을 수용한 요양소"라고 명명했다.

그러면 찰스 포트는 이렇게 수집가 역할에 만족했을까? 어림없는 이야기다. 그의 야망은 훨씬 더 높은 곳을 향해 있었다. 그는 당대의 지식에서 벗어난 것으로 보이는 모든 기이한 현상과 세상을, 감추어진 현실이 존재한다는 징후로 여기고 이를 파헤쳐보기로 작정했다. 그는 지구가 평평하다는 주장처럼 도저히 옹호할 수 없는 의견들을 옹호했지만 그렇다고 미치광이도, 바보도 아니었다. 오히려 당대 사람들 대부분은 그를 비전형적인 수재로 인정했다. 그가 무엇보다 좋아했던 일은 가능성이 희박한 주장들을 잡다하게 뒤얽힌 논거를 대거 동원해 옹호하는

것이었다. 논리를 세우고 증거를 제시한다는 개념 자체를 약화
하는 것, 즉 귀류법을 통해 일종의 지식을 얻는 것이 그의 목표
임이 분명했다. 이런 의미에서 그를 가리켜 상대주의의 원조 가
운데 한 명, 또는 세상으로부터 잊힌 이상한 존재라 부를 수 있
겠다.

출판된 그의 첫 저서이자 가장 유명한 작품은《지옥에 떨어
진 자들의 책》이다. 이 책은 상식을 벗어난 주장들을 옹호한 탓
에 출간 당시 큰 반향을 불러일으켰다. 이 책을 두고 미국의 저
명한 도서 수집가이자 언론인이었던 존 T. 윈터리치는 "미치광
이들을 위한《황금가지》"라고 일컬었다. 여기서 우리가 주목해
야 할 부분은 확신을 얻기 위해 포트가 추천한 방법이다. 그는
서문에서 이 방법을 다음과 같이 비유적으로 규정하고 있다.

내가 파헤칠 창백한 자료들이 이끄는 저주받은 자들의 무리가
전진을 시작할 것이다. 어떤 이는 창백하고, 어떤 이는 불꽃 같
고, 또 어떤 이는 부패해 있다. 몇몇은 삐걱거리며 비틀대는 해
골이거나 미라, 송장이다. 살아 있는 저주받은 자들 모두가 이
들에게 생명을 불어넣었다. 거인들은 잠든 채 거닐 것이며, 힘
없는 자들과 정리定理는 유클리드처럼 혼란의 정신과 나란히
걸어갈 것이다. … 이렇게 전체의 정신이 행렬을 이룰 것이다.
이 모든 것이 저주받으리라고 선언한 권력, 그것이 바로 독단
적인 과학이다. 그럼에도 이들은 걸어나갈 것이며, … 지나치

고 또 지나치며 끊임없이 지나치는 것들로 이 행렬은 놀랄 만큼 공고해질 것이다.[32]

달리 말하자면, 포트의 목표는 여러 겹으로 이루어진 '밀푀유'처럼 빽빽하고 방대한 분량의 논거를 구성하는 것이었다. 인용한 대목에서 그가 고백하듯 그의 증명 단계 하나하나는 다 매우 취약해 보이지만, 그렇게 단계를 쌓아 높이 구축해놓으면 그것이 진리인 것 같은 느낌이 남는다. 즉 '전부 다 거짓일 수는 없다'는 식의 결론이 나오는 것이다.

물론 포트가 자신의 계획을 어떻게 구체화하는지 파악하려면 그의 저서 가운데 하나쯤은 독파해야 한다. 하지만 고고학, 양자물리학, 사회학, 인류학, 역사학 등으로부터 동시에 논거를 동원하고 있다는 점에서 20세기에 출판된 많은 작품이 사실은 '포티언', 즉 포트의 영향을 받은 것들로 여겨질 수 있다. 그중에는 엄청난 성공을 거둔 작품들도 있다. 이런 학문 분야들을 참조하면 대부분의 경우 작품이 지나치게 경망스러워진다. 그러나 덕분에 문외한에게는 그럴듯해 보이는 논리를 세울 수 있다. 문외한들은 이처럼 보편적인 것을 아우르는 문화에 깊은 인상을 받지만, 이 논리를 조목조목 따질 수 있게 해줄 학문적인 정보를 찾아나설 동기도 없으며 능력은 더더욱 없다. 모든

---

32   Fort(1955), pp. 23~24.

논거를 각각 떼어놓고 생각하면 매우 빈약해도, 이들을 전체로 묶어놓으면 여러 단서를 모았을 때처럼 설득력 있게 보인다. 인지 시장에서 이런 '포티언' 상품들이 소비자를 끌어당기는 매력이 바로 여기에 있다. 이들의 논거에 하나하나 이의를 제기하기란 어렵기 때문이다. 그런 논거를 세우는 일을 어떤 개인도 혼자만의 능력으로는 감당할 수 없는 탓이다. 그 결과 아무런 준비 없이 이런 종류의 신념을 마주하면, 반드시 동조하게 되지는 않더라도 동요되는 느낌이 항상 남는다. 이것이 이른바 포티언 효과의 정의를 가장 잘 설명한 것이다. 찰스 포트가《지옥에 떨어진 자들의 책》을 쓰면서 명시적으로 기대했던 효과가 바로 이것이다.

포티언 상품
─ 밀뢰유 같은 방대한 논거

자크 베르지에는 1960년에 루이 포벨과 함께 발표한《마법사들의 아침》의 공저자다. 이 책은 20세기 최고의 베스트셀러 가운데 하나로 꼽히는 작품이다. 베르지에는 자신이 찰스 포트를 계승했으며, 그러므로 자신에게도 기괴한 논거를 펼칠 권리가 있다고 주장했다. 이 유명한 작품에서 옹호하는 주장들 가운데 하나는 '고대 우주인 신화'[33]라는 이름으로 더 잘 알려져 있다. 이 신화에서는 외계인이 인류를 창조했으며, 지금은 인류가 잊어버린 태초의 지식 덕분에 우리 조상과 그들의 우주 동맹이 중대한 기술이 필요한 건축물(기자의 대피라미드, 티아우아나코 유적 등)을 건설할 수 있었다고 주장한다. 또한 종교는 이런 사건들에 대한 기억의 단편을 막연하게 다시 옮겨 적은 것에 불과하다고 주장한다. 이에 따르면 성경 속의 신은 우주에 있는 우리의 먼 조상일 뿐이다.

이런 종류의 주장들을 옹호하는 내용의 책은 많다. 1963년에 출판된 로베르 샤루의 《알려지지 않은 10만 년 전 인류 이야기》와 전 세계적으로 큰 성공을 거둔 에리히 폰 데니켄의 《신들의 전차》(전 세계에서 4000만 부 이상 판매되었다)가 대표적이다. 데니켄은 책 속의 주장을 뒷받침하기 위해 매우 잡다하게 뒤얽힌 80가지 '증거'를 제시했다. 즉 고고학과 역사학 분야에서만 44개의 고고학 유적, 12개의 《구약성경》 구절, 3개의 에세네파 문서, 서양 문화권 밖에서 빌려온 16개의 신화, 5개의 역사 자료를 증거로 삼았다.

이렇게 논거가 풍부한 덕에 이들은 주장에 대한 방어선을 이중으로 구축할 수 있었다. 첫째, 몇몇 사람이 시간을 들여 고

33　이에 대해서는 Stoczkowski(1999) 참조.

대 우주인의 신화를 놓고 기술적 토론을 벌이겠다고 나서면[34] 이 신화를 옹호하는 자들은 아무런 어려움 없이 사실을 부인했다. 이들의 태도에 대해 빅토르 스코츠코브스키는 다음과 같이 명시했다.

고고학자들이 제시한 연대는 그다지 오래된 것이 아니지 않은가? 그러자 이들은 연대 측정법의 신뢰성에 의문을 제기하면서 논거를 미화했다. 고고학자들은 거대 석상에 남아 있는 원시 도구의 흔적을 보여주지 않았나? 그러자 이들은 원시인이 가소로운 도끼를 들고서 외계인이 예전에 레이저로 절단해놓은 돌을 그저 공략하려 애썼을 뿐이라고 설명했다. 심지어 가장 반론의 여지가 없는 증명들도 어쩔 도리가 없었다. 샤루와 데니켄은 이구동성으로 이카에는 문양이 새겨진 것으로 위조된 돌들이 있다고 인정한다. 하지만 수천 개의 가짜 중에 진짜 돌 몇 개는 틀림없이 있을 것이라고 주장한다. 그러면서 의문을 제기한다. '그렇다면 공룡이나 외과수술 모습이 그려진 돌들이 진짜가 아니란 법이 있을까?'[35]

둘째, 고대 우주인 신화를 믿는 사람들은 자신에게 영감을

---

34   예를 들자면 Galifret(1965).
35   Stoczkowski(1999), p. 57.

준 찰스 포트가 그랬던 것처럼 이 이론을 보강하기 위해 동원된 수많은 정보가 단순한 추측에 불과함을 만장일치로 인정했다. 심지어 베르지에와 포웰은 이런 추측 가운데는 솔직히 허튼소리로 밝혀질 게 틀림없는 것들도 있다고 미리 선수를 치며 주장했다. 하지만 그러면서 이들은 너무도 많이 들어본 논거를 덧붙인다. "전부 다 거짓일 수는 없다." 결과적으로 이들의 이론을 정당화하는 수많은 사실을 고려할 때, 이들의 논거 중 일부가 거짓임이 증명되더라도 이 이론 전체를 싸잡아서 모두 무효로 만들 수는 없다고 주장하는 것이 이들의 전략 가운데 하나였다.

이러한 밀푀유 같은 방대한 논거가 현대 인지 시장에서 거래되는 불순한 상품들의 특징인 경우가 점점 빈번해졌다. 《다빈치코드》 같은 소설이 베스트셀러가 되고 이로 인해 사람들 일부가 동요하는 일이 벌어지는 것은, 비전문가를 수긍하게 만들고 포티언 효과를 불러일으킬 만큼 충분히 많은 양의 거짓 정보를 바탕으로 증명이 이루어지기 때문이다. 비현실적인 소설임에도 이 이야기는 이미 대중적으로 상당한 성공을 거둔 여러 평론[36]에서 영감을 받았다. 그런 평론들은 이 주장들이 전혀 허구에서 유래한 것이 아니라고 옹호했다.

현대의 음모 신화는 꽤 그럴듯한 어조로 이런 포티언 효과를 극대화해 귀 기울이는 청중의 수를 늘렸다. 음모론 사이트

---

36   주로 Baijent, Leigh, Lincoln(1982).

(9·11 테러나 마이클 잭슨 사망 사건을 설명하는 사이트)에 올라온 글들을 한번 피상적으로라도 읽어보면, 여기에서 전개되는 논리의 규모에 놀라게 된다. 또한 이런 대량의 유사 증거에 합리적으로 응수할 준비가 되어 있지 않은 사람은 그 난해한 내용에 충격을 받는다. 포티언 상품은 이미 오래전부터(적어도 20세기 초부터) 존재했지만, 이런 상품들이 현대의 공적 공간에 대대적으로 등장한 것은 인터넷 덕분에 기술적 가능성이 열렸기 때문이다.

신념을 뒷받침하는 논거들의 상호화

루머와 음모론적 신화는 오랫동안 대화의 지배를 받았다. 다시 말해 이런 종류의 이야기들은 사회적 공간에서 입에서 입으로 전해졌다. 지금도 상황은 다분히 마찬가지지만, 인터넷 덕분에 새로운 보급 수단이 등장했다. 예전에는 이 시장에 진출하는 진입 비용이 막대한 편이었다면(책을 출판하는 비용, 보급되고 배급되는 매체에 기사를 쓰는 비용 등), 이제는 인터넷이라는 도구를 통해 개개인이 누구나 활용 가능한 논리를 (텍스트나 이미지, 동영상 등의 형태로) 생산할 수 있게 되었다. 인터넷은 신념의 세계에 세 가지 중대한 영향을 미쳤다.

첫째, 개인 간 정보교류의 특징이 바로 불안정성인데, 인터넷 덕분에 모든 대화에서 이런 불안정성을 제한할 수 있게 되었다. 이 사실은 소문에 관한 고든 올포트와 레오 포스트맨의 저명한 논문에서도 확인된다.[37]

소문에 관한 최초의 실험

적에 대한 세뇌, 부대의 사기저하 등으로 소문이 정말로 전쟁 무기가 될 수 있다는 사실을 인류가 깨닫게 된 계기는 바로 제2차 세계대전이었다. 이 전쟁으로 인해 선전 활동이 파괴력을 지닐 수 있다는 사실이 부각되었다. 제2차 세계대전 기간에 운영되었던 미국 전시정보국은 이 문제를 매우 심각하게 보고 주요하게 검토했다. 따라서 올포트와 포스트맨의 연구 뒤에는 이런 배경이 있다는 점을 잘 파악해야 한다. 이 두 논문 저자는 소문이 퍼지는 일부 메커니즘을 규명하고자 한 가지 실험을 설계했다. 먼저 20초 동안 한 사람에게 사진이나 그림 한 장을 보여준다. 그런 다음 이 사람에게 자신이 본 것을 두 번째 사람에게 이야기해주되 그 사진을 실제로 보여주지는 못하게 했다. 뒤이어 두 번째 실험 대상자도 세 번째 실험 대상자에게 이렇게 말로 전달하게 해서, 결국에는 7~8명의 증인으로 이루어진 사슬이 만들어졌다.

---

37   Allport & Postman(1947).

이 실험에서 눈길을 끄는 결과가 나왔다. 제일 마지막인 여덟 번째 실험 대상자가 기술한 내용은 실제 사진의 내용과는 전반적으로 아무 관계가 없었다. 많은 정보가 담긴 이 실험을 통해 명백해진 점은, 우리의 문화 시스템에 맞는 해석이 존재함으로써 어느 정도의 확률로 이런 이미지보다는 저런 이미지가 두각을 나타낸다는 사실이다. 가령 같은 지하철 객차 안에 흑인 한 명과 손에 면도칼을 든 백인 한 명이 나란히 있는 사진을 보여주었다. 실험 결과, 불과 몇 다리도 건너지 않아서 이 사진 속 장면이 바뀌어 있었다. 한 흑인 남성이 위협적으로 손에 면도칼을 들고서 같은 지하철 객차에 탄 바로 옆 백인 남성을 막 공격하려 한다는 이야기로 말이다. 이처럼 상황이 정반대로 역전된 것을 보면, 의사소통의 모호함을 보여주는 이런 실험을 통해 불분명한 시나리오에 대한 틀에 박힌 해석이 얼마나 명백히 드러나는지 알 수 있다. 또한 중립적이지 않을 뿐만 아니라 때때로 인식을 왜곡하면서 신념을 강요하는 정보처리시스템이 뚜렷하게 눈에 띈다.

둘째, 글 덕분에 이야기의 안정성이 획득되면 기억량이 자동으로 증가할 수 있다. 정보를 마음대로 사용할 수 있으면 개인은 기억 보조장치를 얻은 것과 같다.

셋째, 가장 중요한 점인데, 이렇게 정보를 자유로이 사용할 수 있고 정보가 영속될 수 있으면 누적 과정이 가능해진다. 즉 신념을 뒷받침하는 논거들의 상호화가 가능해진다.

물론 인터넷을 통한 정보의 상호화 과정은 신념 현상에만 유독 일어나는 것은 아니다. 정보의 상호화 과정을 통해 세계에 흩어져 있는 자료(가령 희귀병에 관한 자료)[38]를 집대성할 수 있다면 이 과정은 상당히 유용할 것이다. 그러나 '포트' 식의 인지 상품이 조성될 때 작동하는 것도 지식의 축적을 장려하는 바로 이 메커니즘이다.

인터넷이라는 인지 시장 혁명이 일어나기 전까지만 해도, 음모론적 신화는 책으로 출판되지 않는 한 상대적으로 비공식적인 수준에 머물러 있었다. 그래서 신봉자들이 기억할 만한 몇 가지 논거만을 근거로 삼을 수 있었고, 그 결과 조금 민속적인 특성을 띠게 되었다. 음모론적 신화는 인지 시장에서의 성공을 보장해주는 근본적인 기준 가운데 하나인 신뢰성이라는 기준을 충족하기가 어려웠다.[39] 예를 들면 담배 제조사 말보로가 KKK의 지배를 받고 있다는 비난의 대상이 된 경우가 그렇다.[40] 특정한 각도에서 말보로 담뱃갑을 보면 흰색 바탕에 빨간색 글자 K가 3개 표시된 것처럼 보인다는 것이 유일한 비난의 근거였다. 이 세 글자가 인종차별단체 KKK가 말보로에 영향력을 행사하

---

38   Loriol(2003) 참조.
39   (메시지 발송자와 수신자의 특성과는 무관하게) 인지 상품의 영향력이라는 요
      인을 증대하려면 세 가지 기준이 근본적으로 중요하다. 바로 환기 용이성, 신뢰
      성, 암기 용이성이라는 기준들이다. Bronner(2006) 참조.
40   Campion-Vincent & Renard(2002), p. 369 참조.

고 있다는 징표라는 주장이었다. 대대적이고 맹목적인 보급을 보장하기에는 이 논거가 너무 빈약하다는 사실을 인정하지 않을 수 없다.

현재진행형인 포티언 상품 한 가지
—마이클 잭슨 거짓 사망설

스타의 죽음 같은 고전적인 주제에 대해서는, 오늘날 매우 일관성 있는 논거들이 인터넷을 통한 상호화 능력에 크게 힘입어 빠른 속도로 조직된다. 마이클 잭슨이 사망하자 그가 죽지 않았다고 주장하는 루머가 등장한 것이 그 좋은 예다.

그의 사망을 둘러싸고 의혹을 제기하는 사람들에 따르면, 마이클 잭슨의 인기가 자유낙하하듯 급속히 떨어지고 있었는데 그가 사망했다는 이야기가 조명되면서 그가 세계 무대의 전면에 다시 화려하게 등장할 수 있었다고 한다. '팝의 황제'의 죽음을 믿으려 하지 않는 팬들은 손에 넣을 수 있는 수천 가지 자료를 철저히 분석했다. 구하면 찾게 된다는 격언처럼, 이들은 단편적인 정보들을 상호화로 모으는 데 성공해 이를 집대성함으로써 믿을 수 없을 정도로 일관성 있는 인지 상품을 만들어냈다.

이들의 주장은 첫째, 마이클 잭슨이 마지막으로 TV에 출연했을 때는 건강해 보였으며, 그가 심장마비로 사망할 조짐은 전혀 없었다는 것이다. 게다가 응급 신고가 마이클 잭슨의 저택이 아니라 거기서 3분 거리에 있는 호텔 전화로 접수되었다는 것이다.

둘째, 자칭 '신봉자believers'라는 이 팬들은 마이클 잭슨에게 심폐소생술을 할 때 왜 침대에 눕힌 채로 했는지 의문을 제기한다. 심폐소생술은 딱딱한 바닥에서 해야 효과적인데, 이 사실을 심장전문의가 몰랐을 리 없다는 것이다.

셋째, 구급차가 출발할 때의 모습도 어설프고 수상해 보인다고 한다. 후진까지 하면서 어떻게든 주 출입구로 나옴으로써, 거기에 진을 치고 있던 파파라치의 눈에 띄어 이 뉴스가 전 세계에 대서특필되었다는 주장이다.

넷째, '팝의 황제' 사망 직후 사진을 보면 당시 그의 나이보다 훨씬 젊어 보이는 모습인데 이것은 합성 사진일 수밖에 없다는 주장이다. 제시된 사진은 실제로 사망 몇 해 전 마이클 잭슨이 산소 캡슐에서 휴식을 취할 때 찍은 것이다. 그 사진을 찍은 사진가는 마이클 잭슨의 친구라고 한다.

다섯째, 아무도 아는 사람이 없는 한 남자가 모자로 얼굴을 부분적으로 가린 채 추도식과 장례식에 참석했다고 한다. 더군다나 추도식 진행 요원은 마이클 잭슨이 준비 중이던 월드투어 '디스 이즈 잇'에 참여한 백댄서들이었는데, 마치 비밀이라도 아는 듯 모두 이상하게 미소를 짓고 있었다고 한다.

여섯째, 장례식 영상은 마치 대중영화처럼 케니 오르테가 감독이 연출을 맡은 데다, 방송된 영상은 이상하게도 기자들이 촬영한 것과 달랐다.

이 밖에도 잭슨 가족의 장례식 추도문에 대한 신봉자 팬들의 해석도 또 하나의 논거로 추가할 수 있다. 또한 끝내 열리지 못한 콘서트 티켓 구매자들이 받은 팸플릿에 마이클 잭슨이 카메라 뒤에서 미소 짓는 사진이 실렸다는 사실도 덧붙일 수 있다. 또 있다. 마이클 잭슨을 병원으로 옮길 때 그는 이미 사망한 것으로 알려졌는데, 그가 실린 들것에서 움직임이 감지되었다는 주장도 있다….

이렇게 증거를 집대성하는 과정은 음모론적 상상의 세계를 구축하는 데 특히 유용하다. 증언이나 '사실'을 근거로 삼는 다른 신념 체계들과는 달리, 음모론적 신화는 비정상과 수수께끼 같은 요소들을 드러내는 것만으로도 불편한 공백을 충분히 만들어내곤 한다. 이렇게 생긴 빈 공간을 재빨리 이야기로 채우는 것이 음모론의 작전이다. 이때 이 이야기는 **폭로 효과**에 바탕을 두게 된다. 즉 그때까지 괴리된 것처럼 보였던 음모성 요소들을 긴밀하게 연결할 것을 제안하는 것이다. 논리적이거나 수학적인 수수께끼의 풀이 과정을 마침내 이해했을 때 느끼는 기분과 조금 비슷하게, 폭로 효과도 커다란 인지적 만족감을 제공하면서 위험한 확신감을 안겨준다.

올슨을 보강한 포트

인터넷은 논증 요소를 집대성하고자 하는 모두에게 기술적 지원을 해준다. 하나하나 떼어놓으면 매우 작아 보이고 쉽게 무효로 만들 수 있을 것 같은 논증 요소들이지만, 이들을 상호화하면 하나의 논증 자료집이 만들어져서 이를 무력화하는 데 드는 시간과 에너지 비용이 증가하게 된다. 9·11테러처럼 더욱 중요한 사회적 이슈를 다루는 음모론적 신화의 경우에는 상황이 훨씬 나쁘다. 이런 음모론적 신화는 거의 백여 가지에 육박하는 다양한 논거로 뒷받침되니 말이다! 이 가운데는 재료물리학에 속하는 논거가 있는가 하면, 지진학이나 주가 분석에 속하는 것도 있다.[41] 따라서 이에 대한 반론을 펼치려면 혼자서는 도저히 감당할 수 없는 능력들이 필요하다.

가령 전체 논거 가운데 딱 하나만 발췌해보면, 음모론자들은 쌍둥이 빌딩이 화씨 2800도(섭씨 1538도)는 되어야 녹는 금속 구조물로 지탱되었기 때문에 9·11 때처럼 무너져내릴 수는 없다고 주장한다. 그런데 데이비드 헬러[42]에 따르면 금속 구조물로 건축된 고층빌딩은 화재만으로는 절대로 무너지지 않는다고 한다. 세계무역센터 빌딩들도 이런 규칙의 예외가 아니었을

---

41   Anfossi(2010) 참조.
42   Heller(2005).

것이다. 항공기 연료인 케로신 정제유뿐만 아니라 어떤 연료도 화씨 1500도(섭씨 816도)가 넘는 열을 발생시킬 수는 없기 때문이다. 다른 여러 기술적인 논거로 뒷받침된 음모론 지지자들의 가설은 이 건물들이 폭발물로 폭파되었기 때문에 무너졌다는 것이다. 이는 이 참사가 끔찍한 테러 행위의 존재를 확인시키고자 미국의 정책 결정권자들이 꾸민 짓이라는 하나의 증거다. 이런 논거 하나만으로도 재료물리학 분야의 비전문가는 이미 충분히 동요되고 만다. 따라서 전문적인 것 같은 동시에 누구나 쉽게 이해할 만한 논거가 상당히 많으면, 사람의 마음을 크게 끌어당기는 신화를 만들어내는 것이 가능하다는 사실을 우리는 알 수 있다.

그러나 이 주제에 관해 음모론자들이 제시한 논거는 모두 반박되었다. 가령 토머스 이거와 크리스토퍼 무소의 설명에 의하면, 9·11 테러로 발생한 열이 철강 구조물을 녹이지 못한 것은 분명하지만 이런 종류의 재료를 다루는 전문가들은 철강의 강도가 섭씨 650도에서 50퍼센트 떨어지고 섭씨 980도에 근접하면 90퍼센트까지 떨어진다는 사실을 잘 알고 있다고 한다.[43] 따라서 필 몰[44]을 인용해 전체 구조물이 충돌과 화재로 인해 약해진 것이 쌍둥이 빌딩의 붕괴 원인이라고 덧붙이기만 하면 된다.

43   Eager & Musso(2006).
44   Mole(2007).

하지만 우리가 관련 문제의 전문가가 아닌 이상, 이런 논거 가운데 단 하나만 무너뜨리는 데도 막강한 투자가 요구되기 때문에, 반박할 논거의 개수가 늘어날수록 음모론 측 주장에 의문을 제기하기가 어려워진다. 그래서 다시 한번 동기부여 문제가 관건이 된다. 합리적으로 생각했을 때, 우리 시민 동지들이 신봉자들만큼 많은 시간을 이 모든 문제에 할애하는 데 동의하리라고는 기대할 수 없다. 따라서 여기서 다시 올슨의 역설을 발견하게 된다. 즉 동기부여가 되어 의욕에 넘치는 소수집단이 인지 시장에서 대표성 없는 공간을 장악할 수 있게 되는 것이다.

우리가 알기로, 올슨의 역설은 현기증을 일으킬 정도로 투자비용(이 경우, 한 가지 신념을 물리치고 음모론자들과 맞설 논거를 만들고 암기하는 데 드는 비용을 말한다)이 증가하면 또다시 증폭된다. 그런데 포티언 상품이 유발하는 상황이 정확히 바로 이것이다. 포티언 상품은 음모론 신화의 신뢰성을 공고히 하는 데 그치는 것이 아니라, 이런 신화를 약화하려는 모든 이에게 자신들의 대대적인 규모를 무기로 삼아 일종의 위압감을 행사하기까지 한다. 이런 위협 앞에서 보통 사람이라면 과연 어떻게 반응할 수 있을까?

이 질문에 대해서는 세 가지 전형적인 답변이 가능하다.

첫째, 전투적 논쟁은 포기하면서 음모론을 믿지 않는다고 거부할 수 있다. 신봉자들의 주장에 어깨를 으쓱하거나 빈정거리는 것으로 맞서지만, 이런 자신의 반응에 부당한 면이 있다는 것을 대부분 인식하고 있다. 한 트럭분의 막대한 논거에 맞설 합리적인 무언가가 하나도 없는 처지에 단지 합리적이지 않아 보인다는 평계로 어떤 견해를 거부하기는 사실 어렵다. 이런 상황이 살짝 거북해지면 다음과 같이 말하는 것으로 종지부를 찍으려 시도할 수 있다. "난 당신들 이야기에는 관심이 없소. 다른 사람들한테나 이야기하시오." 그러나 이런 거북함은 더욱 모호한 정신적 가변성으로 향하는 첫걸음이 될 수 있다.

둘째, 판단을 보류한다고 선언할 수 있다. 자기 자신의 일관성을 유지하기 위해, 나는 의견이 없다고 주장하면서 이 주제에 관한 견해를 세우는 시기를 나중으로 연기하는 것이다. 이렇게 되면 실제로 정보를 찾아볼 수 있으므로, 만약 인터넷을 활용한다면 신봉자들에 의한 인지적 과점 상태를 접할 위험을 무릅쓰게 된다. 이 경우 마음의 동요를 일으켜 세 번째 상황에 처하게 되거나, 아니면 이와 반대로 첫 번째 상황으로 돌아가는 데 도움이 되는 자료를 발견할 수도 있다. 하지만 정보 검색에 드는 투자비용을 생각할 때 가장 가능성이 큰 경우는, 이런 검색을 하지 않고 음모론 신화에서 주장하는 바가 전부 다 거짓일 수는 없다는 생각을 조금씩 발전시켜가는 것이다. 그러면 그는 신봉자가 되지는 않더라도, 회의론을 지지하지 않는 사람들에게 '세상일은 복잡한 법'이라고 대답할 수 있다. 이런 결론은 그의 지혜를 표현한 말이라기보다는 그의 인지적 구두쇠 성향을 드러내는 것이다.

셋째, 신봉자들의 주장에 상반되는 주장을 발전시키고자 하는 욕구가 없거나 그에 필요한 자원이 없는 탓에 스스로 신봉자가 되는 위험을 무릅쓸 수도 있다.

'마치 우연처럼'

앞서 살펴보았듯, 인터넷 덕분에 우리는 축적된 논리를 자유롭게 쌓고 더 나아가 이를 더 자유롭게 유통할 수 있게 되었다. 입에서 입으로 전달하는 구전은 이야기의 '잔가지를 쳐내는' 경향이 있어서 결국에는 틀에 박힌 뼈대만 남기기 때문에 구전을 통해서는 인터넷처럼 논리를 축적할 수 없다. 잠복기를 거쳐 두려운 존재로 태어난 포티언 상품은 거기서 그치지 않고 상품의 논증 구조를 통해 더욱 가공할 또 다른 정신적 효과를 낳는다. 이 정신적 효과는 모든 논거가 결합해서 탄생한 것으로, 이들 논거를 지지하는 사람들의 입에서 '이 모두가 우연의 결과일 수는 없다'는 말이 나오게 만든다. 음모론 동영상이나 자료를 보면 여러 논거의 결합이 냉소적으로 소개되는 경우가 많다. '마치 우연처럼…'이라고 평하면서, 혼란을 조장하는 것으로 소개된 여러 팩트가 우연의 일치임을 강조한다. 그런데 실제로 한 방향으로 수렴되는 논거가 아주 많으면 누구든 이에 대해 우연일 수 없다는 감정을 느끼게 된다. 미셸 오디아르가 시나리오를 쓴 영화 〈스파이Les Barbouzes〉에서 주인공을 연기한 리노 벤투라의 대사처럼 말이다. "털보가 한 명 있으면 그건 그냥 보통 털보지만, 털보가 세 명이나 되면 그들은 털보로 변장한 스파이가 틀림없어."(프랑스어 'barbouze'에는 '수염'이라는 뜻과 가짜 수염으로 변장한다는 데서 파생한 '스파이'라는 뜻이 모두 있다.ㅡ옮긴이) 여러 팩트가 우연히 일치하는 것이 우연의 발현일 수 없다는 느낌이 드는 것을 보면, 우리 뇌가 또다시 문제를 일으키는 쪽으로 작용하고 있음을 알 수 있다. 예측할 수 없는 현상을 제대로 판단하지 못하도록 작용하는 것이다.

　인터넷이 신념을 뒷받침하는 논거들을 상호화할 수 있는 기술적 가능성을 열어주면서 우리의 판단력은 더욱 무능해졌다. 인터넷이 제공하는 기술적 가능성으로 인해, 소환된 증거들의 품질 문제를 넘어 이런 증거들이 상호 의존한다고 느끼기 때문이다. 바로 이런 느낌으로 인해, 믿고 싶은 마음이 생긴 사람은 머릿속으로 이런 증거들이 아무것도 보여주지 않을 확률이 0에 가깝다고 생각하게 된다. 우리가 이런 종류의 인지 상품을 접했을 때 추론하는 방식이 바로 그런 식으로 나타나곤 한다. '무언가 수상한 구석이 있지 않은 한, 의심스러운 정보의 집합 n이 이 이론을 보강하는 데 동원될 가능성은 전혀 없어 보인다. 그런데 이런 자료 가운데 하나쯤은 단순한 우연의 일치라고 인정하자. 또 다른 하나도 그렇지 않을 이유가 없으니 마찬가지로 우연이라고 하자. 하지만 이런 자료의 집합 전체도 과연 우연일까? 그리고…' 이렇게 워낙 일어나지 않을 것 같은 일이기 때문에, 모든 것이 그저 우연의 산물이라고 주장하면 악의가 있는 것처럼 보인다.

하지만 우연과 불가능은 완벽하게 호환될 수 있다. 단지 표본의 크기 문제만이 있을 뿐이다.

표본의 크기를 무시하는 오류

동전 던지기를 하는 동안 열 번 연속으로 어떤 면이 나올지 알아맞혔다고 주장하는 사람이 있다고 가정하자. 이런 일은 일어날 가능성이 거의 없는 만큼 특이한 경우처럼 보인다. 이런 결과를 얻을 확률은 약 100만 번 중 977, 즉 1000분의 1보다 조금 적은 확률이기 때문이다. 만약 이 사람이 TV에 출연해서 이런 결과를 소개한다면, 아마 수천 명의 시청자는 그 결과가 오로지 우연의 결과일 리는 없으며 여러 정신력(이 경우, 예지력)이 작용했으리라고 생각할 것이다. 하지만 이 사람에게 해야 할 합리적인 질문은 딱 한 가지다. 이런 결과를 얻기까지 몇 번이나 시도했느냐는 것이다. (이 사람이 정직하다면) 천 번 시도했다고 대답할 것이다! 그러면 미스터리는 풀린다. 그가 얻은 결과가 보통보다 절대 적은 확률이 아니기 때문이다. 이 사건이 실제 일어날 가능성은 희박하다. 하지만 우연을 기대할 수 있는 범위를 벗어나지 않게 하는 수많은 시도 끝에 이 사건이 일어난 것이다. 그는 처음에는 성공한 경우만 이야기하고 이보다 훨씬 더 많았던 실패에 대해서는 입을 다물면서 우리가 사고할 때 흔히 하는 평범한 실수를 저지르도록 부추겼다. 이름하여 표본의 크기를 무시하는 오류다.

따라서 점성가나 점쟁이가 간혹 정확한 예측을 하더라도 놀라서는 안 된다. 잔뜩 예측을 늘어놓은 다음, 우연히 맞아떨어진 것만 미디어에 내보내면 되기 때문이다. 일반적으로 우리가 표본의 크기를 등한시하는 경우는, 자체적으로 일어날 가능성은 없지만 엄청난 경우의 수로 밀어붙이면 일어나는 사건을 접할 때 나타난다. 그런데 우리는 이런 사건을 일으킨 수열의 속성을 고려할 수도 없고 혹은 고려하고 싶지도 않기 때문에(어떻게 보면 사건이 속한 무리에서 사건을 고립하는 셈이다) 이런 사건을 비범하다고 느낀다. 그래서 많은 우연의 일치 가운데는 우연의 탓으로 돌리지 않는 편이 합리적이라고 판단될 정도로 우리 눈에 너무나 놀라워 보이는 경우도 있다. 어떤 현상이 (나타날 확률이 낮다는 특징 때문에) 비범할 수는 있지만, 이 현상이 많은 경우의 수를 거쳐 일어난 것이라면 우연의 결과일 수도 있다는 점이 문제다.

표본의 크기를 무시하는 경향은 매우 흔한 정신적 유혹이다. 또한 이것은 현실을 파악하려는 우리의 사고방식을 위협하는 여러 정신적 경향 가운데 하나다. 그런데 하필 새로운 정보기술 덕분에 우리는 과거와 비교할 수 없을 정도로 '폭넓은' 현상에 (대부분 시각적으로) 접근할 수 있게 되었으며, 당연한 결과로 엄청난 양의 데이터가 생산되고 있다. 하지만 동기 충만한 신봉자들로서는 이런 거대한 데이터의 바다에서 그들에게 유리한 하나의 혹은 다수의 의심스러운 팩트를 채굴해내는 것이 여전히 가능하다. 의심스러운 팩트는 이들보다 수적으로 우위에 있는 의심스럽지 않은 팩트와 차단되었을 때 그만큼 더 쉽게 의심스러운 것으로 여겨질 수 있기 때문이다.

2001년 쌍둥이 빌딩 테러 현장의 모습을 담은 수많은 사진만 살펴보아도 이를 알 수 있다. 두 빌딩이 붕괴하는 장면은 동영상과 사진으로 촬영되었다. 그 결과 이 참사는 공식적인 진실 뒤에 가려진 진실을 찾으려는 사람들이 앞다투어 파헤칠 상당히 많은 데이터를 생산해냈다. 현실은 때로 자기가 먹을 것을 자기가 가져오는 포틀럭 파티와 같아서, 우리 눈에는 결국 자기가 보고 싶어 하는 것만 보인다. 빌딩이 붕괴하는 사진을 한 장 한 장 들여다보면, 화재로 인한 연기의 소용돌이 안에서 순간적인 형태들이 그려지는 것을 필연적으로 포착할 수밖에 없다. 그렇다면 그 가운데 악마의 모습이 보이지 말라는 법이 있을까? 그렇다. 사진에 바로 악마의 모습이 포착되는 일이 벌어졌다.

2001년 9월 14일 자 《필라델피아 데일리 뉴스》에는 사흘 전 발생한 테러의 잿더미 위로 사탄이 '흉측한 얼굴'을 드러낸 것 아니냐는 기사가 실렸다. 그러면서 이처럼 기괴한 의문을 정당화하기 위해 한 장의 사진을 첨부했다. 이 끔찍한 참사 현장을 촬영한 수많은 사진 가운데 세계무역센터의 불길이 뿜어내는 연기 속에 어떤 얼굴 모양이 보이는 사진이었다. 관련 기사에 따르면, 이 소용돌이치는 연기는 "수염과 뿔이 달리고 사악한 표정을 지은 사탄의 얼굴을 드러내면서, 이런 참사를 전혀 예상치 못했던 이 도시에 혐오와 증오를 심은 테러 행위의 흉악한 본성을 상징"하는 것처럼 보인다고 한다.

이 참사를 촬영한 수많은 사진 중에 익숙한 형태와 닮은 모양이 보이는 경우가 있다고 해서 전혀 놀랄 필요가 없다. 이는 우리가 어렸을 적에 구름을 보면서 자주 하던 놀이와 비슷하다. 우리가 지닌 능력 가운데 고유한 형태가 없는 것에서 어떤 형태를 볼 수 있는 능력을 변상증이라고 한다. 일종의 정신적 반사 행동이다. 만약 신념을 지키고 싶은 동기가 충만한 사람에게 이 수천 장의 참사 사진을 보여주면, 그가 이런 반사 행동에 빠질 가능성은 필연적으로 증가할 수밖에 없다. 사진에서 참으로 보이면 모든 종류의 데이터가 이를 참이라고 한다. 바로 우리 현대 정보사회가 설계한 것이다. 신봉자들은 자신의 신념에 불리하나 수적으로 훨씬 더 많은 자료는 잊어버린 채 그 신념을 위해 '활용할 수 있는' 자료에만 관심을 집중하기 때문에 그 모든 것이 단순한 우연의 일치일 수는 없다고 느낀다. 처음에는 틀림없이 정직했던 한 기자가 성경 안에 비밀의 예언 메시지가 숨어 있다고 믿게 된 것도 바로 이러한 정신적 과정을 통해서다.

모든 것이 성경에 있다,
정말로 모든 것이

게마트리아는 숨겨진 의미를 찾기 위해 글자의 가치를 숫자로 전환해서 이것을 바탕으로 성경을 해석하려고 하는 이론이다. 어떤 해석 기법을 사용하건, 이런 광적인 암호학에 빠진 사람들은 예사롭지 않은 우연의 일치에 금세 충격을 받는다. 한편 이는 매우 넓은 독자층의 상상력 또한 강하게 자극한다. 게마트리아를 소재로 한 뛰어난 베스트셀러도 몇 편이나 나왔고, 그다지 꼼꼼하지 않은 출판사 편집자들에게는 이 주제가 여전히 막대한 이윤을 약속하기 때문이다.

이와 같은 사례는 무수히 많다. 가령 로버트 골드의 저서 《신과 숫자 Π》에서는 《구약성경》 안에 있는 Π의 흔적을 강박 관념에 이를 정도로 파헤친 결과 '숫자 Π의 소수가 세상의 게놈'이라는 증거를 찾았다고 주장한다. 미국의 저널리스트 마이클 드로스닌의 베스트셀러 《바이블 코드》의 경우[45]는 훨씬 더 한심스럽다. 저자에 따르면, 유대교와 그리스도교의 성경은 암호화되어서 그 안에 믿기 힘든 예언들이 숨어 있다고 한다. 히틀러의 집권이나 케네디 대통령의 암살, 1995년 이갈 아미르에

---

45 이 내용에 관해서는 파트릭 베르제르가 http://www.zetetique.ldh.org/code_bible.html에 게시한 매우 잘 정리된 자료를 참조하기 바란다. 나도 이 사이트에서 영감을 얻고 있다.

의한 이츠하크 라빈 이스라엘 총리의 암살에 관한 예언이 들어 있다는 것이다. '성경의 비밀 암호'를 알면 공룡의 멸종도 언급되어 있음을 알 수 있을지 모른다. 성경에 대한 이와 같은 암호학적 접근은 전혀 새로운 것이 아니다. 어떤 의미에서 이런 시도는 중세 유대교 신비주의 카발라의 탄생과 함께 시작되었다. 카발라에서는 히브리어 알파벳 글자마다 하나의 숫자 또는 하나의 상징이 있다고 주장한다. 겉으로 보이는 의미 뒤에 숨은 진짜 의미를 읽을 수 있게 해주는 암호, 즉 코드가 있다는 말이다. 이 전통은 13세기 이후로 끊이지 않고 이어졌다. 20세기 전반에는 랍비 마이클 버 와이스멘델이 이런 식으로《구약성경》을 연구했다.

하지만 이 책에서 우리의 관심을 끄는 사람은 그의 제자 중 한 명인 엘리야후 립스[46]다. 그는 스승의 뒤를 이어 1980년대부터 IT 기술을 동원해 연구를 진행했다. 컴퓨터의 계산능력이 발휘되자 게마트리아 연구자들의 조합 분석능력이 확장되었고, 그 결과 성경 속 비밀 메시지를 발견하는 작업에 가속이 붙었다. 작업에 사용된 기술은 퍽 간단했지만, 단 한 대의 컴퓨터만으로 단기간에 실행하기에는 시간이 너무 많이 걸렸다. 그래서 가령 한 텍스트 안에서 열두 글자마다 혹은 아홉 글자나 다섯

---

[46] 이 주제에 대해서는 Witztum D., Rips E. & Rosenberg Y., "Equidistant Letter Sequences in the Book of Genesis", *Statistical Science*, vol. 9 (1994), pp. 429~438 참조.

글자마다 한 글자씩만, 즉 '등거리 간격'의 글자들만 채택하기로 했다. 이때 그 간격을 몇 글자로 설정하느냐는 문제는 중요하지 않았다. 게마트리아 연구자 엘리야후 립스는 가장 눈길을 끄는 글자 조합을 주로 채택했다. 어떤 경우에는 이렇게 만들어진 단어의 뜻이 통하거나, 더 나아가 문장이 만들어지기도 했다. 그렇다면 과연 이것을 어떻게 생각해야 할까?

언론인이었던 마이클 드로스닌은 일단은 주저했다. 하지만 엘리야후 립스가 토라에 이라크전에 대한 예측이 담겨 있다는 증거를 가져오자 그에게 설득되었다고 주장한다. 원래 회의론자였던 이 언론인이 게마트리아 추종자가 되더니, 급기야 2003년에는 두 번째 저서인 《바이블 코드 2》를 집필하기에 이르렀다. 이 책 역시 어느 정도 성공을 거두었다. 마이클 드로스닌에 따르면, 9·11 테러 이후 성경 속에서 이 거대한 참사의 흔적을 찾기 위해 컴퓨터를 작동시키자 그의 마음속에 이 책을 써야겠다는 확신이 솟았다고 한다. 금세 모니터 위에 '쌍둥이', '타워', '비행기', '그로 인해 추락했다', '두 번'과 같은 글자가 뜨는 것을 보고는 아연실색했기 때문이다. 그의 머리엔 이제 더는 어떤 의심도 남지 않았다. 누군가가 아득한 옛날에 인류의 운명을 폭로하는 메시지를 성경 속에 넣어둔 것이 확실했다. 그렇다면 그것이 누구일까? 드로스닌은 신의 흔적이라기보다는 외계 문명의 흔적이라고 보았다. 하지만 이 문제는 이 책에서 다루는 주제가 아니다. 마이클 드로스닌, 엘리야후 립스와 그들의 동료들이 내세우는 주된 논거는 분명하다. 이런 메시지들이 성경에 등장할 확률이 워낙 낮으므로, 그들이 얻는 결과를 우연의 소치로 볼 수는 없다는 것이다.

본디 이러한 주장은 이에 맞설 만큼 무장이 되지 않아서 쉽사리 표본의 규모를 등한시하는 실수를 저지르는 대중에게는 설득력 있게 다가오지만, 대부분의 수학자와 통계학자에게는 회의를 남긴다. 그러자 드로스닌은 자신의 이론에 (의도와는 달리) 치명타를 입히는 소신을 밝히게 된다. 《뉴스위크》지를 통해 성경 외의 다른 책에서 이런 암호화된 메시지를 발견하는 것은 불가능하다며 확신을 드러낸 것이다. "나를 비판하는 사람들이 소설 《모비 딕》 안에서 총리의 죽음을 알려주는 메시지를 발견하는 데 성공한다면 나는 그들의 말을 믿겠다." 호주 국립대학교 수학과 브렌던 매케이 교수를 검증 작업에 뛰어들게 만들기에 충분한 기사였다.[47] 그는 《바이블 코드》에 나온 암호 규칙에 따라 《모비 딕》 안에서 검색 작업을 시작했다. 그 결과, 그가 발견한 내용이 언론인 드로스닌의 야심을 여지없이 무너뜨렸다. 이 유명한 소설에서는 총리 암살을 알리는 '암호화된' 내용이 9개 넘게 발견되었으며, 그 가운데는 이츠하크 라빈의 암살에 관한 것도 있었다. 이뿐만 아니라 다이애나비의 사망과 나

---

47 McKay B., Bar-Natan D., Bar-Hillel M. & Kalai G., "Solving the Bible Code Puzzle", *Statistical Science*, vol. 14 (1999), pp. 150~173 참조.

란히 그의 연인 이름과 왕족 차량 운전사의 이름도 발견되었다. 그러니까 드로스닌과 립스의 주장은 지적인 허풍이었던 셈이다. 그들의 주장과는 달리 고성능 컴퓨터로 충분한 시간을 들이면 《모비 딕》 안에서도 우연히 만들어진 모든 종류의 메시지를 발견하는 것이 가능했다. 더군다나 드로스닌의 이론에 가장 명백한 반증을 제시한 사람은 다른 누구도 아닌 바로 그 자신이었다. 게마트리아를 실행한 내용을 소개한 두 번째 저서에서 그는 중동에서 핵전쟁이 일어난다고 예측했는데, 예상 시점이 바로… 2006년이었기 때문이다.

따라서 아무 책이라도 자의적 해독법을 적용하면 일관성 있는 단어들, 더 나아가 문장들을 발견할 수 있다. 그런데 이 논쟁을 통해 부각되지 않은 사실이 하나 있다. 이렇게 해독을 하려다 보면, 실제로는 축적된 글자들과 문장들이 아무 의미도 일관성도 없는 경우가 훨씬 더 많다는 사실이다. 컴퓨터를 사용하는 탓에 이 암호해독법으로 엄청나게 많이 생산된 무의미한 쓰레기 더미가 드러나지 않기 때문이다. 매케이 교수의 실험만으로도 이 사안을 종결짓는 데 충분했지만, 다른 수학자들도 마이클 드로스닌과 엘리야후 립스가 내세우는 주장의 허점을 증명하기 위해 노력했다. 가령 제임스 프라이스 박사의 경우, 똑같은 등거리 글자 해독법을 적용해 성경에서 '하나님은 혐오스럽다', '예수를 증오하라' 같은 메시지들과 "하나님은 있다"와 "하나님은 없다"처럼 모순되는 문장들을 발견해냈다.

내가 보기에 이 사례는 특별히 교훈적이다. 신봉자들은 자신이 증거로 여기는 팩트의 범위를 상당히 확장하려고 하는데, 이 사례는 이들의 의지를 위해 기술적 진보가 어떤 방식으로 사용되는지를 압축적으로 보여주기 때문이다. 표본의 크기를 무시하는 경향은 우리의 사고방식이 드러내는 변함없는 특징이다. 약간의 체계를 갖추면, 우리를 끌어당기는 이런 사고 경향의 유혹에서 벗어날 수 있다. 그러나 안타깝게도 우리가 사는 현대 정보사회의 여건은 이러한 사고방식의 방황을 억제하기보다는 활성화하는 방향으로 조성되어 있다.

투명성의 역설

기술력 덕분에 우리는 '증거'를 찾아 성경을 탐색할 수 있게 되었을 뿐만 아니라, 오늘날에는 어떻게 보면 전 세계를 샅샅이 뒤질 수 있게 되었다. 이렇게 해서 스리랑카 콜롬보의 이슬람연구소 모하메드 알 파이즈 소장은 2004년 말에 아시아를 강타한 쓰나미의 치명적인 파도 거품과 썰물에서 아랍어로 적힌 알라의 이름을 발견했다는 주장을 했다. 적어도 런던의 일간지《알-아랍》을 통해 그렇게 말했다. 그러자 사람들이 알-파이즈 소장의 주장을 정성껏 검증했지만, 많은 인명을 앗아간 이 파도에 뭐가 됐건 어떤 그림이 그려져 있다는 주장에 대해 모든 이가 확신을 얻지는 못했다. 2005년 1월 아메드 할리 기자는 알제리 석간지 《르수아르 달제리》를 통해 수려한 이슬람어와 약간 비꼬는 듯한 어조로 자신이 직접 이 사진들을 면밀하게 조사했으나 기적처럼 보이는 장면은 하나도 없었다고 주장했다. 그러므로 이 파도와 아랍어로 적힌 알라의 이름을 대조하는 데는 약간의 상상력이 필요하다는 사실을 인정해야 할 것이다. 수십만 명의 희생자를 낳은 참사에는 어떤 의미가 담겨 있다는 상상력과 의도 말이다. 이 해일은 신이 내린 벌이라는 이슬람연구소 소장의 태도가 워낙 단호하기 때문이다. "신이 자신의 이름을 쓰고 자신의 율법을 무시한 자들을 벌했다."

어찌 되었건 이러한 변상증을 실행할 수 있었던 것은 해일이 스리랑카 남서부를 강타하는 순간을 촬영한 위성사진 덕분이었다. 이번에도 알 파이즈 소장은 이 참사를 담은 수많은 사진 가운데서 자신의 종교적 신념을 막연하게 고취할 수 있는 사진만을 선정했다. 바로 이런 식으로 오늘날 세상 어딘가에 존재하는 수십억에 달하는 시각적 보조장치들이 신념의 제국을 구하고 있다.

수십억이라니⋯. 하지만 절대 과잉 평가된 수치가 아니다. 오늘날에는 거의 모든 휴대폰에 사진이나 동영상 촬영 기능이 있어서, 그만큼 많은 자료가 촬영 후 인터넷에서 유통될 수 있다. 1997년만 해도 휴대전화 서비스 가입자 수는 2억 1000만여 명에 불과했으나 오늘날에는 그 수가 50억을 넘어섰다. 그만큼 현실의 단편을 기록할 잠재력이 많아진 것이다. 휴대전화 기기는 1970년대 말에 등장해서 1980년대에 대중화된 초창기 비디오카메라의 바통을 대부분 이어받았다. 그래도 이런 비디오카메라는 지금도 여전히 많이 존재하며, 여기에 더해 거의 빠짐없이 동영상 촬영 기능이 있는 디지털 카메라들도 잊지 말아야 한다. 이 외에도 전 세계적으로 천만 대의 감시카메라가 가동되고 있다. 프랑스에는 30만 대 이상이 있으며, 신속히 100만 대를 달성하는 것이 목표로 알려져 있다.

현실의 일부를 기록하고 이 기록물을 세계적 네트워크를 통해 거의 아무 비용 없이 기록적으로 빠르게 전파할 수 있게 됨에 따라, 신봉자들이 앞다투어 소재로 삼을 현실의 표본 크기가 현기증이 날 정도로 폭증하고 있다. 매년 플리커 사이트에 온라인으로 올라오는 사진은 10억 장, 페이스북에 올라오는 사진은 무려 25억 장으로 추산된다![48] 평균적으로 미국 네티즌 한 명이 매달 시청하는 동영상은 182편이다. 《이코노미스트》의 2010년 2월 27일 자 특집기사에 따르면 우리 현대 사회는 진정한 '데이터 대홍수'를 겪고 있으며, 이렇게 정보의 축적과 전파가 대중화된 결과 우리의 일상생활이 큰 영향을 받고 있다고 한다. 여기서 잠시 생각해보자. 2005년에 인류는 150엑사비트에

48   https://blog.slate.fr/labo-journalisme-sciences-po/2010/02/13/le-pou-
      voir-de-reconnection-des-images-numeriques/

달하는 데이터를 생산했는데, 2010년에는 8배나 더 많은 데이터를 생산해냈다.

확실히 신봉자들은 동기로 충만해 있지만, 단독으로 있으면 여느 사람과 마찬가지로 이런 다량의 정보 아래서 무너져버린다. 그러나 이들 가운데 단 한 명이 정보의 건초 더미에서 금덩어리 같은 정보를 발견하는 것만으로도 이 귀한 정보는 즉각 상호화될 수 있다. 게다가 세계 곳곳에 있는 많은 이들이 이와 같은 작업을 하고 있기 때문에, 매우 경쟁력 있는 포티언 상품이 몇 주, 몇 달, 혹은 이보다 빨리 인지 시장에 출시된다. 바로 이런 식으로 마이클 잭슨의 사망과 관련된 수많은 사진을 지치지 않고 샅샅이 뒤진 끝에, 병원으로 이송하는 침상 위에서 움직일 리 없는 시신을 덮은 시트의 움직임이 포착되었다. 이것도 자칭 '신봉자들'의 헌신 덕분에 부각된 다른 논거들과 함께 머지않아 하나의 거대한 논거 괴물을 형성할 것이다.

우리 감각기관의 통상적인 인지의 한계를 넘어설 수 있게 해주는 이러한 기술적 보조장치들은 신념을 전파하는 데만 사용되지 않는다. 이런 보조장치는 반기는 마음과 두려워하는 마음을 반반씩 담아 명명된 투명사회를 기술적 측면에서 수립하는 역할을 한다. 이런 기술적 보조장치는 때때로 지엽적인 정보를 가져오지만, 그 정보는 금세 세상을 한 바퀴 돈다. 2010년 2월, 세라 페일린 알래스카 주지사가 티파티 컨벤션에서 손바닥을 컨닝 페이퍼로 삼는 모습이 현장에서 그대로 카메라에 잡힌 사건처럼 말이다. 손바닥에 적은 단어들이 '에너지', '세금', '미국의 정신', '예산 삭감'처럼 워낙에 시시한 것들이어서 그는 상당히 당혹스러운 처지가 되었다. 특히나 이 모습이 촬영되기 바로 전 그가 같은 연설에서 오바마 대통령 같은 사람은 프롬프터에 너무 의존한다고 비웃었던 터라 더욱 난처해지고 말았다.

때로 이런 수십억 개의 시각 보조장치 덕분에 우리는 의심스러운 발언을 공론화할 수 있다. 가령 브리스 오르트퍼 내무부 장관이 2009년 UMP(대중운동연합당) 전당대회에서 했던 다음과 같은 발언이 그렇다(이 발언으로 그는 인종차별적 명예훼손 혐의로 법정에 서게 되었다).

"그들은 하나만 있으면 괜찮지만, 많이 있을 때 문제가 된다."(북아프리카 출신 정치 투사에 대한 언급이었다—옮긴이)

몰래카메라 덕분에 우리는 어떤 사람이 임대아파트 분양을 부탁하면서 상원 의원이기도 했던 시장에게 현금을 안기는 모습 또한 목격할 수 있다.[49] 때로는 스마트폰으로 촬영된 사진을 통해 2차 이라크전 중에 아부그라이브교도소에서 일부 수감자들에게 가해진 가혹 행위가 알려지고 세계 여론이 동요하는 일도 벌어진다. 이러한 투명사회가 어떻게 수많은 대항권력 도구를 동원하는지 보여주는 사례는 얼마든지 열거할 수 있다.

49　〈클라마르시의 사회당 출신 시장을 위한 나쁜 영화Mauvais film pour le maire socialiste de Clamart〉,《리베라시옹》, 2012년 1월 28일 자 참조.

가장 대표적인 사례는 단연 호세 마리아 아스나르 스페인 총리가 2004년 3월 11일 마드리드 테러 후 거짓말로 자승자박의 결과를 맞은 경우다. 총선을 앞두고 선거전이 최고조에 달하면서 여론조사 결과 집권 여당인 국민당의 승리가 점쳐지던 당시에, 아토차역에 도착하던 열차에서 폭탄 여러 개가 폭발해 190명의 사망자가 발생하고 말았다. 폭탄테러의 배후로 두 단체가 지목되었다. 바스크 분리주의 단체인 ETA 아니면 알카에다라는 가설이었다. 그 당시는 스페인 군대의 2차 이라크전 참전을 두고 국내 여론이 좋지 않을 때였다(스페인 국민의 80퍼센트가 참전에 반대했다). 따라서 만약 이 테러가 스페인을 응징하려는 이슬람주의자의 소행이라면 정부에는 곤혹스러운 일이 되는 것이다. 그러자 아스나르 총리는 전통적인 미디어와 모종의 합의 후에 ETA의 소행이라는 가설을 완강하게 밀어붙였다. 그리고 스페인 주요 신문사들의 편집국에 개인적으로 전화를 걸어 ETA 소행설을 옹호하기로 확답을 받았다.

이후에 밝혀진 대로 이는 거짓이었지만, 정부로서는 3월 14일 투표 전까지 며칠만 버티면 되는 처지였다. 그러나 전통적인 미디어의 합의만으로는 충분치 않았다. 테러가 발생한 날부터 인터넷 트래픽이 8배나 증가했기 때문이다![50] 채팅과 토론 사이트가 들끓었고, 전통 미디어에 대한 대안적 성격을 지닌 온

---

50   Thouverez(2004) 참조.

라인 뉴스 사이트(www.vilaweb.com, www.iblnews.com, www.indy-media.org) 조회가 폭발적으로 증가했다. 이와 함께 인터넷을 통해 국제적 언론사의 뉴스 사이트에 접속해서, 이 테러 사건에 관해 검토해볼 만한 다양한 해석을 접하는 경우도 생겼다(CNN에서는 당시 영국의 잭 스트로 외무장관이 이슬람 세력의 소행이라는 확실한 단서가 있다고 주장했다). 3월 14일, 투표 결과는 참패였다. 이 사건이 발생하기 며칠 전만 해도 여론조사에서는 국민당의 승리가 예상되었지만, 결국 국민당이 35석을 잃으면서 다수당 지위를 상실했다.

스페인 국민당의 이와 같은 안타까운 시도는 좋은 본보기다. 이를 통해 일반적인 사회 통념과는 반대로 정치인이 이런식의 거짓말을 오랫동안 옹호하기가 얼마나 어려워졌는지를 잘 알 수 있기 때문이다. 단 며칠만 버티면 되었건만, 그것도 이미 과한 것이었다. 따라서 음모론 신화가 옹호하는 대다수의 논거로부터 살짝 거리를 두고 보면, 음모론 신화 대부분은 신빙성이 없다. 음모의 규모가 크고 많은 공범이 연루된 경우, 이런 음모가 비밀로 유지될 수 있다는 발상이 실현될 가능성은 매우 희박하다. 가령 9·11 테러를 둘러싼 음모론이라든가 정부와 외계 문명의 동맹을 주장하는 음모론, 미국이 비밀 군대를 일본에 파견해서 2011년 동일본대지진을 일으켰다는 음모론이 대표적이다. 예를 들어 이런 음모가 사실이라면, 이들 가운데 어떤 결정적인 관련 자료도 정보원의 익명성을 보장하는 위키리크스 사이트에 공개되지 않았다는 사실을 어떻게 설명하겠는가? 물론 위키리크스 사이트 자체가 음모의 일부라고 전제하지 않는 한 말이다. 이것은 음모론에 민감한 독자라면 주저하지 않고 내릴 수 있는 결론이다.

이렇게 생각하다 보니 이른바 투명성의 역설로 생각이 이어진다. 어떤 종류의 정보건 오늘날에는 그 어느 때보다 정보가 공개될 확률이 높다. 여론 조작 시도에 속하는 정보도 포함해서 말이다. 우리가 쉽게 느끼기에는 이런 시도로 만들어진 광고가 점점 많아지는 것 같지만, 사실은 이와 반대로 이 투명사회는 이런 광고가 점차 줄어들도록 압력을 가하는 힘을 보여준다! 따라서 이런 투명성의 역설에 넘어가는 사람은 비례성 편향의 희생자다.

비례성 편향

어떤 현상이 나타나는 횟수가 증가하면 우리는 이것이 관측 도구가 향상된 결과일 뿐일 수도 있다는 생각은 하지 않고, 이 현상의 실제 발생 횟수가 증가하는 것이라고 잘못 생각한다. 이런 잘못된 생각을 조장하는 것이 바로 비례성 편향이다.

가령 많은 사람이 과거보다 암 발병이 훨씬 더 증가했다고 확신하지만(이들은 이런 결과가 환경과 음식이 오염되었다는 증거로 본다), 그렇게 감지하는 이유 중 하나는 (이런 경우가 대개 유방암과 전립선암이기 때문에) 의료 영상기기의 성능이 크게 발전하고 예방 캠페인이 효과를 발휘했기 때문이라는 사실은 깨닫지 못한다. 게다가 이러한 증가가 고령화의 영향이라는 사실도 모른다.

투명성의 역설을 이루는 핵심인 비례성 편향은 사람들이 우리에게 거짓말을 한다는 느낌을 우리 머릿속에 주입한다. 예전보다 여론 조작 시도가 더 많아졌다고 생각할 이유가 없는데도, 이런 시도는 더 많이 눈에 띄고 훨씬 더 많이 미디어로 전파된다. 범죄행위가 끊임없이 미디어로 전파되는 현상이 안전에 대한 불안감을 확산하는 데 일조한다는 사실도 연결지어 생각할 수 있겠다.

가령 구글에서 검색어 '일루미나티'[51]로 검색이 이루어진 경우를 살펴보면, 음모론에 입각한 상상의 세계를 보여주는 이 표지가 프랑스에서 노골적으로 증가하고 있음을 알 수 있다.

---

51   일루미나티는 음모론적 상상의 세계를 대표하는 거물급 조직이다. 이 음모론의 신봉자들은 계몽주의 철학을 표방하다 1785년에 해산된 독일 바이에른 광명회(일루미나티)가 지금도 지하조직으로 존재하며 배후에서 세계를 지배한다고 주장한다.

구글 프랑스에서 검색어 '일루미나티' 검색 횟수

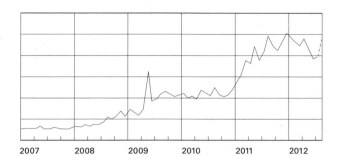

2007   2008   2009   2010   2011   2012

줄어든 잠복기

2010년 1월 12일, 규모 7.3의 지진이 카리브해의 아이티를 강타해 20만 명이 넘는 사망자가 발생하는 일이 벌어졌다. 아이티가 세계 최빈국 중 하나인 만큼, 이런 천재지변은 끔찍한 불운이라 할 만하다. 예측이나 통제가 어려운 현상 중 하나가 바로 지진이기 때문이다. 하지만 모두가 이런 생각을 하는 것은 아니다. 지진 발생 열흘 만에 '볼테르 네트워크' 사이트에는 이 지진이 불가피한 운명 때문에 발생한 것이 아니라고 주장하는 기사가 실렸다. 여기서도 티에리 메이상(바로 이 사이트에서 9·11테러 음모론을 만들어낸 장본인)은 '의심할 권리'를 위협 무기처럼 허리에 찬 채 이 지진을 일으킨 범인이 미국이 아닐까

하는 의혹을 드러냈다.[52] 그에 따르면, 미국은 기술적으로 그럴 능력이 있다고 한다. 미국은 1970년대부터 지진을 무기로 활용하는 연구를 진행했기에, 군대에서 "플라스마·공명 임펄스 발생기를 충격파 폭탄과 결합해서"(원문 인용) 사용한다는 주장이다. 더 나아가 그는 2008년부터 카리브해에서 미 해군이 이상한 활동을 하는 것이 포착되지 않았느냐고 주장한다. 미국 입장에서 아이티는 중요한 지정학적 대상이기 때문에, 지진이 일어나자 그 덕분에 미국은 거짓으로 인도주의적 이유를 내세워 아이티에 투자할 수 있게 되었다고 한다.

이러한 음모론적 가설 뒤에는 미국의 HAARP 연구 프로젝트에 관한 널리 알려진, 망상 같은 주장이 숨어 있다. '고주파 오로라 활동 연구 프로그램'의 약칭으로 미국 군사과학연구 프로젝트의 하나인 HAARP의 목표는 전리층(높은 대기권 지역)을 지배하는 메커니즘을 파악하는 것이다. 이 프로젝트는 장거리 통신을 향상하겠다는 야심으로 알래스카대학교에서 관리하고 있다. 어쩌면 이 연구 프로젝트를 추진한 사람들은 다른 야심을 품었을지도 모르지만, 앞의 비극적인 참사를 떠올려본다면 이런 도구가 지진을 생성할 수 있다는 상상은 우스꽝스럽기 그지없다. 이제부터는 HAARP가 음모론적 상상의 세계 위로 의혹의 그림자를 드리우지 않으면 지진이나 쓰나미, 기상이변이 일

52 http://www.voltairenet.org/Haiti-et-l-arme-sismique

어날 수 없는 셈이기 때문이다. 하지만 허언증에 걸린 듯 음모론을 꾸며내는 사람들은 이런 발상을 아주 진지하게 받아들인다. 이들은 러시아 북양함대의 비밀 보고서를 언급하면서, 이 보고서가 팩트를 밝혀내어 전리층에서 인지된 활동과 2010년 초 아이티에서 일어난 지진 활동 사이에 상관관계가 있음을 증명할 것이라고 주장한다.

사실 이 주장은 진 매닉과 닉 비기치가 공동집필한《천사는 이 하프HAARP를 연주하지 않는다》(1995)에서 영감을 받은 것이다. 이 책에는 HAARP 프로젝트가 공식 발표 내용보다 훨씬 더 위험하다는 주장이 담겨 있다. 두 저자에 따르면, 하늘과 지진만이 아니라 인류의 사고방식까지 지배하는 것이 미국인의 목표라고 한다! 미국은 파동을 통제할 수 있게 되면 아무 때고 원하는 때에 우리 뇌를 노예로 삼으려 할 것이라고 한다. 나는 'HAARP'라는 용어가 아니었다면 이 책이나 이론은 거들떠보지도 않았을 것이다. 'HAARP'는 지진 발생 후 음모론의 등장을 보여주고 인지 시장 혁명이 집단 맹신에 주요하게 기여하는 바를 밝혀준 간단명료한 언어적 표지이자 계기였다.

예전에는 음모론 신화가 발전하려면 어느 정도 '잠복기'가 필요했다. 혼란을 유발하는 사건(전모가 밝혀지지 않은 암살, 실종, 자연재해 등)이 발생하면, 대부분 입에서 입으로 천천히 전달되면서 음모론이 발전할 수 있었다. 하지만 상황이 매우 빨리 바뀌고 늘 새로운 주제가 등장하기에, 특별히 트라우마를 유발하지 않는 한 대부분 사건은 음모론적 상상계를 거의 끌어내지 못했다. 훌륭한 이야기가 쌓이는 데 필요한 시간이 부족했기 때문이다. 이야기가 전파되는 데 시간이 너무 오래 걸려서 그 이야기에서 거론되는 팩트에 대한 흥미가 유지될 수 없었다. 실제로 음모론적 가설이 전파되는 속도는 그 가설이 전파될 확률과 오래가리라는 기대치에 결정적인 영향을 준다. 따라서 인터넷은 음모론이 급속도로 확산하는 데 중대한 역할을 하는 것이 분명하다.

2010년 1월 12일에 발생한 아이티 지진을 주제로 2010년 1월과 2월 두 달 동안 네티즌들이 구글로 검색한 결과를 살펴보았더니, 두 가지 정보를 보여주는 다음과 같은 그래프가 도출되었다. 굵은 선은 검색어로 '아이티 지진'을 입력해서 검색한 횟수를 나타낸다. 이것을 보면 네티즌들이 이 사건에 관한 정보를 1월 13일부터 대대적으로 검색했음을 알 수 있다. 가는 선을 보면, 네티즌들이 1월 14일부터 지진과 HAARP의 연결고리를 찾기 위해 웹을 뒤지기 시작했음을 확인할 수 있다!

이 그래프로 알 수 있는 또 하나의 사실은 (최소한 프랑스어권) 네티즌들은 아이티 지진에 대해 1월 말 전에 관심이 시들해졌지만, HAARP에 대해서는 2월 말까지 관심이 유지되었다는 것이다. 이러한 음모론적 연결고리에 대한 수요가 처음에는 충족되지 못했지만, 얼마 지나지 않아 앞서 우리가 살펴보았던 공급(특히 메이상의 공급)에 의해 빠르게 충족된 것이 틀림없다.

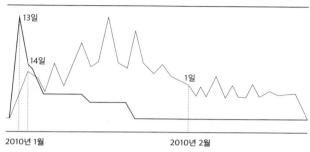

'아이티 지진'과 'HAARP'를 검색어로 실행한 구글 검색 횟수

굵은 선 아이티 지진
가는 선 HAARP

13일

14일

1일

2010년 1월   2010년 2월

　　따라서 신념의 제국이 활성화되려면 정보 전파에 걸리는 시간이 매우 중요하다. 이제는 아이티 지진과 HAARP를 관련 짓는 가설을 웹에서 구할 수 있다. 또한 지진이라는 사건 자체가 사람들의 기억 속에서 금세 옛일이 되어도 여전히 이 가설은 누구나 손만 뻗으면 사용할 수 있게 될 것이다. 이제 우리는 이런 포티언 과정이 어떻게 진행되는지 익히 안다. 포티언 과정 속에서 이 가설은 밀푀유처럼 방대한 논거 전체에 추가되는 또 하나의 논거가 된다. 밀푀유 논거의 각 단계는 따로 떼어놓고 보면 의구심이 들지만, 그 전체 모양만을 응시하는 사람들에게는 참으로 탄탄한 논거처럼 느껴진다.

　　이제 음모론 신화를 부추기는 팩트가 발생하면 단 며칠, 아니 단 몇 시간 만에 음모론이 등장한다. 이렇게 해서 프랑스 정치계 거물 도미니크 스트로스-칸이 연루된 이른바 소피텔 사건도 단 몇 시간 만에 인터넷에 음모론이 등장했다. 모하메드 메라가 저지른 범죄에 대해서도 마찬가지였다. 이는 모하메드 메라라는 젊은 프랑스인이 2012년 3월 툴루즈 유대인 학교에서 총기를 난사하며 학살을 벌이고 군인들을 살해한 참사였다. 그런데 이 사건의 경우에도 (프랑스 경찰특공대 투입이 막 결정된) 3월 23일부터 이 테러가 프랑스 정부의 음모라는 가설을 세운 하나의 완전한 이론이 등장했다.[53] 이뿐만 아니다. 파리 정치대학 시앙스-포의 리샤르 데쿠앙 총장이 2012년 4월 3일 뉴욕에서 사망한 것을 CIA의 음모로 연결 짓는 지독한 이야기는 또 어떠한가? 이 경우 데쿠앙 총장이 프랑스 행정부와 대학에서 고위급 인물이었던 것은 사실이나 일반 대중에게는 크게 알려지지 않은 존재라는 점이 흥미롭다. 그의 낮은 인지도가 음모론이 발달하기에 충분치 못한 요인이었다고 추정할 수 있기 때문이다. 하지만 2012년 4월 29일, 기상천외하긴 하지만 고도로 정밀한 이론이 웹상에 나타났다. 사실은 데쿠앙 총장이 UN에서, 툴루즈 테러 사건이 모하메드 메라가 아니라 CIA와 프랑스중앙정보국의 소행임을 밝히려 했기 때문에 암살된 것이라는 이론이었다![54] 게다가 이것으로 끝이 아니었다. 소피텔 사건 전날

---

53   http://www.nordenstar.com/archive/2012/03/20/toulouse-la-tuerie-qui-sauve-sarkozy.html (이 페이지는 현재 삭제된 상태다.—옮긴이)

54   http://tenfiotenwo.skyrock.com/3086898113-Richard-Desc-ings-L-etrange-mort-subite.html (이 포스트는 삭제된 듯하다. 블로그 자체는 남아 있으나 2013년 이전의 글은 없다.—옮긴이)

도미니크 스트로스-칸을 방문한 젊은 금발 여성이 사실은 데쿠앙 총장의 아내였다는 설명도 있었다. 전체적으로 프리메이슨과 유대계 로비설 등이 곳곳에 묻어 있었다.

평범하게 사고하는 사람은 이런 환상 같은 이야기를 접하면 가장 먼저 경악이나 폭소를 금치 못하면서 읽어내려간다. 하지만 이런 종류의 이야기는 인터넷에 수없이 많다. 따라서 이런 이야기들이 신념을 구성하는 새로운 조건을 부각한다는 결론을 내리게 된다. 그 이유는 다음과 같다. 첫째, 예전 같았으면 인지 시장에 절대 나타날 수 없거나 등장했어도 단명했을 터무니없는 이야기들이 정보의 전파 속도가 빨라지면서 어떻게 오래 존속되는지를 드러내주기 때문이다. 둘째, 신념과 루머, 음모론을 불러일으킬 만한 대상의 범위가 과거보다 넓어졌으며, 그 당연한 결과로 사회적 공간에 스며드는 신념의 비율이 증가했다는 것을 보여주기 때문이다. 셋째, 음모론적 신화는 모든 것을 자양분으로 삼아 현대 인지 시장에서 포티언 상품으로 변하는 경향이 있는데, 그 가지 치기 속성으로 이런 이야기가 계속 늘어나기 때문이다.

모든 종류의 전설적인 이야기는 드러나기까지 숨어 있을 시간이 필요하다. 인터넷 기술은 이런 잠복기를 줄임으로써 정통 미디어가 늘상 버텨내기에는 벅찬 경쟁적 압력을 행사한다. 이러한 상황은 쉽게 믿는 자들의 민주주의가 도래하도록 조장하는 여러 요소 가운데 하나다. 우리는 이런 상황을 보면서 정보 경쟁이 반드시 진실이 표현되도록 촉진하는 것은 아니라는 사실을 알 수 있다. 이제부터 이런 사실에 대해 살펴보도록 하자.

3장

경쟁은 진실을 도모하나
지나치면 진실을 해치는 법

'나는 마이클 잭슨의 숨겨진 아들이자
니콜라 사르코지에게 강간당한 피해자다'

2003년 5월 22일, TF1 채널의 저녁 황금시간대인 8시 뉴스에 자멜Djamel이라는 청년이 출연해 도미니크 보디(프랑스 유명 언론인이자 툴루즈 시장, 유럽의회 의원, 프랑스 방송위원장을 역임한 거물급 인사—옮긴이)에게 맹비난을 퍼붓는 일이 일어났다. 그는 툴루즈 지역 유력 인사들이 벌인 난교파티에 자신이 매춘남성으로 참석했으며, 그곳에서는 아동들을 성폭행하고 심지어 살해하기도 했다고 폭로했다. 때는 이른바 '툴루즈 사태'가 정점으로 치솟던 시기였다. 툴루즈의 전직 시장이 악명 높은 연쇄살인범 파트리스 알레그르 및 다른 유명인사들과 함께 매춘부와 아동이 동원된 난교파티에 빠져서는 이 연쇄살인범을 보호해주었다는 루머가 프랑스 전역에 메아리치듯 울려 퍼지고 있었다.

이에 따라 TF1 편성국은 그날 저녁 한 시간 동안 자멜의 주장을 듣는 시간을 마련하기로 했다. 5월 24일에는 프랑스2 채널 편성국도 그 뒤를 이었다.

이 사건을 실시간으로 경험하지 않은 사람들이 보면 이런 이야기는 도시 부르주아의 권력 남용을 비난하는 내용이 담긴, 도시의 역사만큼이나 오래된 도시 전설임이 명백해 보일 것이다. 하지만 당시 평론가들은 전혀 이런 생각을 하지 않았다. 이런 경우에는 더욱 신중을 기하는 것이 마땅하지만, 공개 전에 최소한의 정보를 조심스럽게 검증하는 대신 프랑스 미디어계 전체가 매우 예외적으로 아무런 직업윤리적 검토 없이 이 사건에 빠져들고 말았다.

이 자멜이라는 이름의 청년이 (오프더레코드로) 자신이 마이클 잭슨의 숨겨진 아들이며, 니콜라 사르코지를 비롯해 고위급 정치인과 쇼비즈니스계 거물 여러 명에게 강간당했다고 주장했다는 사실을 내가 굳이 상기시켜야 할까? 어떻게 이런 주장을 펴는 사람에게 황금시간대에 한 시간이나 발언할 기회를 줄 수 있었던 걸까? 도대체 어떻게 눈이 멀었길래 인터뷰 내용 중에서 가장 거짓말다운 부분을 삭제한 채 방송을 내보낼 수 있었던 걸까? 이 젊은이에 대한 신뢰를 떨어뜨리고 그가 허언증 환자라는 것을 명백히 보여주는 거짓말이었는데 말이다.[1]

보디/알레그르 사건은 프랑스에서 미디어의 일탈을 보여준 교과서적인 케이스다. 매우 복잡하게 얽혀 있는 이 사건은 2000년대 초 루셀이라는 군경찰의 열성에서부터 시작된다. 그는 프랑스의 악명 높은 연쇄살인범 파트리스 알레그르의 범죄 행각이 모두 밝혀지지 않았다고 확신했다. 특히 알레그르의 범죄 기록에 7년간의 '구멍'이 있었기 때문이다. 이 공백기를 근거

---

1   당시 TF1 보도국장 로베르 나미아스의 주장에 따르면, 방송국에서는 자멜의 증언을 신경 써서 조금 삭제했다고 한다. Etchegoin & Aron(2005), p. 263 참조.

로 루셀 준위는 여러 미제 살인·실종 사건이 이 연쇄살인범의 소행일 수도 있다고 믿었다. 그는 소프트웨어를 이용해서 수상한 범죄들과 연쇄살인범의 행적을 연결해보았고, 여러 매춘부의 증언을 바탕으로 자신이 무시무시한 음모를 밝혀냈다고 믿었다. 조만간 프랑스 미디어를 발칵 뒤집어놓을 대단한 음모 말이다.

이 책에서 나는 수년간 이어진 이 사건의 전모를 상세히 언급하지는 않으려 한다.[2] 그래도 우리는 이 음모론이 구성되는 데 수많은 유사 증거와 인지 편향이 작용했다는 사실은 확인할 수 있다. 또한 이 사건에 관한 전직 매춘부들의 폭로 내용이 전부 가짜로 밝혀졌음에도 일각에서는 여전히 '전부 다 반드시 가짜는 아니다'라는 주장을 계속하는 것을 보면, 이 사건에서 포티언 효과가 미치는 영향도 쉽게 발견할 수 있다. 루셀 준위도 2004년 1월에 이런 주장을 폈다! 이 경우에도 자료를 이루는 각각의 요소는 근거가 너무도 빈약했지만, 팩트처럼 보이게 만든 수많은 작품이 주요 고발 내용을 뒷받침했기 때문에 음모론 신화에 동조하는 반응은 여전했다. 툴루즈에는 이 음모를 밝히겠다는 목표를 내걸고 설립된 단체가 있었는데, "아니 땐 굴뚝에 연기 나랴"라는 단체명부터가 많은 것을 시사했다.

포티언 효과 외에도 이 사건과 관련해 충격적인 부분은 미

---

2   이 사건 내용은 Etchegoin & Aron(2005)에 자세히 기술되어 있다.

디어의 처신 방식이다. 이 장을 시작하면서 가장 먼저 이 사건을 언급한 이유이기도 하다. 당시 프랑스 매체 가운데 음모론적 가설, 더 나아가 음모론적 고발 내용과 거리를 유지하는 매체는 거의 없었다. 그 주된 이유는 매체 가운데 어느 곳에서도 신중함을 가지고 그들이 얻은 정보를 진지하게 검증하지 않았기 때문이다. 어떤 사건이 이처럼 중요하거나 일반 여론에 많은 기대를 불러일으킬 때면 기자들은 첨예한 경쟁 상태에 놓이기 때문에, 느낌이나 내면의 확신을 바탕으로 그 내용을 공표해버리고 싶은 유혹을 느낄 수 있다. 그러면서 도박하는 심정으로 진실에 대해 내기를 하기 시작한다. 그 결과 기자도 여느 개인과 마찬가지로 자신의 합리성의 한계 안에 갇힌 채 인지 시장에 있는 오염된 상품의 매력에 언제라도 무릎을 꿇게 된다. 그리고 놀랍거나 스캔들이 될 만한 내용을 폭로하고 싶은 개인의 욕심을 여기에 덧붙인다. 이런 실정은 프랑스2 채널에서 자멜의 인터뷰 녹화를 담당한 플로랑스 부키아의 증언을 통해 알 수 있다. 그의 증언에 따르면, TF1 편집국에 선수를 빼앗겨 난처한 처지에 몰린 프랑스2 윗선에서 자멜의 실물을 방송으로 내보내라는 지시를 내렸다고 한다.[3] 이 기자에게 자멜의 신뢰성에 대해 질문하자, 이 매춘 남성의 주장이 빈약한 것은 알고 있었으나 그렇다고 그가 하는 말 전부가 거짓이라는 증거는 없다는 답변이 돌

---

3   방송 자료 http://www.arretsurimages.net/contenu.php?id=179 참조.

아왔다. 게다가 어떤 증언의 진실 혹은 거짓 요소 문제를 판단하는 것은 기자가 할 일이 아니라는 윗선의 의견을 옹호하기까지 했다!

사실 정보원들 간의 경쟁은 민주주의적 삶을 위해 필수불가결한 조건이다. 하지만 때로 이 경쟁이 과도해지면 그 이면이 드러나고 만다. 경쟁 때문에 정보 검증에 주어지는 시간이 어쩔 수 없이 단축되기 때문이다.[4] 이렇게 검증 시간이 줄어들면 이번에는 기자들이 고정관념, 도시 전설, 인지 편향 등 각종 사고의 함정에 빠질 가능성이 커진다. 하지만 내가 여기서 강조하고 싶은 사실은 따로 있다. 내 주장을 내세우기 위해 채택한 사례들이 고발적인 성격을 띠는 것은 사실이지만, 그렇다고 기자라는 직업군에 책임을 지울 일은 전혀 아니다. 기자들도 같은 상황에서는 우리 대부분과 마찬가지로 반응하기 마련이기 때문이다. 이 문제의 쟁점은 정보 시장의 새로운 조건에 있다. 여기서 정보 전달자들은 널리 알려진 게임이론의 사회적·인지적 함정에 빠져 있다. 이 함정에 대한 실험은 수많은 방식으로 실시되었는데, 세계 곳곳에서 나온 평균적인 결과는 실생활에서 기자들이 느끼는 유혹과 크게 다르지 않다. 이 함정을 가리켜 **죄수의 딜레마**라고 부른다.

---

4   Marchetti(2010)는 주로 이런 경쟁 효과가 과학 저널리즘, 특히 위생 문제에서
     어떻게 나타났는지를 보여준다.

죄수의 딜레마 상황

대중매체의 자유화와 이들 간의 경쟁은 민주주의 사회의 긍정적인 본래 성향이다. 이를 두고 긍정적이라 하는 것은 민주주의자라면 이와 다른 모습을 소망하기 어렵기 때문이다. 이런 성향은 미디어 영역에서 정치권력이 제외된 결과다. 물론 여전히 양측이 지나치게 가까운 관계에 있다고 생각해서 이 문제에 대해 끝없이 논할 수는 있다. 하지만 민주주의 사회의 상황이 독재체제 아래의 상황과 비등하다고는 절대로 진지하게 주장하지 못할 것이다. 이렇게 미디어의 경쟁은 본디 민주적인 것이지만, 그렇다고 해서 이런 경쟁이 역효과를 낳지 않는 건 아니다. 미디어 간의 경쟁이 치열해지면 주로 정보의 보급 속도가 추진력을 얻는데, 이것이 반드시 지식의 보급을 가속화하지는 않는다.

여기서 내가 주장하는 바는 이 같은 경쟁 상황과 그로 인해 촉진된 정보 보급의 시간성, 더 정확히 말하자면 정보 검증 시간의 단축이 오류의 상호화를 유발해 그러한 오류가 상식으로 여겨지게 만든다는 것이다. 달리 표현하자면 어떤 주제의 경우에는 이러한 조건들로 인해 우리의 합리성이 지닌 어두운 면들이 공적 공간을 지배하게 된다는 뜻이다.

정통 미디어(신문, 라디오, TV)는 서로 경쟁 관계에 있음은 물론이거니와 인터넷 미디어의 압력도 점차 많이 견뎌야 한다.

가령 2011년 오랑주/테라페미나에서 실시한 설문조사에 따르면, 응답자의 62퍼센트가 '가장 빨리' 정보를 얻기 위해 디지털 미디어를 사용한다고 대답했다. 같은 해에 에릭손이 실시한 다른 설문조사에서는 미국 스마트폰 사용자의 35퍼센트가 아침에 침대에서 일어나기도 전에 정보를 검색하기 시작한다는 결과가 나왔다…. 이 모든 것이 그저 입증되지 않은 이야기처럼 보일 수도 있지만, 이를 통해 정보를 전달하는 직업을 가진 사람들 모두가 과열 경쟁 상황에 놓여 있다는 사실을 알 수 있다. 이들이 직업적으로 성공하는 열쇠는 정보를 공유하는 속도에 달려 있다. 속도는 늘 이 직업군이 빠질 수 있는 일탈(어떻게 해서든 특종을 찾아내고, 선정주의의 유혹에 넘어가는 등)의 일부였다. 하지만 오늘날 인지 시장이 처한 조건 때문에 이들은 때로 어쩔 수 없이 자신의 최선보다는 최악을 표현해야 한다. 이렇게 해서 미디어들은 죄수의 딜레마와 매우 흡사한 상황에 놓인다.

죄수의 딜레마

죄수의 딜레마는 게임이론의 고전이다. 이는 허구의 상황을 가상한다. 함께 범죄를 저지른 X와 Y 두 사람이 각자 따로 투옥되어 서로 의사소통할 수 없는 처지가 되었다. 두 공범은 각자 판사를 따로 만나기 때문에 상대방이 자백하는지 아니면 침묵을 지키는지 알 수가 없다. X가 Y를 고발하고 Y가 침묵하면 X

는 출옥하고 Y는 10년형을 받는다. 이와 반대 경우에는 이들의 처지가 뒤바뀐다. 두 사람 모두가 자백하고 서로를 고발하면 둘 다 5년형을 받는다. 두 사람 모두가 침묵을 지키면 명백한 증거 부족으로 각자 6개월 징역형에 처해진다.

우리는 두 사람 모두 침묵을 지켜 6개월형만 받는 것이 최상의 결정임을 잘 안다. 하지만 다른 공범이 어떻게 할지 모르는 상황에서는 그가 침묵하기를 기대하면서 그를 고발하고 자신은 풀려나고 싶다는 유혹이 클 수 있다. 이 이야기에서는 X와 Y가 비합리와는 거리가 먼 똑같은 추론을 따르면서 5년형을 받는다! 만약 이들이 서로 협력할 수 있었다면, 분명히 더 유리한 선택을 했을 것이다.

이 딜레마는 최상의 선택이 존재하지만 당사자들이 경쟁 관계에 있어서 서로 협력할 수 없고, 모두 개인적인 최선의 이익을 위해 행동함으로써 결국에는 일종의 집단적 비합리성에 이르는 모든 상황의 원형이 된다.

그렇다면 정보 시장의 경쟁 상황이 어떤 면에서 죄수의 딜레마에 부합하는 것일까? 가령 어느 기자나 편집국이 불확실한 정보를 가지고 있으면, 이들은 경쟁자가 이 정보를 다룰지 다루지 않을지 자문하지 않을 수 없다. 그러면 이들의 추론을 다음과 같은 방식으로 도식화할 수 있다(이는 인쇄 매체의 경우인데, 다른 매체도 같은 방식으로 추론이 이루어지는 것이 틀림없다).

상황 A　이 정보를 우리는 발표하지 않지만 다른 경쟁사들이 발표한다면, 우리 독자들은 자신이 다른 경쟁사의 독자들보다 정보를 적게 얻고 있다거나 심지어는 우리가 정보를 쥐고 알려주지 않는다는 인상을 받을 것이다.

상황 B　이 정보를 우리는 발표하지만 다른 경쟁사들은 발표하지 않는다면, 우리 독자들은 자신이 다른 경쟁사의 독자들보다 정보를 많이 얻고 있으며 다른 경쟁사는 정보를 쥐고 알려주지 않는다는 인상을 받을 것이다.

상황 C　우리와 경쟁사 모두가 이 정보를 발표하면, 우리는 경쟁에 따른 위험부담은 덜지만, 만약 이 정보가 거짓이라면 집단으로 우리 직업의 신뢰를 잃게 된다.

상황 D　우리가 이 정보를 공개하지 않기로 하고 경쟁사들도 마찬가지 결정을 내린다. 그러면 이 정보는 자취를 감추고, 비용도 이득도 존재하지 않게 된다.

이러한 상황들에 대해 여러 지적이 필요하다.

첫째, 이런 여러 상황에 따른 결과는 그 정보가 참이냐 거짓이냐에 따라 달라진다. 가령 상황 A에서 이 정보가 거짓으로 드러나면 이 정보를 공개하지 않기로 한 매체가 유리해진다. 그런데 미디어 간의 경쟁 상황이 죄수의 딜레마에 빠지는 것은 이러한 상황이 매우 드물기 때문이다. 그 이유는 두 가지다. 첫 번째는 정보 보급자들 간의 과열 경쟁이다. 이런 과열 경쟁으로 외로이 자발적으로 정보 보급을 자제하는 쪽의 상황이 위험부담이 매우 커진다. 더군다나 직업군의 대다수가 실수를 저질렀을 경우, 신중한 태도를 견지한 몇 안 되는 미디어를 누가 기억이나 하겠는가? 역으로 정보가 참이라면 이런 신중함이 많은 손가락질을 받을 것이다. 두 번째 이유는 경험으로 봤을 때 불확실한 정보가 공개된 경우 이 정보가 거짓일 때보다 참일 때가 더 많기 때문이다(물론 유명하면서 예외적인 것들도 있다. 특히 툴루즈 사태나 2004년 7월에 제기된 반유대주의 세력의 수도권 고속전철 습격 사건 등이 거짓으로 밝혀졌다). 이에 따라 미디어계 종사자들은 경쟁자에게 특종 기회를 넘기는 위험을 감수하기보다는 언제든 위험부담을 덜 수 있도록 만약을 가정하는 문장을 사용하면서 특종을 노리는 쪽을 선택한다.

둘째, 상황 D는 점점 드물어졌다. 가령 1990년대까지만 해도 프랑스에서는 모든 매체 사이에 묵시적 합의가 있어서, 최소한 정치인의 사생활에 관해서는 경쟁적 압박에 따른 죄수의 딜레마 상황에서 벗어날 수 있었다. 그러나 인터넷이 등장하면서 개인 각자가 인지 시장에 정보를 제공할 수 있게 되었고, 그 결과 이 분야에서도 경쟁적 압박이 증가했다. 이에 따라 가장 미미한 루머조차 인터넷이라는 이 비정통적인 정보 시장에서 모종의 성공을 거두고 나면 정통 미디어에 압력을 가해 묵시적 합의를 깨뜨리고 죄수의 딜레마라는 문제적 상황을 선택하게 만든다….

대통령 부부의 불륜과 코란 소각 사건

2010년 2월 24일, BFM 라디오 방송의 진행자이기도 했던 한 프리랜서 기자가 트윗을 올렸다. 파리의 여러 언론사 편집국에서는 쉬쉬하던 내용을 숨김없이 밝힌 것이다. "좋았어, 비올레-카를라 루머 드디어 트위터 상륙. 이제부터 볼만한 아무 말 퍼즐 대잔치가 시작될 듯!"[5] 온 세상을 떠들썩하게 할 뉴스가 이렇게 해서 단 며칠 만에 수백 개의 트윗에서 언급되기 시작했다. 당시 프랑스 영부인이었던 카를라 브루니가 니콜라 사르코지 대통령과 결별하고 가수인 벵자맹 비올레에게 가면, 사르코지 대통령은 가라테 챔피언 출신 환경부 장관 샹탈 주아노의 품 안에서 위안을 얻을 것이라는 뉴스였다!

정계와 예술계 인사 네 명 사이에 사랑의 작대기가 교차하는 이 기상천외한 코미디 같은 이야기에는 훌륭한 미디어 상품에 필요한 모든 요소가 다 갖추어져 있었다. 다만 이런 이야기를 공식적으로 거론하는 건 정치인의 사생활은 다루지 않는다는 정통 미디어 간의 묵시적 합의를 어기는 일이었다. 동시에 다른 한편으로 이 소식을 거론하는 트윗은 대부분 기자들이 쓴 것이었다. 기자들의 이런 행동이 모순적으로 보이지 않은 이유

5　이 내용은 http://www.arretsurimages.net/contenu.php?id=2813에서 인용한 것이다.

는 SNS가 사적인 매체에 준하는 것으로 여겨지기 때문이다. 이런 특징 덕분에 SNS에서는 ('친구들끼리' 하는 말이므로) 정통 미디어와는 다르게 정보를 처리해도 되는 것이다. 게다가 이 소식은 유머러스하게 다루어졌을 뿐, 대놓고 확실하다고 언급된 경우는 드물었다. 하지만 이렇게 소곤거리는 소리가 끊이지 않더니 얼마 지나지 않아 몇몇 사람이 이 소식을 사이트와 블로그에 올리기 시작했다. 예를 들어 2010년 3월 5일, 칼럼니스트 아르노 샹프르미에-트리가노가 블로그에 다음과 같은 글을 게시했다.

> 돌고 또 도네, 사랑의 열병이. 냄새를 흘리고 또 흘리네, 오늘의 루머가….(미셸 사르두가 부른 〈사랑의 열병〉이라는 노래를 패러디한 문장이다―옮긴이) 바로 새로운 사랑을 찾아 대통령 남편을 버리려 하는 카를라 브루니의 욕망에 관한 루머다. 그렇다면 내가 왜 이런 시답지 않은 소리를 내 블로그에 올리느냐? 우선, 나는 정보를 검증할 수 없으면 그 루머가 여러 언론사 편집국에서 돌고 있는지를 검증하는데, 바로 이번 경우가 그랬다. 따라서 이 루머는 적어도 그 정도로는 취급되어야 한다. 기자들의 관심사이자 논쟁거리로 말이다.

그 후 새로운 트윗이 등장하면서 이 사건은 새로운 국면으로 접어들었다. 바로 조앙 위프나겔의 트윗이 기폭제였다. 조앙 위프나겔은 프랑스의 유력한 언론사인 《리베라시옹》, 《뱅 미뉘트》에서 일했으며 온라인 매거진 《슬레이트》 프랑스판의 편집장이어서, 그의 말은 신뢰할 수 있는 것으로 여겨졌다. 하지만 그가 올린 트윗은 수수께끼처럼 애매했다. 이를 바탕으로 말할 수 있는 최소한의 내용은 '벵자맹 비올레가 바로 그 남자다' 정도뿐이다. 하지만 이것만으로도 어떤(Suchablog.com 같은) 사이트에서는 충분한 상황 증거를 포착할 수 있었고, 2010년 3월 8일부터 이 루머를 매우 명시적으로 거론하기 시작했다. 여기서는 기자들이 이 '중차대한' 뉴스를 공식적으로 언급하지 않는 이유까지 알고 있는 것처럼 설명했다.

많은 언론사가 대통령의 부부관계에 작은 변화가 있으리라는 것을 분명히 알고 있지만, 지방선거 전에는 이 정보를 공개하지 않을 것이다…. 앞으로 카를라 브루니는 토요일 저녁 가요대상 후보에 두 번째로 지명된 가수 벵자맹 비올레와 연인 사이로 불릴 듯하며, 어쩌면 이미 그의 집으로 거처를 옮겼는지도 모른다….

2010년 3월 9일, 《주르날 뒤 디망슈》 인터넷판이 관리하는 한 블로그에 이 사건이 공개적으로 거론된다. 루머가 신뢰성을 보장받는 결정적인 단계를 넘은 것이다. 이 유력 주간지의 종이판에서는 이 루머에 대해 조금도 언급하지 않았지만, 이미 옆질

러진 물이 되어버렸다. 입소문으로 떠도는 이야기에 유력지의 로고만 붙였을 뿐이지만, 이것만으로도 그다음 날부터 세계 여러 나라의 언론이 신뢰를 바탕으로 국제 뉴스로 소개하기에 부족함이 없었다. 《더선》, 《데일리 메일》, 《라나시온》, 《아이리시 인디펜던트》, 《라스탐파》… 수십 개 신문사에서 프랑스 대통령 부부의 불화에 관한 기사를 보도했다. 만약을 가정한 문장을 사용하는 신중함은 이번에도 찾아볼 수 없었으며, 이 뉴스가 《주르날 뒤 디망슈》산하의 한 블로그에 실렸을 뿐 공식적으로 발간되는 종이판과는 무관하다는 설명 또한 어디에도 없었다. 그런 것이 무슨 상관이랴! 이제 사생활 언급을 자제하기로 한 묵시적 합의가 적용되기에는 압박이 너무 심해졌다. 그 결과 죄수의 딜레마 논리가 지배하게 되었다. 누구도 이 따끈따끈하고 먹음직스러운 정보를 외면하는 위험을 감수하고 싶지 않았기 때문이다.

이 별난 뉴스는 결국엔 완전히 가짜 뉴스로 밝혀졌지만, 거의 모든 프랑스 일간지와 라디오, TV에 보도되었다. 물론 이 주제는 대부분 사회적 분석을 동원한 냉소적 시선으로 다루어졌다. 이 사건은 언론 매체들이 지금껏 사생활을 보호받았던 프랑스 정치계가 무슨 이유로 '가십화'(미디어에서 연예계를 취재하듯 정치인 개인과 사생활을 가십거리로 다루는 것을 의미한다—옮긴이)하는지 짚어보는 기회가 되었다.[6] 게다가 이런 현상은 역

6   나도 2010년 4월 11일 프랑스 엥테르 라디오에서 이 주제를 가지고 스테판 파울

사학자인 로버트 자레츠키 휴스턴대학교 교수의 지적처럼 프랑스 국내에만 국한된 문제가 아니다.

루스벨트나 아이젠하워가 아내를 배신하고 부정을 저질렀어도 아무도 관심이 없었다. 존 F. 케네디의 애정 문제가 스캔들이 된 적은 한 번도 없었다. 아버지 부시에 대한 루머도 속 시원히 밝혀진 적이 없다. … 그런데 빌 클린턴 이후 미국의 사정이 이렇게 달라진 데는 인터넷과 폭스뉴스 같은 케이블 채널의 탓이 크다.[7]

야만스러운 경쟁과 그로 인한 협의나 조절의 부재로, 이런 경우에는 전체의 이익을 생각하지 못하게 된다. 이런 상황에서는 정통 미디어조차 그들이 과거에 거부해왔던 주제를 다루어버리고 만다. 정치가 가십화하는 이유는 이런 죄수의 딜레마 상황 안에서 찾아야 한다. 미디어 한 군데에서 어떤 '판매' 주체를 손으로 가리키기만 해도 모두의 시선을 끌기에는 충분하다. 그런데 인터넷이 등장해 인지 상품의 공급에 혁명이 일면서 누구나 그 과정을 시작할 수 있게 되었다. 이제 대형 미디어가 할 수 있는 일이라곤 "물론 루머일 뿐"이라면서 팩트를 보도하는 것밖

리가 진행한 방송에 출연한 바 있다.
7   〈관용주의 대 청교도주의Laxisme contre puritanisme〉,《리베라시옹》, 2011년 5월 18일 자.

에는 없다. 이렇게 악의 고리는 완성되고 말았다.

판사를 대면하는 두 명의 죄수와 마찬가지로, 기자들도 정보의 품질을 위해서는 아무리 먹음직스럽더라도 루머는 인지 시장에 방출하지 않는 편이 낫다는 것을 잘 안다. 전체의 이익에 대해서는 잘 알지만, 이를 그들의 개인적 이익과 더는 양립시키지 못한다. 그렇게 하는 것이 불가능해서는 아니다. 기자나 미디어 가운데 일부는 사안에 따라 상황을 매우 훌륭하게 헤쳐나가서 기어이 펜을 잡지 않고 보도를 자제하기도 한다. 그러나 평균적으로 보면 이들은 죄수의 딜레마라는 함정에 갇혀 있는 셈이다.

또 다른 예를 들어보자. 미국 게인즈빌의 어느 무명 목사 때문에 느닷없이 세계가 들썩이는 일이 벌어졌다. 물론 전 세계 기자들은 그가 하는 말에 세상의 이목을 집중시키는 것이 얼마나 상식 밖의 일인지 모두 잘 알고 있었다. 이 목사가 세계적인 '명성'을 얻은 이유는 단 하나, 이슬람 경전 코란을 소각하겠다고 나섰기 때문이다. 2010년, 테리 존스 목사는 원한다면 누구든 자신에게 코란을 보내어 소각을 요청하라고 알렸다. 그러면 상징적인 의미가 있는 날인 9월 11일 저녁 6시에서 9시 사이에 코란을 소각하겠다고 했다(처음에는 그에게 응답한 사람이 한 손에 꼽힐 정도에 불과했다). 이 목사는 1980년대 말에 독일의 한 기독교 공동체 수장으로 맹위를 떨친 바 있었다. 최근 몇 년간 수많은 금융 관련 불법행위를 저질렀고 박사학위도 부당하게 취득했다. 그는 매우 급진적인 인물로 보였지만, 그가 플로리다 주에 설립한 오순절 공동체 '비둘기 세계원조 센터'라는 교회명에는 그의 호전적인 성격이 드러나 있지 않다. 그는 코란 소각이라는 장차의 위업 달성을 축하하기 위해 페이스북 계정을 만들었는데, 금세 팔로워 수가 1만 1000명을 기록했다. 선동가 기질이 강한 이 목사는 단 몇 분짜리 보도에 '단골'로 등장시키기 좋은 인물이긴 하다. 그렇다고 그를 미국 전역의 TV에 계속 노출해야만 했을까?

통상 신자 30여 명의 지지에만 의지하는 이런 인물을 미디어로 전파하는 행위가 모순덩어리라는 것은 사실 누구나 인식하고 있었다. 그에게는 그 무엇에 대한 대표성도 없었기 때문이다. 하지만 이번에도 수요가 있으리라 예상하고 미디어 한 군데에서 그를 뉴스로 다루자, 모든 경쟁 매체가 그 뒤를 따르고 싶은 유혹에 넘어갔다. 심지어 이 사건 당시 NATO의 아프가니스탄 내 국제안보지원군 사령관이었던 페트레이어스 장군이 공식적으로 테리 존스의 계획을 우려할 정도로 사태가 심각해졌다. 프랑스 매체들도 이런 오염의 법칙에서 예외는 아니었다. 때로는 사회적 분석의 관점을, 때로는 냉소적 태도를 택하면서 이들은 누가 봐도 전혀 재미없는 동시에 잠재적으로 위험할 수 있는 정보를 확산시키는 데 일조했다. 언론사 관점에서 이 정보가 흥미로우려면 이를 부당하게 기사화해야 했던 원인이 되는 결과가 나와야 했다! 그런데 이런 일이 하마터면 일어날 뻔했다. 존스 목사와 그의 공동체에 수많은 협박이 날아들었고, 아프가니스탄에서는 소각 계획에 항의하는 폭력시위가 발생했기 때문이다. 이 시기에 '테리 존스'를 검색어로 설정한 구글 검색 결과를 살펴보면, 놀랍지 않게도 정보에 대한 수요가 가장 많았던 지역은 유럽도 미국도 아닌 세계 최대 이슬람국 인도네시아였음을 확인할 수 있다.

이처럼 존스 목사의 일을 널리 알린 것은 상식을 벗어난 행위였을 뿐만 아니라 책임윤리(행위의 동기만이 아니라 그 결과에도 책임을 지게 해서 행위의 도덕성을 평가하는 윤리설—옮긴이)의 관점에서도 정말로 비난받을 만한 행위였다. 이런 미시적이고 사소한 정보를 전파하는 것이 전체의 이익에 반한다는 사실은 누구나 극명하게 인식하고 있었으나 죄수의 딜레마라는 논리에 대항할 힘이 있는 사람은 거의 없었다. 그 원인이 인터넷이건 케이블 채널의 증가건, 경쟁이 주는 압박감은 정보 전파를 직업으로 삼는 이들이 늘 느껴왔던 유혹을 증폭하는 결과를 낳았다.

테리 존스 사건은 이제 모든 선동가가 부추기는 방법을 믿고 쓸 수 있게 되었음을 보여준다. 그 결과 우리는 경쟁의 격화를 우려하지 않을 수 없게 되었다. 내가 쓴 트윗이 널리 전파되길 바라려면 어떻게 써야 할까? 내 블로그에 어떤 생각을 담은 글을 게시해야 블로그 홍보 효과가 있을까? 내 페이스북 계정의 상태 메시지에 어떤 내용을 올려야 사람들이 내 이야기를 화제로 많이 삼을까? 이로써 우리는 현대 인지 시장을 조직하는 치열한 경쟁이 반드시 절제에 유리하지는 않음을 알 수 있다.

　더군다나 미디어 특유의 딜레마를 주저 없이 이용하는 사람들도 있다. 이들은 자칭 과학이라 주장하는 결과물을 세상에 알리면서도 합리적 검토를 받는 시간은 면제받고 싶어서 미디어를 활용한다. 이런 경우가 바로 질-에릭 세랄리니의 사례다. 수년 전부터 유전자변형 식품의 위험성을 입증하고자 노력한 그는 2012년 9월 19일, 언론을 자신의 연구 결과를 알리는 도구로 제대로 삼아 섬뜩할 만한 광고효과를 누렸다. 이 사건을 찬찬히 되짚어보자. 세랄리니는 철통같은 보안을 유지한 채 GMO, 즉 유전자변형 옥수수의 한 품종인 NK603의 위험성을 증명하기 위한 연구를 쥐를 대상으로 진행했다. 그런데 그는 자신이 발표하는 논문이 동료평가로 재검증을 거쳐 신뢰성을 얻(거나 얻지 못하)게 될 때까지 기다리지 않았다. 그 대신 (규정상 필수적인) 전문가 검증을 그냥 건너뛰겠다는 비밀보장 각서를 받고 기자들에게만 자신의 연구 결과를 알려주었다. 그러니까 기자라는 직업군 전체를 대상으로 죄수의 딜레마를 발동시킨 셈이었다. 협박을 받아들일 것이냐, 아니면 중대한 정보로 소개될 과학 정보를 외면하고 그냥 지나치는 위험을 감수할 것이냐. 기자들 가운데 일부가 이 협박을 받아들이면서, 관련 보도가 연이어 발표되었다. 한 유력 주간지의 1면은 〈GMO는 독약〉이라는 기사가 장식했고, 공공 라디오 전파를 타고 "GMO의 위험성은 이제 의심의 여지가 없다"는 방송이 들려왔다. 물론 이런 보도에서는 만약을 가정한 시제를 쓰지 않았다. 이런 오염은 정치권까지 번져서, 보도가 나온 당일에 여러 정치인이 GMO 금지를 촉구하는 떠들썩한 선언을 하는 일까지 벌어졌다. 이렇게 과욕을 부린 논객들이 조금만 인내심을 발휘했더라면 좋았을 것이다. 전 세계 곳곳에서 과학계가 이 논문에 대해 서둘러 반응을 내놓았기 때문이다. 이들은 이 논문에 의혹을 표명하고 실험절차상의 중대한 결함들을 지적했다(그런데 이 연구자는 과거에도 이미 이런 비판을 받은 전력이 있었다).

이 같은 상황은 모두의 이익에 해가 되는 과정으로 당사자들을 내몬다. 그들도 이런 사실은 인식하고 있지만, 압박을 이기지 못하고 결국 오비디우스의《변신 이야기》속 유명한 구절대로 행동하게 된다. "나는 선을 알고 이를 인정하면서도 악을 저지르려 하는구나."[8] 어떤 팩트가 진짜건 상상의 산물이건, 유일한 결점이라곤 그것이 널리 알릴 만한 팩트가 아닌 것밖에 없을 때가 있다. 이 경우 그런 팩트를 광고해도 거의 아무런 영향이 생기지 않는다. 그러나 정보를 긴급히 전파해서 집단적 공포가 유발되는 경우에는 사정이 완전히 다르다.

---

8   오비디우스,《변신 이야기》7권 20행.

카마르그 해변 방사능 오염 사건

그러므로 사안에 따라서는 심각한 결과를 가져올 수밖에 없는 가짜 정보를 전파하는 데 일조하기 전에 서두르지 않고 여유를 가질 필요가 있다. 2000년 3월에도 바로 이렇게 처신했어야 했다. 당시, 카마르그 해변이 방사능으로 오염되었다는 현지 언론 보도를 중앙 미디어들이 전국적으로 매우 신속하게 이어서 보도하는 일이 벌어졌다.[9] 불안감을 불러일으킨 이 뉴스로 인해 관광업과 쌀 생산자는 막대한 경제적 타격을 받았다. 자녀가 방사능으로 오염된 모래를 삼킬지 모른다는 부모들의 우려는 충분히 이해할 만한 것이었다. 그 즉시 음모론적 상상의 세계가 발동되기 시작해서, 마르쿨 원자력발전소에서 골치 아픈 폐기물을 해변으로 불법 방류했다는 의혹이 일었다.

사실 해변에서 검출된 방사능은 론강에서 흘러와 충적토 형태로 쌓인 검은 모래, 즉 모나자이트(특히 토륨과 우라늄으로 이루어진 방사성 광물)에서 자연 방출된 것이었다. 카마르그 주민들은 에스피게트 해변에서 늘 볼 수 있었던 이 검은 모래를 원래부터 잘 알고 있었으며, 방사능 문제도 과학계에서는 이미 널리 알려져 있던 것이었다. 일찍이 1955년에 앙드레 리비에르가 연구했다는 기록이 프랑스 과학 아카데미의 문서에 남아 있

---

9   이 사례에 대한 자세한 정보는 Charpak & Broch(2002), pp. 18~21 참조.

는 것을 보아도 알 수 있다.[10]

기자들은 일반 대중에게 경각심을 주는 것이 좋다고 생각하고 보도했지만, 그들 가운데 그 누구도 이 지역에 심각한 결과를 초래할 이 정보의 질을 검증하는 시간을 갖지 않았다. TF1 방송이 4월 2일 저녁 8시 뉴스에서 첫 번째 소식으로 "카마르그 해변에서 비정상적인 수치의 방사선이 검출"되었음을 보도한 뒤, 다른 미디어들이 이 정보에 침묵할 수 있으리라고 어찌 상상하겠는가? 경쟁에는 많은 미덕이 있지만 어두운 이면도 있다. 에스피게트 해변에서 검출된 방사선 수치가 국민 건강에 전혀 위험하지 않다는 사실은 전문가라면 누구나 다 안다(단, 이 사건의 위험을 알린 독립적 방사능 정보연구위원회 CRIIRAD처럼 극단적 사전주의 원칙론을 펴는 전투적 활동가만 아니라면 말이다). 비교를 위해 한 가지 사례를 들자면, 파리와 샌프란시스코를 오가는 항공기 승객들은 시간당 5마이크로시버트가 넘을 수도 있는 방사선에 노출된다. 이것은 불행하게도 며칠간 미디어의 표적이 되었던 카마르그 해변에서 검출된 방사선량의 최대치보다 네 배나 높은 수치다.

이 사건은 여러 면에서 유감스럽다. 우선 차후에 있었던 공식 부인 보도가 지나가는 에피소드처럼 다루어진 점이 안타깝

10 http://www.irsn.fr/vf/05_inf/05_inf_1dossiers/05_inf_30_camargue/pdf/NI_
    sables_camargue_juin03.pdf

다. 어떤 지면에서도 커다란 제목의 기사로 나가지 않았으며, 어떤 방송에서도 저녁 주요 뉴스 시간에 첫 번째 소식으로 소개되지 않았다. 이 사건이 유감스러운 또 하나의 이유는, 이렇게 수줍게 공식 부인을 했음에도 이번에는 전문가와 과학계를 희생양으로 삼은 의혹이 고개를 들었기 때문이다. 이에 따라 시민들은 '아무래도 뭔가 숨기는 것이 있다'는 생각을 하게 되었고, 툴루즈 사건 때의 공식에 따라 '아니 땐 굴뚝에 연기 나랴'라는 의심을 품게 되었다. 마지막으로 이 사건이 유감스러운 것은 방사선 피해의 예처럼 어떤 유형의 위험은 사람들 기억에서 유독 잘 지워지지 않기 때문이다. 이것은 입증된 사실이기도 하다.[11] 따라서 이렇게 미디어로부터 봉변을 당하면 일단 진실이 밝혀지더라도 여론의 뇌리에는 늘 불편함이 남는다.

이 마지막 지적에서 생각을 더 일반적으로 확장해보면, 걱정은 미디어가 만들어낸 뛰어난 산물임을 확인할 수 있다. "세상에서 가장 오래된 미디어"[12]인 루머 전문가라면 루머가 다루는 단골 주제가 걱정이라는 것을 잘 안다(슈퍼마켓에 위험한 뱀이나 거미가 있다는 주장, 어린이들이 먹는 사탕에 환각제의 일종인 LSD가 들어 있다는 주장…). 그래서 이른바 '블랙 루머'는 이보다 긍정적인 전설 같은 소문들보다 사회적 삶 속에서 훨씬 더

---

11   Slovic, Fischloff & Lichtenstein(1984), Mulet(1993) 참조.
12   Kapferer(1995).

성행한다. 그 이유는 개인들이 이런 루머를 만들어낼 능력이 없어서가 아니라, 그 자체가 가장 효과적인 이야기(사회 주체들이 가장 잘 기억하고 가장 이야기하고 싶어 하는 이야기)만 살아남는 다윈의 자연선택설 대상이 되기 때문이다. 하나의 신념이 인지 시장에서 어느 정도 성공을 거두려면 적어도 두 가지 기준을 충족해야 한다. 첫째, 어떤 식으로든 그 신념을 지지하는 주체를 끌어들이는 주제를 기반으로 해야 한다. 둘째, 인지 시장에 전대미문의 새로운 정보를 제공해야 한다. 눈길을 사로잡고 '끌어들여 연루시키는' 정보는 그 정보를 청취하는 개인들에게 불길한 예감을 불러일으키는 방법으로 관심을 끄는 경우가 대부분이다. 공포는 신념이나 정보를 전파하는 유일한 동력은 아니지만 효과적인 동인이기는 하다. 만일 기자들에게 나쁜 의도가 없었다면, 상식적으로 보았을 때 아마도 과잉 경쟁에 몰린 그들이 자기 보도를 찾아볼 가능성이 있는 사람들의 기대를 고려했다고 추정할 수 있다. 우리가 이미 오래전부터 알고 있듯, 정시에 도착하는 기차는 누구의 관심도 끌지 못하며 그래서 훌륭한 미디어 상품이 되지 못하는 법이다(이 경우 이런 미디어 상품은 개인들을 끌어들이기는 하지만 새로운 정보를 제공하지는 못하기 때문이다).

잘못된 정보의 가시성을 높여서 눈에 더 잘 띄게 만드는 메커니즘은 여러 요인으로 이루어진다. 하지만 이 메커니즘이 작동하려면, 추론의 오류에 더해 쉽사리 믿으면서 생기는 이념적인 기대가 반드시 결합해야 한다. 그러면 이러한 결합은 구체적으로 어떻게 작동할까? 이를 보여주기 위해 나는 2009년에서 2010년 사이에 뉴스거리가 된 사건들 가운데 이 장에서 살펴본 미디어의 일탈을 잘 보여주는 몇 가지 사례를 분석하고자 한다.

프랑스 텔레콤에서 발생한 '연쇄자살 쓰나미'

2009년과 2010년은 프랑스 텔레콤 직원의 '연쇄자살 쓰나미'가 미디어를 덮친 해였다. 이 사건은 워낙 유명해서 되짚을 필요가 없어 보일 수도 있다. 그러나 이 사건의 시초가 되는 팩트에 대해서는 제대로 알려진 바가 없다. 바로 2006년 CGC(간부직총연맹)-UNSA(전국자율노조연맹)와 SUD(민주단결연대) 노동조합 소속의 한 노조원이 프랑스 텔레콤의 강제 직무 이동 및 스트레스 관측기구를 설립한 사실 말이다. 2년 후인 2008년 2월, 한 기술직 직원이 4개월간의 병가 후 목숨을 끊으면서 이 단체는 회사 직원의 연쇄자살 통계를 내기 시작했다. 이 사건을 다룬 첫 번째 주목할 만한 기사는 《프랑스 수아르》 2009년 5월 19일 자에 실렸다. 그 후 2009년 여름 내내 미디어가 이 뉴스로 과열되기 시작했다. 7월 13일, 같은 회사에서 51세의 간부직 직원 한 명이 스스로 목숨을 끊으며 유서를 남겼다. 유서에 나타난 그의 자살 이유는 거의 분명했다. 회사 생활이 힘들어졌기 때문이었다. 그는 유서에서 "지속적인 비상상황"과 "과잉 업무"를 언급했다. 6월 29일, 생-로의 영업부에서 일하던 또 다른 직원은 직장에서 손목을 긋고 자살했다. 이러한 팩트들은 언론의 관심을 유발하고 이 회사의 사내 분위기와 일련의 자살행위 사이에 모종의 관련이 있다는 추정을 가능하게 했다. 특히 자살 사건 가운데 한 건은 1년 후 '업무상 재해'로 인정받았다. 즉 프랑스 텔레콤 경영진에 의해 발생한 산업재해이므로 법적으로 자살의 일부 책임이 회사 측에 있다는 결론이 나온 것이다. 이런 결정이 내려지기 훨씬 전, 프랑스 텔레콤 내 강제 직무 이동 및 스트레스 관측기구는 다음과 같이 선언한 바 있다. "이제 이 길고 긴 블랙리스트가 회사 내의 끔찍한 상황이 빚어낸 결과가 아니라고 감히 누가 말할 수 있겠는가?"[13]

알랭 라바텔[14]의 지적처럼 이 노조 연합단체는 프랑스 텔레콤 자살 사태가 미디어를 통해 널리 알려지는 데 크게 공헌했다. 안타까운 카마르그 방사능 해변 사건에서 CRIIRAD가 그랬듯, 프랑스 텔레콤 노조 연합도 '내부고발자' 역할을 했다. 이에 따라 여론에 분노의 감정을 불러일으키는 사건을 계속 추적해야 한다는 절박함으로, 수많은 신문과 라디오 및 TV 방송이

13 〈프랑스 텔레콤, 또다시 직원 자살Un nouveau suicide chez France Télécom〉,《르 파리지앵》, 2009년 7월 28일 자 참조.
14 Rabatel(2010).

새로운 자살 사건이 발생하면 놓치지 않고 보도했다. 회사 생활과 거의 관련이 없을 것 같은 자살의 경우에도 예외가 아니었다. 28세의 젊은 남성이 장문의 유서를 남기고 목숨을 끊은 사건이 그랬다. 이 유서에는 비극이 일어난 당일 통화를 시도했던 여자친구와의 관계에 좌절감을 느꼈다는 내용이 담겨 있었다.[15] 하지만 부각된 부분은 프랑스 텔레콤이라는 배경이었다. 물론 이 유서에는 그가 직장생활에서 혼란을 겪고 있다는 내용도 언급되어 있었다. 그는 자신의 상사와 동료들 때문에 "화가 나고" "막막한" 심정이라고 했는데, 그 이유는 자신이 "그들을 필요로 할 때 그들이 응답하지 않기 때문"이라고 했다. 그럼에도 SUD-PTT 노조의 한 대의원은 아랑곳하지 않고 이렇게 의견을 밝혔다. "자살은 포괄적인 문제다. 아마 자살의 원인은 단 하나만이 아니겠지만, 90퍼센트는 직장 문제 때문이다."

이렇게 미디어 보도가 봇물처럼 쏟아지면서 프랑스 텔레콤 직원이 새로 자살할 때마다 사건이 심하게 부각되었다. 그러면서 이 사건 뒤에는 관심이나 비평 정도가 아니라 분노의 대상이 될 만한 무언가가 일어나고 있다는 메시지가 넌지시 전달되었다. 다음의 그래프는 미디어의 관심이 가장 높았던 시기에 발생한 프랑스 텔레콤 직원 자살 건수를 보여준다(2009년에 19건, 2010년에 26건이 발생한 것으로 추산된다).

15   이 사실을 강조한 것은 이 사건 담당 검사 대리였던 소피 브레샹이다.

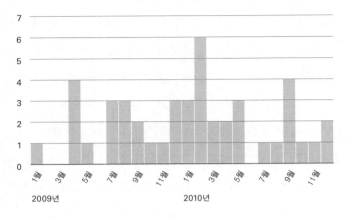

프랑스 텔레콤 직원 자살 건수

그런데 이런 방식으로 사망 건수를 계산하는 것은 석연치 않다. 특히나 자살인 경우는 더욱 그렇다. 미디어의 폭주를 이해하는 데 절대적으로 필요한 경우가 아니었다면, 아마 보통은 이 계산 결과를 그냥 지나쳤을 것이다. 게다가 이 통계는 노조 단체가 직접 산출한 것이고 그래프 수치의 출처도 바로 이 단체다. 그렇다면 미디어에서는 한 회사에서 발생한 '연쇄자살 쓰나미'라는 이 비극적인, 언뜻 봐도 수수께끼 같은 현상을 어떻게 파악했을까? 이 질문의 답을 구하기 위해 나는 유력 중앙 언론사와 지역의 일간지, 주요 주간지와 월간지에 실린 관련 기사 421건을 조사했다.[16]

---

16 *Le Parisien, Challenges, Le Point, France Soir, La Correspondance économique, La Tribune, Le JDD, Le Nouvel Observateur, L'Humanité, Le Figaro, Le Monde, Libération, Les Inrockuptibles, L'Expansion, Enjeux Les*

이 수수께끼 같은 사건의 원인에 대해 인지 시장에서는 세 가지 이론이 경쟁을 벌였다. 이론 1은 경영진에 의한 살해라는 주장이다. 이에 따르면, 프랑스 텔레콤 경영진의 임무는 간부들에게 명예퇴직을 권하거나 이들이 전체 직원에게 수익성과 직무 이동에 대한 압력을 넣도록 '장려'하는 것이었다고 한다. 이러한 압력이 직원들에게 심리적 불안감을 주었고 그 결과 일부 직원은 돌이킬 수 없는 선택에 내몰렸다는 주장이다. 이론 2는 자살을 복합적이고 여러 요인이 작용하는 현상으로 본다. 그래서 직장 내 스트레스가 이들 자살 가운데 일부의 원인일 수는 있지만 이 '연쇄자살 쓰나미'를 설명하기에는 여전히 부분적일 뿐이라고 주장한다. 이론 3은 통계적 관점에서 눈에 띌 만한 팩트가 있다는 주장에 그저 이의를 제기한다. 달리 말해 다른 회사와 비교했을 때 프랑스 텔레콤에서 직원 자살이 더 많이 일어난 것이 아니며, 같은 회사의 10년 전과 비교해도 현재 더 많은 사람이 자살하는 게 아니라는 주장이다.

미디어의 정치적 감수성과 상관없이 이들이 옹호한 이론을 집계해보니 의미심장한 결과가 나왔다. 조사 대상으로 삼은 421건의 기사 가운데 사건 기술에만 초점을 맞추고 특정한 해석을 지지하지 않는 기사 87건을 제외하자, 다음과 같은 결과가 도출되었다.

Échos, Alternatives économiques, Sciences Humaines, 그 외 지역 일간지.

	이론 1	이론 2	이론 3
기사 건수	301(90.1%)	26(7.8%)	7(2.1%)

경영진에 의한 살해설이 전체 기사의 90.1퍼센트(301건)를 차지하면서 인지 시장에서 과점적 지분을 차지한 것으로 나타났다. 이론 2를 내세운 기사는 전체의 7.8퍼센트(26건)로 집계되었다. 주로 사건 초기인 2009년 여름에 많이 등장했는데, 일부 노조원들이 이를 주장하곤 했다. 그러나 9월 중순부터는 사라지기 시작하더니 결국에는 단독원인을 내세우는 이론 1에 묻혀서 완전히 모습을 감추었다. 이론 3의 경우는 2009년 10월 20일 이를 바탕으로 하는 논쟁이 일어났으나 금세 사그라들었다. 아마도 제시된 논거들이 다수파의 해석에 영향을 주지 못한 것으로 보인다. 이는 이 현상에 관한 하나의 분석 요인이다. 하지만 그 전에 먼저, 이 통계 다툼을 초래한 기술적 논거들의 본질을 살펴보도록 하자.

사람들의 뇌리에서 금세 지워진 통계 논쟁

2009년 10월 20일, 국립 통계경제연구소(이하 INSEE) 명예총조사관이자 프랑스 통계학회 회장인 르네 파디외의 기고문이 《라크루아》에 실렸다. 단순명료한 그의 주장을 요약하자면 다음과 같다.

"2007년 경제활동인구(20~60세)의 자살률은 10만 명당 19.6명이다(이 비율은 매년 큰 변동이 없다). 그런데 프랑스 텔레콤에서 19개월간 24건의 자살이 발생한다면, 이는 1년에 15건이 발생하는 셈이다. 프랑스 텔레콤의 직원 수는 대략 10만 명이다. 결론적으로, 프랑스 텔레콤은 다른 회사보다 직원의 자살률이 더 낮다. '연쇄자살 쓰나미' 같은 것은 없다."

같은 날, 흥미롭게도 권위 있는 전문가들이 아닌… INSEE의 4개 노조로부터 이 주장에 대한 맹렬한 반박이 나왔다. 이들은 파디외 회장의 분석이 "악랄하다"고 평했다.[17] 프랑스 텔레콤의 CFE-CGC 노조에서는 "섬뜩한 셈법"이라 비난했다. 그런데 애초에 노조 연합단체인 스트레스 관측기구를 매개로 프랑스 텔레콤 내 자살 통계를 제시한 것이 바로 이 노조라는 사실을 떠올리면 참 짜릿한 느낌이 든다. INSEE 4개 노조의 분석은 부연 설명이 거의 없었지만, 대략 다음과 같이 이해하면 된다.

"프랑스 텔레콤 직원의 자살 건수를 경제활동인구의 자살 건수와 비교하는 것은 타당하지 않다. 경제활동인구의 자살 건수에는 다른 이들보다 자살률이 높은 실업자들의 건이 포함되

---

17   〈프랑스 텔레콤의 자살률을 두고 통계학자들 서로를 저격하며 갑론을박Des stat-
       isticiens s'écharpent sur le taux de suicides à France Télécom〉, 《리베라시옹》, 2009년
       10월 20일 자.

어 있기 때문이다. 오히려 프랑스 텔레콤에서 자살한 직원들에게서는 특이성이 발견된다. 주로 50세 이상 남성이라는 점이다."

이후《리베라시옹》의 기사가 쐐기를 박는다. "프랑스 텔레콤, 통계가 토론을 죽이려 들다"라는 제목의 10월 23일 자 기사에서 뤽 페이옹 기자는 '통계에서 독소를 제거하자'고 주장했다. 그의 논거는 분명했다. 노조들이 제시한 논거를 다시 끌어오면서, 통계 분석을 제대로 잘 하려면 정확하게 직장 문제로 인한 자살에 대한 통계를 바탕으로 해야 한다고 덧붙였다. 그러면서 이런 통계자료가 존재하지 않는다는 사실은 인정하지만, 그 대신 2003년 바스-노르망디에서 실시된 조사 결과를 확대 적용할 수 있다고 주장했다. 이 조사 결과에 따르면 직장 문제로 인한 자살률은 연간 10만 명당 1.6명이었다. 그의 주장에 따르면, 당시 거론되던 프랑스 텔레콤의 자살 사건 25건 가운데 11건의 원인이 직장 문제와 연관되어 있다고 확신할 수 있었다. 따라서 이 회사에서 발생한 직장 문제로 인한 자살률은 연간 10만 명당 6명이 되는 셈이고, 이는 "보통보다 4배 더 높은 수치"라고 결론지었다.

앞서(186쪽) 제시된 표를 보면 알 수 있듯, 이 논쟁에 대한 보도는 거의 이어지지 않았다. 이 주장이 신뢰할 만한 서술적 대안으로 보이지 않았기 때문일 것이다. 미디어들의 관점은 매우 신속하게 수립된 듯하다. 2010년 9월 전파를 탄 프랑스2

방송의 '특파원' 보도가 기점이 되었다. 이 보도에서는 '경영진에 의한 살해'설을 무조건 지지했다. 그러면서 여러 논거 가운데 변화 수용 단계를 과장되게 보여주는 "죽음 수용 곡선"이 제시된 프랑스 텔레콤 내부 경영 문건을 공개했다.[18] 이 문건 속의 '죽음'은 혁신을 위해 기존의 관례와 태도를 포기한다는 암시로 사용된 개념이었지만, 기자들은 '죽음'이라는 의미에 초점을 맞추어 이 문건의 의도 중에 치명적인 무언가가 있다고 믿는 척했다…. 이 보도가 방송된 뒤, 이를 제작한 탐사보도 전문 기자 베르나르 니콜라는 이어진 인터뷰에서 조금도 주저하는 모습을 보이지 않았다. 프랑스 텔레콤 자살 사건의 원인이 무엇인지 아느냐는 질문에, 그는 경영진의 책임이라고 대답했다. 제작자나 그를 인터뷰하는 사람들이나 이 주장을 대체하는 다른 주장에 대해서는 단 한순간도 언급하지 않았다.

경영진에 의한 살해설의 모순점

모든 사람의 머릿속에 경영진에 의한 살해설이 워낙 당연한 사실로 인식되어 있어서, 이 주장에 모순점이 많다는 사실을

---

18   이 문건은 http://www.bakchich.info/에서 2009년 9월 15일에 이미 공개된 바 있다.

직접 확인하거나 감히 확인할 엄두를 낸 사람은 거의 없는 것 같다('악랄하다'는 딱지를 달고 내쳐질까 두려웠던 것이 분명하다). 먼저, 르네 파디외 회장의 분석이 정말로 터무니없는지는 그다지 확실치 않은 것 같다. 그에 대한 격렬한 반응은 파디외를 반박하는 논거의 취약성을 숨기기 위한 것이 틀림없어 보인다. 실제로 뤽 페이용의 '해독제' 논리에는 문제점이 많다.

첫째, 그가 주장한 확대 적용은 관대하게 보아도 너무 대범한 제안이다. 그 자신도 처음에는 이를 인정하는 듯하더니, 뒤이어 신중함을 잃어버리고는 파디외의 분석을 산산조각이라도 낸 듯한 결론을 주장한다. 이 확대 적용이 대범한 이유는 프랑스 전역을 대표한다고 주장할 만한 지역의 조사 결과를 적용한 게 아니기 때문이다. 뿐만 아니라 그 조사 결과는 당시 문제가 된 사건들보다 6년이나 앞선 2003년에 실시해서 얻은 것이다. 둘째, 프랑스 텔레콤 자살 사태의 사회적 가시성에 따라 자살 원인을 직장 문제 때문으로 해석할 수 있는지 없는지가 명백하게 달라지기 때문이다. 게다가 이번 사건과 사회적으로나 미디어 대응 면에서 완전히 다른 환경이지만, 2003년 바스-노르망디에서 직장 문제로 자살한 사람들도 분명 자살 원인을 그렇게 '쉽게' 판명할 수는 없었다. 셋째, 이것이 가장 맹점인데, 양적으로 극히 적은 모집단을 비교 대상으로 삼지 않았다면 이 논리는 그럴싸해 보였을지도 모른다. 사실 페이용이 논거로 삼을 수 있으리라 생각한 연간 격차('보통보다 4배 더 많다')는 10만

명 가운데 4명이 전부다. 이렇게 적은 모집단을 바탕으로 해서는 인과적 결론을 도출할 수 없을 뿐만 아니라 과감하게 어림잡아 말해서는 더욱더 안 된다. 넷째, 프랑수아 바탱[19]이 정확하게 지적한 것처럼, 프랑스 텔레콤 직원의 자살률이 국가 전체 자살률보다 높지 않지만 '업무로 인한 자살'은 더 많다면, 이는 이 회사에서는 '개인적인 사유로 인한' 자살이 상대적으로 적다는 의미다! 이는 무척이나 수수께끼 같은 일이 아닐 수 없다….

진실을 말하자면, 경영진에 의한 살해설은 통계적으로 설명할 수 없을뿐더러 실제로 상관관계를 추론할 수도 없고, 인과관계는 더더욱 도출할 수 없는 주장이다. 역설적이게도 이는 INSEE 노조 측이 자기들에게는 너무 무모해 보였던 르네 파디외의 해석을 비난하는 과정에서 털어놓은 사실이다. 하지만 경영진에게 죄를 물으려면 프랑스 텔레콤의 자살률과 비교할 대상이 있어야 한다. 그런데 소환할 수치가 존재하지 않으므로, 혹은 여하튼 이들이 그 수치를 언급하지 않으므로 과연 무엇과 비교할 수 있을지는 의문스럽다. 어쨌건 이 우울한 사건을 통해 무언가를 말하고 싶은 그들의 욕구 때문에 언론인과 과학자가 지녀야 하는 자질, 즉 필요한 경우 자신의 판단을 유보하는 능력이 오염된 것은 분명해 보인다.[20]

---

19 Vatin(2011).
20 이 내용에 관해, 그리고 자살과 업무 상황의 관계에 관해서 정보가 필요하다면 Vatin(2011, p. 416)을 참조하기 바란다. 이에 따르면 '자살과 업무의 관련성은

자살 문제에 관해 조금이라도 아는 사람이라면 (저명한 사회학자 에밀 뒤르켐이 초기 연구에서 지적했듯)[21] 자살과 스트레스의 관계는 최소한 역설적이며, 반직관적인 경우가 많다는 사실을 잘 알고 있을 것이다. 이에 대해 공공보건 고등연구원의 비비안 코베스 마스페티는 다음과 같이 강조한다.

　　자살은 정신을 강타하는 현상이지만, 스트레스의 총량보다 훨씬 더 복잡한 법칙을 따른다. 사람들의 스트레스 지수가 매우 높은 전쟁 기간에는 자살이 감소했지만 그중 경제 상황이 가장 좋았던 두 유럽 국가 아일랜드와 룩셈부르크에서는 자살이 증가했다.[22]

　　물론 프랑스 텔레콤 직원 중 일부는 스트레스로 고통받은 것이 틀림없어 보인다.《그들은 나를 죽일 뻔했다》[23]를 쓴 뱅상 탈루이의 사례만 살펴보더라도 이 회사에서 적용한 일부 경영 방식이 악랄했음을 충분히 알 수 있다. 이번에는 악랄하다고 표현해도 전혀 과하지 않다. 뱅상 탈루이는 간부급 직원이었는데,

업무의 박탈, 즉 실업과 관련되었을 때 가장 의미심장하다'고 한다.

21　　Durkheim(1930, 2007).
22　　http://www.slate.fr/story/12119/il-ny-pas-de-vague-de-suicides-france-tele-com/
23　　Vincent Talouit & Bernard Nicolas, *Ils ont failli me tuer*, Paris, Flammarion, 2010.

갑자기 언어폭력을 지속적으로 당한 뒤 결국에는 사무실 책상을 빼앗겼고 이직 뒤에는 경비원에 의해 출입을 제지당했다고 한다. 그러나 기업의 세계에 등장하는 일부 경영기법을 부도덕하다고 판단하는 것과 일부 개인이 자신의 생을 마감하겠다는 비극적인 결정을 내린 데에 이런 부도덕한 경영기법이 책임이 있다고 추론하는 것은 완전히 별개의 문제다.

페이옹의 기사 제목을 빌려 말하자면, 반드시 우리가 진행해야 했으나 정말로 '죽임'을 당해서 실제 벌이지 못한 토론이 있다. 바로 이 자살의 '쓰나미'가 객관적인 팩트였는지 아니면 반대로 하나의 신념 행위로 만들어진 것이었는지를 둘러싼 토론 말이다. 이런 토론을 벌이는 것은 몇몇 역겨운 경영기법에 동의하는 것과는 전혀 무관한 일이다. 이런 토론이 '죽임'을 당한 것은 참으로 애석하다. 왜냐하면 이런 토론의 장이 마련되었더라면 합리적인 사고방식을 가진 사람들이 상황을 제대로 인식했을 것이기 때문이다. 그랬다면 이들은 몇몇 수치에 관해서는 판단을 유보해야 하며, 경영진에 의한 살해설을 더욱 무력화하는 다른 팩트들이 있다는 것을 깨달았을 것이다.

그런데 경영진에 의한 살해설에서는 전 세계적인 통신 분야의 자유화 현상을 논거로 내세운다. 통신 시장의 자유화는 과거 국가 소유였던 프랑스 텔레콤을 치열한 경쟁으로 내몰았다. 이런 새로운 상황에 적응하고자 프랑스 텔레콤은 2005년부터 2008년까지 2만 2000개의 일자리를 없애겠다는 목표를 내건

'넥스트 플랜'을 실행하기 시작했다. 자살 사태에 대한 미디어와 비평가들 대부분의 서사에서 이 플랜은 매우 중요한 역할을 한다. 경영진이 설정한 목표를 달성하기 위해 일부 간부가 비열한 방법을 동원하게 만든 것이 바로 이 플랜이라는 주장이다. 만약 넥스트 플랜이 이 자살 사태의 원인이 맞다면, 이 플랜을 실행하기 시작한 시점부터 수치가 변화를 보였어야 한다. 하지만 전혀 그렇지 않았다. 이런 사실은 인터넷 신문《뤼89》에 실린 기사[24]에서 정확히 지적되었지만 거의 주목을 받지 못하고 묻히고 말았다. 이 기사에 실린 놀라운 팩트는 2000년대 초에도 프랑스 텔레콤 직원의 자살률은 비슷한 수준이었다는 것이다. 그저 그 당시에는 누구도 이 자살 문제에 미디어의 관심을 집중시킬 생각을 하지 않았을 뿐이다.

2000년부터 2003년까지 프랑스 텔레콤 직원의 10만 명당 연간 자살률

	2000년	2001년	2002년	2003년
자살률	28	23	29	22

　　내가 기억하기에, 미디어에 "또 자살", "자살의 쓰나미", "연이은 참사" 같은 제목을 단 기사가 수없이 등장하던 시기에도

24　http://eco.rue89.com/2009/10/08/france-telecom-derriere-les-suicides-les-conges-en-fin-de-carriere/

노조들이 추산한 자살 건수는 2009년에 19건, 2010년에 26건이었다…. 자신의 일방적 기준에 따라 억지로 상황을 재단하는 프로크루스테스의 침대처럼 마음대로 해석하면, 뤽 페이옹이 그랬던 것처럼 이 수치가 예상보다 높다고 생각할 수 있다. 하지만 넥스트 플랜이 직원의 자살률에 의미심장한 영향을 미쳤다고 객관적으로 말할 수는 없다.

더군다나 미디어에서 이 사태를 소란스럽게 다루면서부터, 진심이었건 아니었건 프랑스 텔레콤 경영진은 이 '자살 쓰나미'를 억제하기 위해 일련의 조치를 승인하기 시작했다. 먼저 2009년 9월 10일, 조직개편과 관련된 직원들의 이동을 10월 31일까지 잠정중단하기로 발표했다. 9월 28일, 3년 주기의 간부직 정기이동 원칙을 폐기하도록 승인했다. 9월 30일, 경영진이 수치화된 목표에 따른 감원 조치가 종료되었음을 밝혔다. 2010년 5월 25일에는 새로운 경영 방향에 관한 여덟 가지 약속이 발표되었는데, 그중에는 앞으로는 주로 직원들의 지원에 따라 직무 이동을 결정한다는 내용도 포함되어 있었다. 내가 이 강제 직무 이동 개념을 강조하는 이유는 그것이 업무로 인한 자살의 주요 원인으로 지목되었기 때문이다. 심지어 프랑스 텔레콤 '강제 직무 이동 및 스트레스 관측기구'라는 내부고발 관측기구의 단체명만 보아도 이를 원인으로 암시하고 있음을 알 수 있다. 하지만 이렇게 여러 조치를 취한 날짜들을 앞서 제시했던 '프랑스 텔레콤 직원 자살 건수' 그래프(184쪽)에 대입만 해보아도, 프랑스 텔레콤 경영진의 결정이 자살률 감소에 의미심장한 영향을 미치지 않았다는 것을 확인할 수 있다. 다소 추측에 근거한 것이긴 하지만, 일반적으로 우리는 이러한 논쟁 때문에 회사 간부들이 주목을 받았고, 그 결과 이들이 적어도 암묵적으로라도 방법을 순화하라는 명령을 받은 것이 틀림없다고 추정할 수 있다. 그러나 안타깝게도 이 모든 것이 무용지물이었다. 앞으로 살펴보겠지만, 2009년 7월부터 2010년 5월까지 주체의 의지와 뜻이 반영된 자살의 양태적 기간이 나타났기 때문이다.

베르테르 효과와 미디어의 위험

이 사건과 관련해서 거의 검토되지 않은 또 한 가지 팩트가 있다. 바로 미디어의 홍수가 이 자살 사태에 영향을 미쳤을 가능성이다. 우리는 미디어 보도가 자살 건수에 비례하리라고 예상한다. 목숨을 끊으려는 직원 수가 많아질수록 미디어에서는 이런 마음의 병을 많이 반영할 것이라고 말이다. 그러나 다음의 그래프를 보면 실상은 그렇지 않다는 것을 확인할 수 있다. 이 그래프는 분기별로 두 가지 곡선을 동시에 보여준다. 굵은 곡선은 '미디어 보도율'을 나타내는 것으로, 전체 421개 기사 가운데 각 시기에 발표된 기사의 비율을 보여준다. 가는 곡선은 전체 자살 건수 45개 가운데 시기별 자살률을 표시한다.

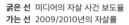

자살률과 미디어 보도율

굵은 선 미디어의 자살 사건 보도율
가는 선 2009/2010년의 자살률

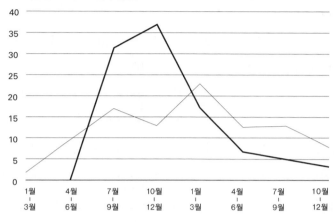

    그래프의 변화를 살펴보면 여러 국면이 나타남을 볼 수 있는데, 특히 처음 세 단계가 흥미로워 보인다. 2009년 1월부터 6월까지에 해당하는 1단계는 언론에서 아직 이 문제에 관심을 가지지 않은 시기로, 미디어가 현상을 포착하는 데 필요한 잠복기에 대응된다. 2009년 7월부터 12월까지에 해당하는 2단계는 미디어 보도가 폭주하는 시기다. 그 뒤를 따르는 3단계(2010년 1월~3월)는 가장 흥미로운 시기다. 이때는 미디어 시장이 포화 상태가 되어 이 현상에 대한 무관심이 나타나기 시작한다. 반면, 마치 그전 단계에 미디어가 정점을 찍은 것에 대한 반향이라도 되는 것처럼 자살률은 이 시기에 최고점에 도달하면서 결정적인 마지막 시기의 밑그림을 그린다. 달리 표현하자면, 미디어 보도의 절정기가 프랑스 텔레콤의 자살 절정기보다 먼저 나타난다는 것이다.

물론 나는 미디어 보도가 자살을 '양성했다'고 말하는 것이 합당하다고 생각하지는 않는다. 하지만 미디어 보도가 집중 효과를 낳았다는 추정은 해볼 만하다고 본다. 보도가 없었다면 아마도 시간을 두고 다르게 분산되어 일어났을 수도 있는 현상의 분출이 가속화했기 때문이다. 이 가설이 그럴 법하게 들리는 것은, 이런 식의 과정이 이미 알려져 있을 뿐만 아니라 이에 대한 논평이 이미 나와 있기 때문이다. 가령 정신과 전문의 샤를 세브리엥의 다음과 같은 지적처럼 말이다.

맞습니다. 전염 효과, 본보기에 의한 조장 효과가 있을 수 있습니다. 미디어로 전파되면 상대적으로 더 불안정한 사람에게 모종의 반향을 불러올 수 있습니다.[25]

이러한 위험성은 WHO가 지정한 세계 자살 예방의 날에도 여러 차례 강조된 바 있다.[26] 이렇게 되면 자살의 사회적 가시

25 〈자살: 개인의 책임인가 집단의 책임인가?Suicide: responsabilité individuelle ou collective?〉,《르피가로》, 2009년 10월 3일 자.
26 http://www.who.int/mediacentre/news/releases/2004/pr61/fr/ 또는 http://www.who.int/mental_health/media/en/626.pdf 참조.

성이 베르테르 효과를 낳을 수 있다. 베르테르 효과는 미국의 사회학자 데이비드 필립스가 괴테의 소설 속에서 자살한 유명한 주인공의 이름을 따서 명명한 현상이다.[27] 이 소설이 출판되자 19세기에 유럽에서는 주인공 베르테르를 따라서 자살이 유행처럼 번졌다고 한다.

모방에 의한 자살 문제는 매우 까다로운 사안이다. 합리적으로 설명이 불가한 전염 과정은 매혹적이기는 하나 설득력이 떨어지고 허술하다. 따라서 이런 과정을 상상하기보다는 프랑스 국민의 12.2퍼센트가 자살을 생각해본 적이 있다는 최근의 조사 결과를 참고하는 것으로도 충분할 것이다.[28] 한 개인과 직접적으로나 상징적으로 관련된 주변 사람들(가령 같은 회사 동료) 중에 하나 혹은 다수의 자살 사건이 발생해서 미디어에 보도되면, 이렇게 자살을 고려해볼 가능성이 생길 수 있다. 또한 다른 상황에서라면 아마도 받아들이지 않았을 절박성을 느끼게 될 수도 있다. 간혹 고려 대상이 되기도 하나 어디까지나 반사실적 세계에 한정되어 있던 행위가 미디어 보도를 통해 가능의 세계로 들어가는 것이다. '다른 사람들도 하는데'라고 느끼면 절망적인 행동에 '정상성'이 부여될 수 있다. 미디어 보도가 이루어지면, 나중에 일어났을 수도 있는 행동이 일어나기 좋은 적

---

27 Phillips(1974).
28 http://www.slate.fr/story/12119/il-ny-pas-de-vague-de-suicides-france-tele-com/

절한 사회적 시간이 마련된다. 그러면 이런 행위의 발생이 집중되는 현상이 일어난다. 이런 현상은 경영진에 의한 살해설이 성공을 거둔 이유를 설명할 때 동원할 수 있는 중요한 팩트 가운데 하나다.

과열 보도의 인지적 기반

이 모든 서술적 모순점에도 불구하고 경영진에 의한 살해설은 인정을 받았다. 그것도 우연히 그런 게 아니다. 이 가설은 '팩트'가 뒷받침하고, 이념적 요소와 인지적 요소가 이중적으로 작용하여 만들어진 것이다.

우선 이 가설에서는 추정되는 스트레스와 자살 사이에 단순한 인과관계가 있다고 주장한다. 원래 인간의 사고방식은 단한 가지 원인만을 내세우는 설명에 불가항력적으로 끌리는 법이다.[29] 그래서 하나의 효과가 생성되는 데 여러 원인이 동시에 작용할 수 있다는 생각을 해내려면 어느 정도 정신적 훈련이 필요하다. 전문가들이 알고 있듯, 자살의 현실을 파악하는 데는 바로 이러한 노력이 필요하다. 이에 대해 정신과 전문의 파트리스 위에르도 다음과 같이 지적했다.

---

29   이 내용을 입증하는 문헌으로는 Fischhoff(1984), Nisbett & Ross(1980) 참조.

우리 앞을 가로막는 커다란 문제(이상기후, 신종플루, 직원들의 자살 등)에 직면할 때마다, 우리는 단순하고 유일한 원인을 규명해서 모든 것을 해결할 치료법을 가능한 한 빨리 실행하는 것이 제일 중요한 것처럼 군다.[30]

한 가지 원인만 내세우는 설명이 인정받을 수 있었던 것은 팩트를 앞세웠기 때문이기도 하다. 그런데 (자살률과 보도율 측면 모두에서) 주관성이 개입된 양태적 기간에 해당하는 2009년 7월에서 2010년 5월 사이에 자살 발생이 집중된 것을 두고 미디어에서는 평범한 일이 아닌 것으로 보도했다. 앞서 우리가 살펴보았듯 이러한 수치를 다룰 때는 신중함이 필요하건만, 평론가들에게서는 신중한 태도를 거의 찾아볼 수 없었다. 이 기간만 따로 떼어놓고 계산하면 11개월간 발생한 자살 건수는 29건이다. 이 비율로 기간을 1년으로 확대하면 자살 건수는 32건에 조금 못 미치는 것으로 계산된다. 따라서 평론가들이 이를 설명하기 위한 시나리오를 상상하게 된 건 그들이 판단하기에 이 수치가 평범한 범위를 벗어났기 때문이다. 하지만 그들이 이를

30　〈자살: 단순주의적 설명의 함정Suicide: le piège des explications simplistes〉,《르몽드》, 2010년 11월 10일 자. 또 다른 정신과 전문의 장-루이 테라 역시 앞에서 본《르피가로》2009년 10월 3일 자 기사 〈자살: 개인의 책임인가 집단의 책임인가?〉에서 다음과 같이 지적한다. "자살의 위험 요인은 약 70가지다. 그 가운데 특히 우울증, 과음, 성격장애가 주요 요인이다. 따라서 프랑스 텔레콤에서 정말로 무슨 일이 벌어졌는지 파악하려면, 사망한 사람들에 대한 모든 기록을 다시 살펴보고 그들의 성격과 강점, 취약점 등을 분석해야 한다."

비범하다고 생각하게 된 이유는 이 자료보다 앞선 시기, 가령 2008년의 상황을 전혀 고려하지 않았기 때문이다. (2008년은 비난의 대상이 된 넥스트 플랜이 종결된 해였는데도) 이 한 해 동안 발생한 프랑스 텔레콤 직원 자살 건수는 12건이었다…. 이를 두고 비비안 코베스 마스페티는 이렇게 설명한다.

프랑스 텔레콤처럼 제한된 규모의 소집단인 경우, 비율이 변동되었다는 해석을 내리려면 사용할 수 있는 자료를 '분산해야' 한다. 즉 여러 해에 걸친 자료를 검토해야만 한다. 왜냐하면 모집단이 이렇게 적으면 한두 경우만 늘거나 줄어도 실제 추세와 달리 비율을 인위적으로 높이거나 낮출 수 있기 때문이다.[31]

모름지기 사회현상은 동일하게 배분되어 나타나지 않는다. 양적으로 발생 횟수가 적을 때에는 특히 더 그렇다. 그래서 양태적 범위에만 주목하게 되면 우연의 발현이 아니라 사건의 발생이라고 금세 확신하게 된다. 마치 '머피의 법칙'처럼 말이다.

사실, 머피의 법칙에 대한 신념은 우연에 대한 잘못된 이미지를 보여준다.[32] 이런 그릇된 이미지 탓에 '연쇄자살'이라는 주장을 의심스러워할 가능성조차 없어졌다. 우리는 우연은 '공정

31   http://www.slate.fr/story/12119/il-ny-pas-de-vague-de-suicides-france-tele-com/
32   이 문제에 관한 나의 탐구 내용은 Bronner(2007) 참조.

하다'고 믿는 경향이 있다. 다시 말해 우연이 여러 현상을 시간 경과에 따라 공평하게 분산한다고 믿는 것이다. 이런 신념 때문에 우리는 어떤 사건들이 간혹 무리 지어 일어나는 것을 보고는 이상하다고 판단한다. 가령 같은 달에 비행기 사고가 여러 차례 발생하면 우리는 이것이 우연이 아니라는 생각을 하게 된다. 이렇게 사건이 동시다발적으로 벌어지면, 우리는 분명히 독립된 것처럼 보이는 사건들이 수수께끼 같은 법칙의 그림자 속에서 막연히 연관되어 있다는 느낌을 받을 수 있다. 만약 이런 비극적인 사건들이 한 해 동안 공평하게 분산되어 일어난다면, 우리는 그것이 더 정상적이라고 생각할 것이다. 이것이 바로 갈퀴 효과라는 이름으로 더 잘 알려진 추론의 오류가 흔히 발현된 모습이다.

갈퀴 효과

미국의 한 대학교수가 대학생 자원자들을 대상으로 실험을 했다. 그는 학생들에게 앞면과 뒷면이 나올 확률이 같은 동전 한 개를 300회 던졌을 때 동전의 앞면과 뒷면이 어떤 식으로 연속될지 상상해서 적어보게 했다. 그 결과, 학생들이 앞면이나 뒷면을 너무 많이 연속해서 배열하는 것을 꺼린다는 사실을 확인했다. 학생들은 무작위적인 생성을 '모방'하고 싶어서 우연으로 기대할 수 있는 것보다 큰 비율로 '짧게 닫힌 열'(즉 '앞뒤'처럼 두 가지가 서로 붙어 있는 배열)을 만들었다.

이런 정신적 현상을 갈퀴 효과라 부른다. 우리의 사고방식은 무작위성을 모방하기 위해, 혼잡하게 쌓인 사건 더미에 정신적 갈퀴질을 하여 현실에서 우연에 의해 유발되는 것보다 규칙적인 배열을 만든다. 이런 갈퀴 효과는 쉽게 규명할 수 있다. 바로 이를 위해 노벨 물리학상 수상자 에드워드 밀스 퍼셀 교수는 매우 단순한 전산 프로그램 두 개를 만들었다.

144개의 단위로 이루어진 행렬에서 첫 번째 프로그램은 가로 좌표축 위에 X개의 점을 무작위로 찍고 세로좌표축 위에는 96개를 찍었다. 그러자 1만 3824개의 점(위치값)이 생겨났다. 그 결과로 하나의 정사각형 범위 안에 우연히 분산된 점들을 확인할 수 있었다. 두 번째 프로그램도 마찬가지로 작동시켰는데, 이번에는 한 가지 요소를 추가했다. 즉 한 개의 점을 선택하면 옆 칸에 있는 점은 바로 다음에 선택하지 못하게 했다. 달리 말하면, 이 프로그램에는 확산 '조항'을 도입해 정상적인 우연의 산물을 왜곡한 것이다. 그런데 이 두 프로그램으로 얻은 결과를 실험 대상자들에게 보여주었더니, 두 번째 프로그램 결과가 더 우연의 결과 같다고 대답한 경우가 대부분이었다!

이번에는 프랑스 수학자이자 정보과학자인 장-폴 들라에가 제시한 사례를 살펴보자. 일 년 365일 가운데 우연히 분산된 날짜 12개를 선택한다. 이 날짜들이 균일하게 분배된다면, 날짜와 날짜 사이의 평균 간격은 30일이 된다. 여기서 질문: 무작위로 10만 번 분배했을 때, 두 날짜 사이의 최소 격차 평균값은 얼마가 될까? 분명 여러분은 옳은 답을 구하려면 직관의 소리를 과소평가해야 한다는 사실을 깨달았을 것이다. 우리의 직관에 영감을 주는 것은 우연의 불균일성에 대한 신념이기 때문이다. 이렇게 10만 번 분배해서 얻은 결과는 2.53일이다(이것은 균일 분배했을 때 생성될 30일과는 매우 차이가 난다). 들라에에 따르면 5분의 4 이상의 확률로 "1년 중 12개 날짜를 선택할 경우 그중 두 날짜가 아주 가까이 붙어서 한 그룹을 형성한다. 만약 이것이 실제 자료였다면 우리 눈에는 이상하게 붙어 있는 것처럼 보였을 것이다. 우리는 이것을 예상치 못한 재결합이라고 잘못 해석하는데, 제비뽑기를 균일하게 독립적으로 반복하면 이런 일은 저절로 생긴다".

프랑스 텔레콤 직원 연쇄자살 사태에 대해 논평한 평론가들은 그저 갈퀴 효과의 희생자였을 뿐이다. 수많은 사례 가운데 "자살 건수 22건: 아무래도 심각한 문제 있는 듯"이라는 제목으로 실린 2009년 9월 10일 자 《리베라시옹》 기사만 봐도 그렇다. 기자들은 이 사태를 합리적으로 분석하려면 여러 해 동안의 자료를 검토해야만 한다는 사실을 깨닫지 못했다.

특히 프랑스 텔레콤 사태가 복잡한 데는 이유가 있다. 미디어 보도 때문에 '베르테르 효과'가 작용해 아마도 단기간에 자살 발생 집중 현상이 가속화되었고, 이렇게 자살이 가속화되니

다시 '갈퀴 효과'의 지배력이 커진 것이다. 이런 폭주 과정은 인지 시장이 포화 상태에 이르러서야 제동이 걸렸다. 즉 일종의 피로감이 나타난 셈이다.

과열 보도의 이념적 기반

연쇄자살론의 전제에는 팩트가 필요했다. 그런데 우연에 대한 잘못된 발상 덕분에 팩트는 손쉽게 모였다. 먼 옛날 괴테가 표현했듯 "이론은 사실의 핵심이다." 경영진에 의한 살해설과 같은 인지적 명제가 이처럼 큰 성공을 거두려면, 이처럼 한 가지 원인만 내세우는 설명에 끌리는 본능적 욕구나 우연에 대한 그릇된 이미지 같은 정신적 자질만으로는 부족하다. 그 이상의 무언가가 필요하다. 즉 이런 정신적 불변요소들이 특정한 사회적 변수들을 만나 성능이 뛰어난 하나의 이야기로 구현될 수 있어야 한다.

이미 수년 전부터 여론은 재계를 시장경제의 부도덕성을 보여주는 예시로 삼을 준비가 되어 있었다. 이 책에서 나는 이런 시각이 정당한지 아닌지는 다루지 않는다. 다만 문제가 많은 연쇄자살론이 인지 시장에서 거의 독점적 지위를 차지할 수 있었던 이유가 바로 이 준비된 이야기 덕분이라는 사실을 강조하고 싶을 뿐이다. 확실히 가장 충격적인 점은 이러한 서사가 각

신문사의 정치적 감수성을 불문하고 모든 지면을 장식했다는 사실이다. 가령 2009년 9월 13일 자《르피가로》에 실린 기사 〈연쇄자살: 팽팽한 긴장 상태에 놓인 프랑스 텔레콤〉을 보자.

이런 혼란은 이동통신 시장의 자유화와 세계화에 따른 결과다. 프랑스 텔레콤이 지금껏 경험한 적 없는 험난한 경쟁 상황에 놓였기 때문이다. 이런 충격파에 적응하기 위해 과거 국가 소유였던 옛 이동통신총국이 주식회사가 되어 증권시장에 상장되고 시장의 법칙을 따르게 되었다. 예전에는 자신의 영역을 홀로 지배했던 독점기업이었으나, 이제는 치열한 경쟁의 한복판에서 가격 전쟁과 마케팅 싸움을 벌이며 점차 원래의 공공서비스 문화에서 멀어지고 있다.

비슷한 종류의 인용문은 얼마든지 찾을 수 있다. 예를 들면《르몽드》는 2010년 4월 10일 자에서 전화위복을 이야기하며 다음과 같은 기사를 실었다.

이 문제를 그동안 너무 오랫동안 지배했던 침묵의 규칙이 이제 무너지고 있다. 20년간 생산성 증대를 위한 치열한 경쟁이 계속되었고 직원들에게 가해지는 압력은 맹목적으로 커져갔다. 이제는 기업의 조직을 근원적으로 진지하게 재고해야 할 때다. 다시 노동을 중심에 두고, 너무 쉽게 잃어버렸던 노동의 의미를 다시 되돌려야 한다.

따라서 여기서 제시된 이야기는 이렇게 정리해볼 수 있다.

앞서 연쇄자살 사태에서 살펴보았듯, 이런 시나리오에는 인지적 장점이 무척 많다. 이 시나리오는 우연에 대한 우리의 잘못된 이미지를 신봉하며, 단일원인주의에 대한 우리의 본능적 욕구를 뒷받침하고, 현대 경제 세계가 우리에게 불러일으킨 잠재적 분노의 감정을 울려 퍼지게 한다. 사회체 안에서 전파된 이 전형적인 이야기는 이렇게 해서 일종의 상징적 보복을 한다. 즉 죄인들이 마침내 현행범으로 체포되는 것이다.

맹인의 왕국에서는 근시가 왕 노릇을 한다

미디어는 기억상실증을 앓는 탓에, 이런 전형적인 이야기가 영원회귀하는 데 도움을 준다. 이미 재발한 기억상실증은 다른 곳에서 직장 내 폭력에 의한 피해가 발생한 경우가 없는지 찾는다(그러면 필연적으로 발견하게 된다). 프랑스 텔레콤 이야기가 미처 끝나기 전인데도, 이야기는 의상을 바꿔 입을 채비가 완료된 듯했다. 이런 모습은 2009년 10월 10일 자《리베라시옹》의 '독자 의견' 발췌문에 잘 드러나 있다.

이제 우체국이 민영화되면 결국 마찬가지로 주주와 미국 연금 기금의 지배를 받게 될 것이다. 그럼 막후에서는 연쇄자살이 일어날 것이 뻔하다. 민영화가 프랑스 텔레콤처럼 되는 것이라면, 민영화는 위험하다!

우체국, 공공 구직센터, 철도공사… 전형적인 연쇄자살 사태 이야기에 끌어들일 만한 후보로 꼽히는 기관들이다. 이 회사들은 모두 업무 방식의 개혁을 강요받는 상태라는 공통된 특징이 있다. 회사 설립 후 처음 겪는 새로운 경쟁에 직면했기 때문일 수도 있고, 여러 부서 간 통합을 앞두고 있기 때문일 수도 있다. 또한 이들 회사는 노조의 세력이 매우 강하다. 이 때문에 일상적인 빈도로 일어나는 사건이더라도 사회적 가시성이 높아져서 마치 정상범위를 벗어난 것처럼 보일 가능성이 커진다. 이 모든 위험 요소가 꾸준히 작용하여 만들어낸 메타내러티브는 현실 속에서 끊이지 않는 자원을 찾아내어 생명을 연장해나간다. 어느 정도 규모가 있는 회사라면 관심을 가지고 들여다보기만 해도 자살 사건이 끊임없이 벌어지는 것을 발견할 수 있다.

직원 10만 명이 일하는 회사라면 이런 비통한 사건이 꾸준히 일어나는 셈이니, 이것만으로도 충분히 화제성을 자극할 수 있다.

미디어의 이런 그릇된 행동을 보고 고작 우리가 알 수 있는 것은 기자와 뉴스 앵커도 다른 이들과 같은 사람이라는 사실이다. 이들도 정신적 환상의 희생자이며, 이념적 쟁점에 오염된다. 하지만 이들의 경우에는 정보를 전달해야 한다는 절박함을 미디어 세계가 강요함으로써 인간의 사고방식이 지닌 이런 일상적인 약점이 증폭된다. 논평하기 전의 잠복시간이 줄어드는 추세 가운데서 추론의 오류와 암암리 고정관념의 지배력은 어쩔 도리 없이 확장된다. 그럼에도 일각에서는 미디어가 이런 연쇄 자살 사태를 너무 늦게 비판했다고 생각한다. 이런 사람들 가운데 한 명이 바로 다니엘 슈네데르만이다. 자칭 뉴스계의 신중한 비평가인 그는 실제로 신중한 비평이 강점이었지만, 이 문제에 관해서는 다음과 같이 써도 된다고 생각한 것 같다.

"그럼에도 불구하고 더 일찍 발견하지 못한 합당한 이유가 아무리 많다 하더라도, 이렇게 시차가 나는 것은 이 거대한 정보전달 기계가 근시안임을 여실히 보여준다."[33]

33   Daniel Schneidermann, 《기자들의 부재L'absence des journalistes》, 《르몽드》, 2009년 9월 22일 자.

갈퀴 효과와 '원자력으로 인한 백혈병'

2012년 초, 대부분 신문과 인터넷 뉴스 사이트가 매우 우려스러운 뉴스로 술렁였다. 원자력발전소 인근에서 생활하는 것이 특히 어린이들에게 위험하다는 과학적 증거가 마침내 나왔기 때문이었다. 대다수 언론은 국립 보건의학연구소의 연구 결과[34]를 인용하며 "프랑스 내 원자력발전소 인근에 소아백혈병이 더 많아" 같은 제목으로 《로이터》 통신문을 상세히 보도했다. 그런데 《리베라시옹》에서 《르푸엥》까지, 과연 그들은 이 연구논문을 직접 읽어보았을까? "이의를 제기하기 어려운 경종이 울렸다"[35]고 단언하는 스위스 일간지 《르탕》이나, "돌아보면 철들면서부터 환경론자"였다면서 "원자력발전소 인근, 소아백혈병 발병률이 2배라는 프랑스 연구 결과 나와"[36]라는 제목을 붙이는 게 합당하다고 여기는 《쉬드 웨스트》의 기자나 말이다. 아마도 읽지 않았을 것이다. 하지만 《인터내셔널 저널 오브 캔서》에 발표된 이 논문은 분량이 그다지 많지도 않아서, 만약 그들이 읽었다면 도저히 위와 같은 결론에 이를 수 없다는 사실을 깨달았을 것이다. 실베스트르 위에[37]가 강조하듯, 이 논문을 통

---

34   http://onlinelibrary.wiley.com/doi/10.1002/ijc.27425/full
35   http://www.letemps.ch/Page/Uuid/d10574b0-3de8-11e1-9623-a69f10b91d92
36   http://maplanete.blogs.sudouest.fr/archive/2012/01/13/nucleaire-double-ment-des-leucemies-infantiles-pres-des-sites.html
37   http://sciences.blogs.liberation.fr/2012/01/13/leucemies-et-centrales-nucle-

해 내릴 수 있는 결론은 오히려 그와 반대다. 1990~2007년 기간에는 원자력발전소 반경 5킬로미터 안에 사는 15세 미만 어린이들에게서 혈액암 과잉 발병이 나타나지 않았다는 것이다. 더욱 놀라운 그 이유로 말할 것 같으면, 이들 발전소에서 방출된 방사선량이 자연 방사선량보다 천 배나 더 약했기 때문이다.

그렇다면 과학 문건이 이렇게 왜곡되는 일이 도대체 왜 일어난 것일까? 이 경우에도 경쟁 때문에 정보 전달이 시급했던 것이 큰 원인이었음이 틀림없다. 이 정보를 널리 중계한 이들 가운데 이 유명한 보고서를 직접 읽은 기자는 극히 드물며, 네티즌 중에서는 더더욱 드물다. 그런데 이 논문을 읽은 사람들조차 이 정보에서 일부만을 채택하는 경향이 있었다. 이런 점에서 그들은 갈퀴 효과의 희생자들이다. 이 보고서가 보여준 내용이자 정보 전파자들이 채택하고자 했던 바는 2002년에서 2007년 사이에 소아백혈병이 '과잉' 발병한 것으로 관찰되었다는 것이다. 그래도 다행히 이 병은 상당히 드물다고 한다. 프랑스 본국에서는 연평균 500건이 발생하고, 따라서 원자력발전소 주변에서 매년 생겨나는 환자는 소수다. 1990~2007년 기간에 발전소 주변에서는 모두 24건의 발병 건이 조사되었기 때문이다.

그런데 이 기간을 임의로 잘라서 구분하면 백혈병이 '지나치게' 많이 발병한 것처럼 보이는 기간을 쉽게 만들어낼 수 있

aires-desinformation-ou-information-/

다. 그러나 어디까지나 이는 갈퀴 효과의 결과로 생긴 정신적 환상이다. 가령 2002~2007년 기간만 떼어서 보면 본국 영토에 있는 원자력발전소 5킬로미터 이내 지역에서 10건의 소아백혈병이 관찰되었다. 다만 이때 잊지 말고 언급해야 할 점이 있다. 이 수치는 1990~2002년 기간에는 같은 지역에서 소아백혈병 발병이 전국 평균보다 적었다는 사실(13년간 단 14건이었다)을 '상쇄(이런 안타까운 표현을 써도 될지 모르겠다)'하는 셈이 된다는 것이다. 여기서는 고려 대상이 되는 발병 횟수가 워낙 적어서, 인지 시장에서 성공적인 결과를 거둔 확대 적용이라는 방법이 큰 의미가 없다. 이번에도 사람들은 갈퀴를 들고 이 현상들을 고르게 정리하고 싶어 하는 것 같다. 매년 똑같은, 혹은 거의 같은 횟수가 측정되는 것이 더 정상적인 일이라고 여기면서 말이다. 이렇게 하면서 우리는 이런 조치들이 매우 적은 인구수를 바탕으로 한다는 사실을 잊어버린다. 또한 표본의 범위가 좁을수록, 동등 분배라는 개념을 적용할 때 큰 격차가 측정될 가능성이 커진다는 사실도 망각한다. 물론 이러한 현상을 많은 관심을 가지고 지켜보는 것은 당연한 일이다. 그러나 그렇다고 해서 의심스러운 정보를 전파하는 데 일조해야 할 의무는 없다. 이제는 아예 규칙이 되어버린 듯하지만, 이런 정보에 대한 반박은 업계와 경제계의 조작으로, 이번 경우에는 '원자력 업계의 로비'로 여겨지곤 한다.

이와 같은 여건이라면 프랑스인이 암과 관련해서 부분적

으로 환상적인 이미지를 가지고 있다는 사실이 놀랍지도 않다. 이런 실태는 2012년에 국립 암연구소와 국립 보건예방교육연구소에서 발표한 연구 결과에 잘 드러난다. 이에 따르면 프랑스 국민의 76퍼센트가 원자력발전소 인근에 살면 발암률이 높아진다고 믿는 것으로 나타났다. 또 다른 근거 없는 우려도 눈에 띄게 증가하고 있는 것으로 확인되었다. 발표된 과학적 데이터와 달리, 기지국 근처에 살면 발암 위험이 증가한다고 믿는 사람들이 2005년에는 49퍼센트였던 반면 2012년에는 무려 69퍼센트나 되었다! 이와 나란히, 진짜로 위험한 술과 담배의 위해성은 완전히 과소평가하는 경향이 나타났다. 심지어 조사 대상자의 64퍼센트는 도시에서 숨을 쉬는 것이 담배를 피우는 것만큼 위험하다고 생각하는 것으로 드러났다.

실상이 이러함에도 불구하고 응답자의 70퍼센트는 자신이 암의 위험에 대해 많은 정보를 가지고 있으며 잘 안다고 생각했다. 하지만 60퍼센트는 의사로부터는 정보를 많이 얻지 못한다고 밝혔다…. 그렇다면 이 경우 그들은 과연 어디에서 정보를 얻는 것일까? 단언하건대, 이 책을 읽는 독자 여러분이 지금까지 읽으면서 너무 많은 부분을 건너뛰지만 않았다면 분명히 이 질문에 대한 답을 알고 있을 것이다.

정보 신뢰도 곡선

과연 고대 마야인이 옳았을까? 세상의 종말은 올 것인가?
2012년 12월까지 뉴스 진행자들이 반쯤 빈정거리는 말투로 즐
겨 던졌던 질문들이다. 그런데 전 세계 미디어와 SNS, 블로그
가 그동안 독일 땅에서 잠들어 있던 '슈퍼 화산'의 존재를 알리
는 뉴스를 퍼뜨리면서 이 사건은 조금 특이한 방향으로 진행되
었다. 이 화산이 곧 깨어나 수십억 톤에 달하는 마그마를 분출
해 유럽 일부를 매몰하고 단번에 세계지도를 바꾸어버릴 것이
라는 뉴스였다. 독일 라인란트팔츠주에 위치한 이 거대한 라허
(분화구에 있는 호수 이름이다) 화산의 면적은 1605제곱킬로미
터에 달한다. 이 화산은 1만 년을 주기로 화산활동을 한다고 알
려졌는데, 새로운 화산 분출이 임박했다는 전문가들의 의견이
한 언론을 통해 보도되면서 민심이 흉흉해졌다. 그런데 전문가
라면 정확히 누구를 말하는가? 지질학자들은 독일에서 특별한
지진 활동이 감지된 바 없다고 했으니 이들은 아니다. 범인은
바로 웃자고 이 장난을 친《데일리 메일》이 만들어낸 가상의 전
문가들이었다. 결국, 이는 변조된 정보가 어떤 통제 당국의 제
재도 받지 않은 채 인지 시장에서 얼마나 빠른 속도로 전파될
수 있는지를 보여준 또 하나의 사례가 되었다.

다시 한번 단호히 말하지만, 이 책에서 소개하는 사례에 기
자들이 자주 언급되는 것은 그들이 다른 사람들보다 덕이 부족

하기 때문이 아니다.[38] 앞선 상태로 다시 돌아가서 막연한 대리인들이 열렬히 환호하는 미디어를 비판한다면, 그것은 내 의도를 이상하게 잘못 이해한 것이다. 이 부분에서 기자들이 자주 등장하는 이유는 바로 그들이 그 어떤 부류의 직업보다 정보의 신뢰성과 경쟁 간의 모호한 관계에 직면한 당사자들이기 때문이다. 사실, 다른 어떤 직업군이라도 이들과 같은 속박 상태에 놓이게 되면 아마 똑같은 일탈을 할 것이다. 게다가 정보를 빨리 전달해야 한다는 절박감에 짓눌리는 직업군은 기자만이 아니다. 과학자들 역시 이런 종류의 속박에서 늘 자유롭지는 않다. 이를 잘 보여주는 사례가 바로 프랑스 바이오기업 인테그라겐의 안타까운 이야기다.

자폐증의 원인을 둘러싼 문제는 많은 논쟁을 낳았다. 오랫동안 이 병의 원인은 심리적이거나 정신분석적인 것으로 여겨졌고, 흔히 어머니로부터의 애정결핍이 비난의 대상이 되었다. 그러나 생물학의 발전 덕분에 이런 주장은 크게 약해졌다. 이 병의 주된 원인이 유전적인 것이라는 이론이 대부분의 전문가들에 의해 정론으로 받아들여졌다.[39] 이런 상황에서 2005년 7월 19일, 최초의 자폐증 진단검사법을 개발했다는 인테그라겐의

---

38 나는 다큐멘터리 〈신新경비견〉(질 발바스트르와 야닉 케르고아트가 연출한 다큐멘터리 영화)의 분석에 전혀 공감하지 않는다. 나는 이 영화가 정작 비난하고자 하는 오류를 크게 넘어서 지적 불성실에 가까운 극심한 추론의 오류에 빠졌다고 생각한다.

39 예를 들면 Jamain, Betancur, Giros, Leboyer, Bourgeron(2003).

발표는 천지를 뒤흔들었다. 이 검사법은 4개의 유전자를 바탕으로 하는데, 그 가운데 PRKCB1 유전자가 자폐증의 원인과 직접 관련되어 있다는 주장이었다. 그러나 이 발표 후 수년이 지나도록 아무런 새로운 연구 결과가 발표되지 않았다. 2005년의 보도자료도 회사 인터넷 사이트에서 사라졌다. 베르트랑 조르당이 강조하듯[40] 모든 정황상 이 발표는 시기상조였던 것으로 보인다.

그렇다면 왜 그렇게 조급하게 서둘렀을까? 그 이유는 인테그라젠이 이른바 바이오 스타트업이기 때문이다. 스타트업은 대개 창업한 지 얼마 안 된 소규모 회사로, '벤처 캐피털'의 투자를 받는다. 따라서 초기에는 많은 돈을 잃기 때문에, 단기간에 입증되는 결과에 집착한다. 스타트업은 이런 잠복시간을 이용해서 연구 결과를 인정받고, 수익성 있는 시장을 창출해주는 분자나 측정기기, 혹은 이 경우처럼 검사법을 만든다. 그러면 스타트업에 돈을 투자한 주주들은 조속한 투자수익을 기대한다. 그래서 스타트업은 미처 결과가 나오지 않은 상황인데도 이를 발표하고 싶은 강한 유혹을 느끼게 된다.

마찬가지 사고방식으로 생각했을 때, 2011년 9월 23일 오페라OPERA 실험팀 소속 물리학자 200명은 과연 중성미자가 빛의 속도보다 빠르다는 발표를 꼭 해야만 했을까? 이 실험은 특

---

40   Jordan(2007).

정 미립자가 유럽입자물리연구소(CERN)에서 이탈리아에 있는 검출기까지 730킬로미터 거리를 날아가는 데 걸리는 시간을 측정하는 것이었다. 그런데 실험 결과, 이 미립자들이 이론적으로 계산했던 예상 '여행' 시간인 3밀리세컨드보다 600억 분의 1초 더 빨리 도착한 것으로 나타났다. 이것은 그냥 소소한 뉴스거리가 아니었다. 만약 사실로 확인되면 아인슈타인의 이론에 바탕을 둔 물리학 전체가 크게 동요할 만한 사건이었다. 어떤 발표에 따른 이론적·실질적 파급 효과가 크면 클수록 그 발표를 할 때 더욱 신중해야 하는 법이다. 그러나 이 경우에는, 물리학계에 혁명을 일으키리라 예상되었던 이 사건이 사실은 그렇지 않다는 것이 몇 달 후에 밝혀졌다. 이 대단한 결과는… GPS가 잘못 연결된 탓에 나온 잘못된 결과였다.

이렇게 사실이 밝혀진 건 이미 이 소식이 지구를 한 바퀴 돌고 난 후였다. 프랑스에서는 《르몽드》가 에르베 모랭의 이름으로 사설을 발표해서[41] 이 사건을 통해 CNRS와 CERN 연구자들이 '훌륭한 교훈'을 주었다고 평가했다. "이 실험에 참여한 물리학자들은 확실성이라는 안락한 일상을 뒤흔드는 결과를 받아들었을 때 그 결과를 내부적으로만 간직했을 수도 있다. 그러나 그들은 정반대되는 행보를 선택했다." 실제로 그랬다. 과학

41 〈과학의 영광스러운 불확실성: 과학적 의심이라는 모범적인 태도Les glorieuses incertitudes de la science: Le doute scientifique, une attitude exemplaire〉, 《르몽드》, 2011년 9월 25일 자.

계 역시 얼마든지 예상 가능한 '죄수의 딜레마'의 영향을 피하지 못하고 정보 신뢰성과 경쟁의 관계에 지배당한다. 더군다나 이 초광속 중성미자에 관한 기사를 가장 먼저 보도한 곳은 인터넷 사이트 ArXiv.org였다. 다른 저널만큼 심의위원회의 심의를 거쳐야 한다는 요구를 받지 않는 매체다.

그러므로 같은 사회적 공간에 소속된 주체들 사이에 엄격한 협정을 맺어야만, 자유화가 진행 중인 다른 인지 시장에서 나타나는 주된 경향을 저지할 수 있다. 지금까지는 과학 시장이 이에 맞서왔으나, 위의 유감스러운 사례가 보여주듯 성벽에 균열이 생기고 있다. 어느 정도의 경쟁이 있으면 정보를 전달해야 한다는 압박도 그만큼 있어서, 정보의 신뢰성에 대한 개연성이 점차 줄어드는 경향을 보인다. 이는 변조된 정보가 대다수를 차지하게 된다는 뜻이 아니라, 이런 정보가 더 쉽게 전파된다는 의미다.

여기서 내가 어느 정도의 경쟁이라고 명확하게 밝힌 데는 이유가 있다. 세계 모든 독재자가 애써 조성하려 하는 인지적 독점이 결코 진실을 장려하는 역할을 하지 않았음은 누구나 알고 있다. 사실, 인지 시장에서는 정보의 신뢰성을 위해 어느 정도의 경쟁이 필요하다. 하지만 이 장의 제목에서도 지적하고 있듯, 경쟁은 진실을 도모하나 지나친 경쟁은 진실을 해친다. 다음 그래프가 이러한 정보의 신뢰성과 경쟁 수준 사이에 유지되는 관계를 도식적으로 간략하게 보여준다.

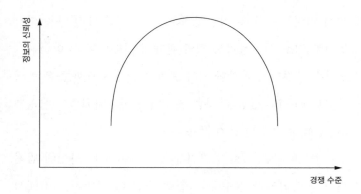

이 그래프를 보고 추측할 수 있듯, 인지 시장에서 벌어지는 경쟁의 수준이 높아지면 정보의 평균적인 신뢰성도 일단 높아진다. 하지만 일정 수준이 되면 신뢰성이 점차 떨어지는 경향을 보인다. 여기에는 두 가지 이유가 있다.

첫째, 경쟁이 주는 압박으로 인해 정보 검증에 소요되는 평균 시간이 줄어들기 때문이다. 특히나 주제가 전문적인 영역일 경우 분석 시간이 많이 필요하기 때문에 더 문제가 된다(주로 환경이나 보건 문제가 여기에 해당한다. 이런 경우, 대중적 공간에서 과학의 정통성이 약화되는 일이 매우 자주 벌어진다).

둘째, 가장 중요한 사항이기도 하지만, 앞서 여러 사례에서도 확인했듯 경쟁으로 인한 압박감 때문에 인간의 사고방식 가운데 가장 명예롭지 못한 성향에 훨씬 쉽게 빠져버리기 때문이다. 이런 성향을 가리켜 기만적 직관이라고 칭할 수 있는데, 이에 대해서는 다음 장에서 자세히 살펴볼 예정이다. 어쨌건 몇몇 근본적인 주제에 대해서는 오류의 상호화가 만연한 것을 목격할 수 있다. 내가 보기에 이런 상호화는 역사 속에서 일어난 돌발적인 사고가 아니다. 중성미자의 속도가 광속보다 빠르다는 설익은 발표에 사람들이 환호를 보낸 것은 그저 우연의 일치가 아니다. 심지어 사람들은 지금껏 세상을 이해하게 해준 지적 프로그램의 변혁을 두려워하지 않았던 이 고결한 과학자들을 다른 직업군도 본받아야 한다고 요구했다. 《르몽드》 사설에서 에르베 모랭은 다음과 같이 주장했다.

"보건 관련 부정 사건, 무능력한 전문가 감정, 부패, 이해 다툼 등으로 몇 년 전부터 일반 대중의 과학자들에 대한 이미지가 퇴색했다. 그런데 현재 물리학자 공동체에서 일어나고 있는 일은 과학적 사고방식의 본모습을 혁혁하게 보여준다."

이렇게 수많은 평론가가 '불신을 표현할 수 있다는 가능성'에 탄복하면서 이를 두고 뿌리 깊이 민주적이라고 평가했다. 그 후에 일어난 일을 생각하면, 이 평론가들은 내가 그들의 의견에 동의한다는 사실에 아마 놀랄 것이다. 물론 이 성급했던 발표가 훌륭하다는 데 동의하는 것이 아니라, 이것이 '뿌리 깊이 민주적'이라는 생각에 동의한다는 말이다. 인류가 현재까지 착안해낸 최고의 정치체제인 민주주의가, 자신의 모습을 드러낼 시간을 기다리던, 다시 말해 자신을 표현할 기술적 여건이 마련되기를 기다리던 악에게 힘을 실어주었기 때문이다.

그러니 이제부터가 문제다.

4장

악의 원형

민주적 위험

잉태기

아나카르시스 클로츠라는 이름으로 더 잘 알려진 장-바티 스트 클로츠는 프랑스에 대한 애정 때문에 너무도 혹독한 대가 를 치른 인물이다. 프랑스의 역사가 미슐레가 '혁명의 백의의 천사'라 불렀던 그는 독일 출신이었지만 프랑스를 자신의 마음 속 조국으로 생각했다. 그는 프랑스혁명의 주동자로 활동하면 서 1792년에 프랑스 국적을 획득하고 프랑스 국민이 되었다. 한동안 '인류의 대변인'을 자처했던 그는 세상을 크게 보는 눈 을 가졌다. 프랑스 대혁명이 영향을 미치는 범위는 보편적이며, 왕이라는 기관이 사라진 빈자리를 메우려면 사회질서를 보증하 는 새로운 조직체를 만드는 것이 시급하다고 생각한 것이다.

이러한 그의 환상 속 정치적 주체가 바로 인민이었다. 그냥 인민이 아니라 대大인민이라고 불러야 할 정도로 아나카르시스 클로츠는 인민에게 역사의 전개상 처음부터 끝까지 주체적 역 할을 부여했다. 그는 이러한 인민을 이끄는 것은 이성이라는 종 교이므로, 새로운 예루살렘이 필요하며 파리가 바로 그런 종교 적 수도가 되어야 한다고 믿었다. 그러나 이런 그의 생각이 로 베스피에르의 심기를 크게 거슬렀다. 얼마 후 이 불쌍한 아나카 르시스는 단두대의 이슬로 사라지고 말았다.

이 흥미로운 인물로부터 역사가 기억해야 할 점은 의심의 여지 없이 그에게는 미래를 내다보는 예지적 재능이 있었다는 사실이다. 그는 사회체제가 개인의 이익을 포기하고 그 체제 안에 갇혀 있으면 전제주의에 매몰될 위험이 있다고 주장하면서 대단한 통찰력을 보여주었다. "자유로운 인민은 모든 것을 보고, 모든 것을 들으며, 어디에나 있고, 절대 잠들지 않는 감시인이다." 그의 이 어록을 보면, (물론 그는 이것을 알 길이 없었지만) 훗날 미래의 기술을 통해 실현될 정치적 명령의 출현을 아무런 두려움 없이 예감한 것처럼 보인다.

그러나 이 '혁명의 백의의 천사'는 예언자보다는 당대의 관찰자로서 자신의 의견을 밝혔다. 인민에 의한 정치권력의 감시라는 그의 상상은 공포정치에 영감을 준 주제 가운데 하나였다. 역사가이자 사회학자인 피에르 로장발롱이 지적하듯[1] 민주주의는 인민을 배신할 가능성이 있는 정치권력의 통제를 위해 다소 형식적인 공간을 늘 마련했다. 이러한 통제는 오늘날로 말하자면 **투명성**에 관련된 규정이라는 형태로 일찍이 등장했다. 스웨덴에서는 1766년부터 안데르스 쉬데니우스 덕분에 어떤 시민이든, 아무리 미미한 것이든 간에 공권력의 행위에 관한 모든 정보를 얻을 수 있다. 쉬데니우스는 스웨덴 법에 투명성의 원칙을 남긴 최초의 인물이다.

마찬가지로 미국에서는 18세기에 미국 헌법 제정에 참여한 제임스 매디슨(제4대 미국 대통령—옮긴이)이 정보를 완벽하

---

1   Rosanvallon (2006).

게 제공받는 여론이 필요하다고 주장했다. 간단히 말해 투명성 이라는 개념은 모두가 정보를 통해 알 권리를 의미한다. 이것은 시민에게 권력을 쥐게 될 자들을 선출하라고 요구하는 정치체 제에서는 부당한 것이 아니다. 이런 관점에서 보면, 공적 가치 로서 투명성의 개념에는 보편주의라는 책무가 담겨 있다. 과연 누가 이 원칙에 반대할 수 있겠는가?

오랜 세월, 이러한 투명성에는 매혹적인 무언가가 담겨 있 었다. 스웨덴처럼 일찍부터 투명성을 보장하는 법 규정을 채택 했던 나라에서도, 정보를 찾으러 가고(오랜 세월 동안 이런저런 기관이나 부처를 직접 찾아가야만 했다) 무한히 많은 정보 더미 에서 손수 정보를 분류해서 적합한 것을 골라내고 마침내 그 내 용을 파악해 분석하는 행위는 평범한 시민이 수락할 수 없는 막 대한 일거리였다. 그러나 잠재적으로 민주주의 역사에 포함되 었던 이 투명성은 이제 우리 시대에 등장해서 인지 시장 혁명 을 통해 실현되고 있다. 하지만 이런 투명성을 가능케 하는 기술 력은 투명성을 합법화하는 일부 법 규정의 비호 아래 되돌릴 수 없을지도 모른다고 우려되는 역효과를 매우 빨리 낳았다. 이렇 게 해서 나타난 역효과는 다음과 같다.

토니 블레어가 저지른 가장 큰 실수

10년간 다우닝가 10번지에 머물렀던 토니 블레어 총리에게 임기 만료를 앞두고 스스로 생각하기에 가장 큰 실수가 무엇이냐고 물었다. 그런데 이 질문에 대한 그의 대답은 놀라웠다. 과연 그는 미국과 함께한 2차 이라크전 참전과 유감스러운 '대량살상무기' 사건을 언급했을까? 전혀 아니다. 그가 생각하는 가장 큰 정치적 실수는 영국에서 정보자유법 FOIA가 채택되도록 하여 2005년에 발효되게 만든 것이었다. 하지만 사실 토니 블레어는 노동당이 1997년에 자기 선거공약에 포함했던 내용을 지켰을 뿐이다. 이렇게 해서 이른바 행정부의 비밀 문화에 종지부가 찍히고 모든 시민에게 모든 공식 문서에 대한 접근권이 주어졌다.

확실히 이 법 덕분에 몇몇 악습이 드러날 수 있었던 것은 사실이다. 하지만 로버트 하젤, 마크 워시, 마크 글로버의 공동 연구 결과에 따르면[2] FOIA 덕분에 얻은 정보를 바탕으로 작성된 신문 기사의 70퍼센트가 결과적으로는 기관들의 신뢰 실추를 유발했다고 한다. 왜냐하면 이런 기사는 일부 행정적인 역작용이나 공적 기반을 부적절하게 사용하는 경우를 신나게 보도하기 때문이다. 이러한 역작용 가운데 가장 터무니없는 사례들

---

2   Hazell, Worthy & Glover(2010).

이 드러나면서 상상력을 강타하면, 모든 계층에서 정치권력에 대한 자연스러운 불신이 강화된다. 하버드대학교 로스쿨의 로렌스 레식 교수도 바로 이러한 메커니즘을 강조한다. 그에 따르면 미국에서는 투명성의 결과, 정치인들 사이에 부패가 만연해 있다는 해묵은 포퓰리스트 사상이 고취되었다고 한다. 특히 강제 공개된 의회 자료를 기술적 수단 덕분에 효과적이면서도 이해하기 쉽게 편집할 수 있게 되면서 이런 현상이 심화되었다고 한다. 레식 교수가 그리는 미래의 모습은 다음과 같다.

> 우리는 국회의원의 행위 하나하나마다 돈의 영향을 받았다고 그럴듯하게 주장할 수 있다. … 그렇다면 의원에게 기부금을 지원하는 행위는 무엇을 의미할까? 기부에 따라 의원의 입장이 달라지는 걸까? 아니면 그가 취하는 입장에 따라 기부가 이루어지는 걸까? … 벌거벗은 듯 모든 것이 들여다보이는 투명성 운동은 이로 인해 수립된 상관관계로 이런 근거 없는 인과관계에 대한 추정을 강화하기만 할 것이다.[3]

레식 교수는 문제점을 훌륭히 지적했다. 앞서 우리가 살펴보았듯, 투명성은 확증 편향을 자극한다. 가령 어느 의심 많은 시민이 특정 산업에 호의적인 한 정치인이 취한 어떤 결정에 의문

---

3 Lawrence Lessig, *Against Transparency*, The New Republic, 2009, pp. 32~33.

을 품었다고 가정해보자. 이런 의혹은 이 정치인이 부패한 인물이라는 암묵적인 가설을 바탕으로 한다. 그러므로 이 시민은 현재 우리의 정치적·기술적 여건 속에서 자신의 의혹을 뒷받침할 수 있는 아주 작은 연결 관계라도 발견하면 그로써 자신의 주장을 쉽게 확증할 수 있다. 가령 이 정치인이 이미 저 기업인을 만난 적이 있다거나, 어느 한쪽의 기술고문이 다른 쪽을 위해 일했던 경험이 있다거나, 저 기업인이 이 정치인의 아내가 주관하는 구호단체에 재정지원을 했다는 등의 관계를 찾아내는 것이다. 이렇게 하면 이른바 오셀로 효과가 금세 나타난다.

오셀로 효과

셰익스피어의 작품 〈오셀로〉의 비극적 결말, 아내를 자기 손으로 목 졸라 죽이는 오셀로의 모습은 누구나 잘 알고 있을 것이다. 그도 처음에는 젊은 아내에게 푹 빠져서 조금도 그녀를 의심하지 않는다. 그런데 배신자 이아고가 오셀로의 머릿속에 의심을, 아내 데스데모나의 불륜에 대한 신념을 주입하려고 든다. 이아고가 그렇게 한 이유에 대해서는 여전히 전문가들의 의견이 분분하지만, 아무튼 이처럼 이아고가 오셀로의 의심 능력을 '부추기는' 것과 비슷한 방식으로, 쉽게 잘 믿는 대중의 마음을 선동하는 자들도 맹목적으로 여론을 향해 작살을 던진다. 그러면 여론은 처음에는 재미있어하면서 이 선동자들의 터무니 없는 결론을 대체로 믿지 않는다. 그러나 많은 경우, 전부 다 거짓일 수는 없다고 받아들이게 된다…. 그러면 우리가 익히 알기 시작한 어떤 문이 열리는 것이다.

스토리텔링 신봉자들이 깨달은 바에 따르면, 본디 서사는 잠재적으로 일어나지 않을 것 같은 결론의 신빙성을 높인다고 한다. 어떤 사람이 그가 처음부터 지지하지는 않았을 결론에 도달하도록 만들고 싶다면, 그에게 끝없이 그런 결론이 나오는 이야기를 들려주어야 한다. 그런 다음, 어울리지 않고 의미가 없어 보일 수 있지만 서술된 이야기로 정확히 통합할 수 있는 팩트들로 이 이야기를 풍성하게 해야 한다.

이런 커뮤니케이션 방식에 관해 마케팅이나 정치적인 측면에서 고찰하기 이전에[4] 이미 인지심리학에서는 '오셀로 효과'의 존재, 혹은 시나리오에 의한 신념의 조작을 지적했다. 마시모 피아텔리 팔마리니[5]는 여러 차례 실험을 통해, 가장 괴상망측한 결론도 시나리오가 붙으면 훨씬 받아들이기 쉬워진다는 사실을 보여주었다. 따라서 시나리오화가 이루어지면 그런 결론에 이를 주관적 확률이 커진다. 피아텔리 팔마리니에 따르면, 핵심은 《시온 장로 의정서》의 저자들이 모든 독자를 정말로 성공적으

---

4   2000년대 들어 그 진가가 평가되기 시작했다. 예를 들면 Simons(2001)가 있다.
5   Piatelli Palmarini(1995).

로 설득했다는 데 있는 것이 아니라 이 끔찍한 픽션을 통해 당시 유럽 전역을 휩쓸던 반유대주의라는 주제가 조직화할 수 있었다는 데 있다. 그전까지만 해도 여기저기 흩어져 있던 모티브에 불과했던 반유대주의에 시나리오(유대인이 세계를 지배하리라는 가상의 의지)가 붙어 구체화한 것이다.

인지심리학자 피아텔리 팔마리니가 진행한 실험에서 개인들은 제시된 이야기의 결론을 곧바로 믿지는 않지만, 이야기 덕분에 그 결론이 더 믿을 만하다고 판단한다. 따라서 투명성이라는 민주적 명령은 비난받아 마땅한 실제 부패 사례와 금융 스캔들을 밝혀내는 것은 물론이고, 객관적 의미 없이도 양탄자를 짜듯 편집증적인 이야기를 뚝딱 만들어내는 연관 관계도 보여준다. 그런데 하나의 스캔들이 세상에 드러나면 얼마나 많은 무의미한 이야기들이 마치 독약처럼 공적 공간에서 퍼져나갈까? 다시 한번 말하지만, 치밀하게 계획된 정치인에 대한 불신은 민주적 공간의 낡은 이념과 같지만, 그 산발적인 주장들이 일단 일관성 있는 이야기로 구성되고 나면 그 이야기에서 기인하는 포퓰리즘적인 책무는 검토할 만한 대상이 된다.

이와 비슷한 논리에 따라, 벨기에 프랑스어권 방송 RTBF에서 2006년 12월 13일에 내보낸 프로그램 〈바이바이 벨기에〉로 인해 어떤 혼란이 일어났는지 다시 떠올려볼 수 있겠다. 이 방송은 네덜란드어권인 플란데런의 일방적인 독립선언과 이에 따른 벨기에의 종말을 묘사한 가짜 다큐멘터리로, 이런 일이 벌

어지면 어떻게 되는지 알리고자 하는 교육적인 목적의 픽션이
었다. 그럼에도 몇 년 후 벨기에는 이 허구의 다큐멘터리가 묘
사한 대로 분리주의의 파탄에 빠지기 직전까지 가는 전대미문
의 정치적 위기를 겪고 말았다. RTBF는 이 방송을 내보내면서
크게 주의를 기울이지 않았다. 오히려 우선은 시청자들이 방송
에서 묘사한 상황을 현실성 있다고 믿게끔 모든 정황이 맞추어
졌다.

그날 저녁 RTBF에서는 프랑스어권인 왈롱 지역과 네덜란
드어권인 플란데런 지역의 긴장 관계에 관한 보도 프로그램 두
편이 방송될 예정이었다. 그런데 저녁 8시 21분, TV 뉴스가 갑
자기 중단되더니 귀를 의심케 하는 뉴스가 나왔다. 더 이상 벨
기에가 존재하지 않는다는 소식이었다. 그러면서 오셸로 효과
를 유발하려 애쓰기 시작했다. 여러 정보가 이 이야기를 믿을
만한 것으로 만들었다. 알베르 2세 국왕이 유럽을 떠나 콩고로
간 것 같다, 두 지역 간 국경이 봉쇄된다는 등의 정보와 함께, 화
면에는 이 정치적 대변동을 승인하는 플란데런 여왕 아스트리
드의 초상화가 그려진 새 우표가 소개되었다. 여러 유력 인사
도 소환되었다. 정치계에서는 헤르만 데 크로 하원 의장, 조제
아파르 왈롱의회 의장, 칼 하인츠 벨기에 독일어공동체 총리가,
미디어계에서는 가수 악셀 레드와 만화가 필립 글뢱이 일반 시
민과 함께 출연했다. 사실 이 방송에는 사람들에게 이것이 속임
수임을 알리는 여러 상황증거가 설정되어 있었다. 가령 방송 첫

멘트부터 "이건 아마도 픽션이 아닌 것 같습니다"로 시작한 프랑수아 드 브리고드 기자는 진행 중에 '픽션'이라는 용어를 빈번하게 사용했다. 게다가 벨기에 분리 뉴스가 발표된 지 5분밖에 지나지 않았건만 화면에는 이미 수많은 군중이 몰려나온 모습이 나왔다. 또한 브뤼셀-수도권 정부가 아토미움(벨기에에서 개최했던 세계박람회를 기념하기 위해 수정 분자를 확대한 모형으로 건설한 기념물—옮긴이)의 10번째 원구(아토미움에는 9개의 원구만 있다) 안으로 도피했다는 설명도 나왔다….

이런 힌트에도 불구하고, 방송 시작 30분 후 RTBF 방송국에는 문의 전화가 쇄도하기 시작했다. 그러자 방송국에서는 "이것은 픽션입니다"라는 자막을 계속 내보냈다. 다음 날 벨기에 전역이 들끓었고, 이 방송은 전 세계로 보도되었다. 이 사건을 통해 우리는 '이것은 픽션'이라는 안내에도 불구하고 많은 사람이 이 픽션을 사실로 믿었음을 알 수 있다. 이 픽션을 시청한 벨기에 국민 50만 명 가운데 3만 명 이상은 RTBF에 문의 전화를 걸어 자세한 내용을 알아봐야겠다고 느꼈다.

이런 결과에 이르게 된 것은 이 픽션이 최악에 대한 묘사를 사실적인 방식으로 무대에 올릴 작정을 했기 때문이다. 당시 벨기에에는 분리주의의 위협이 존재했다. 플란데런 정당들이 왈롱 지역으로 이전된 예산이 지나치게 많다고 항의하는 가운데 연방국가가 가동을 멈춘 상태였다. 플람스 벨랑처럼 그때까지 거의 존재감이 없었던 일부 급진 정당조차 플란데런 지역의 독립을 주장하며 투쟁을 벌이고 있었다. 문제는 교육적 효과를 노렸던 이 픽션이 실제로는 이런 위협을 구현해주었다는 것이다. 그렇다고 해서 이 방송을 제작한 기자와 프로듀서에게 벨기에의 정치 위기를 가져왔다고 비난할 수는 없다. 그들도 자신들이 우려하던 대상을 오셀로 효과 덕분에 매우 일관성 있는 실체로 구체화하게 되리라고는 상상도 하지 못했기 때문이다.

〈바이바이 벨기에〉 방영 후 몇 개월이 지난 2007년 6월 15일에 치러진 벨기에 연방정부 총선으로 벨기에는 위기에 빠졌다. 상당한 상처를 입은 후에야 빠져나올 수 있었던 이 위기는 최악의 시나리오가 실제로 개연성이 있다는 것을 확인하는 계기가 되었다. 게다가 극우 정당 플람스 벨랑은 이 픽션이 방송된 것을 반겼다. "이 보도 덕분에 이제부터는 플란데런과 왈롱의 독립 문제를 자유롭게 논할 수 있게 되었다."[6] 물론 그 후 벨기에는 무사히 살아남았지만, 지금도 여전히 오셀로의 그림자가 드리워져 있다.

민주주의를 이끄는 세 마리 말

매년 《타임》지는 한 해 동안 최고 혹은 최악의 화제를 낳은

---

6   http://fr.wikipedia.org/wiki/Bye_Bye_Belgium 참조.

'올해의 인물'을 선정한다. 그런데 2006년 《타임》지의 표지는 바로 YOU라는 세 글자가 장식했다. 컴퓨터 모니터 위에 이 세 글자가 떴고 그 아래로 "그렇다. 바로 여러분이다. 여러분이 정보의 시대를 통제한다. 여러분의 세계에 온 것을 환영한다"라는 부제가 달렸다.

사실 《타임》의 이런 초대글은 오래전부터 준비되어온 어떤 낙관주의에서 빌려온 표현임을 인정하지 않을 수 없다. 대다수 비평가는 이런 인지 시장 혁명을 '민주주의를 민주화'[7]할 기회로 여긴다. 일부 평론가는 일종의 유아증을 앓고 있던 민주주의가 마침내 성숙한 단계에 도달하리라고 본다.[8] 가령 도미니크 카르동에 따르면 "시민에게 권력을 위임한 것으로 여겨지는 체제 안에서 시민의 유아증에 맞서 싸우는 도구가 바로 인터넷이다. 이런 의미에서 웹은 민주주의의 미래를 구현"[9]한다. 앞으로 살펴보겠지만, 일종의 이념이 표현된 이런 기대에 대해 벤저민 러블릭은 다음과 같이 완벽하게 요약한다.

평등에 대한 엄청난 약속이자 … 특히 검열기관이 존재하지 않는 자유로운 발언의 유토피아, 더 나아가 지속적인 숙의를 바

---

7   Callon, Lascoumes & Barthe(2001), p. 26.
8   이렇게 보는 비평가들이 많지만, 그중에서 두 가지 사례만 들면 다음과 같다. Flichy(2010), LEadbeater & Miller(2004).
9   Cardon(2010), p. 100.

탕으로 한 참여민주주의의 이상형, … 완전한 정치적 유토피아, 가장 순수한 형태의 민주주의가 현재 실현되고 있다.[10]

이러한 '민주주의의 민주화'는 민주주의라는 삼두마차를 이끄는 세 마리 말, 3대 기본 요구사항을 현실화한다.

나에게는 알 권리와 말할 권리, 결정할 권리가 있다.

앞서 우리는 처음 두 요구사항, 즉 알 권리와 말할 권리가 투명성의 원칙과 표현의 자유 원칙에 의해 민주주의의 유전자 속에 어떻게 포함되었는지를 살펴보았다. 특히 표현의 자유는 "사상과 의견의 자유로운 소통은 인간의 가장 소중한 권리 중 하나다. 따라서 모든 시민은 자유롭게 의견을 말하고 글을 쓰고 출판할 수 있다"라고 한 프랑스 인권선언이 천명된 1789년부터 찬양받는 원칙이다. 또한 우리는 이러한 민주주의 원칙들이 어떻게 우리의 현대적 기술에 의해 돌연 구현되어 몇몇 경우에는 지식보다 신념의 지배를 조장하게 되었는지도 살펴보았다.

그런데 세 번째 요구사항인 **결정할 권리** 혹은 더 구체적으로 말해 결정에 참여할 권리는 근본적으로 민주적인 외양을 갖추고 있었음에도, 처음에는 유토피아의 범위 밖에 밀려나 있었

10   Loveluck (2008), p. 150.

다. 오랜 세월 동안 민주주의 사상가들은 이 권리를 행사하는 방법이 시민 각자가 자신의 권한을 대표에게 임시로 위임하는 것이라고 보았다. 그러면 이 대표들 전체가 모여 숙의함으로써 수용 가능한 결정 과정이 얻어진다고 생각했다.

그러나 1960년대부터 참여적 관점에서 민주주의를 이해하면서 이런 시각에 관해 이의가 제기되었다.[11] 여성학자이자 정치학자인 캐럴 페이트먼이나 사회학자인 벤저민 바버 같은 이론가들은 시민 모두가 공적 사안에 뛰어드는 것이 진정한 정치적 자유의 조건이라고 보았다. 결정에 기여할 권리가 모두에게 있다는 이 참여적 민주주의라는 발상은 특히 미국에서 대규모 시위가 벌어지는 가운데 실현되었다(시민권 운동, 베트남 참전 반대 투쟁 등). 이러한 주장들은 금세 출구를 찾아 온갖 장치를 통해 모든 시민이 집단적 결정의 이해 당사자가 될 수 있게 했다. 그 결과 시민은 도시 정비, 공공 예산 운영, 기술혁신 평가 등의 집단적 결정을 내리는 데 참여할 수 있게 되었다. 이렇게 만들어진 장치들로는 예컨대 동 위원회, 공공 포럼, 시민회의, 청문회, 포커스 그룹, 시민 참여 재판, 협의 절차, 강변 거주민 협의회, 참여 예산, 포럼, 합의 회의 등을 꼽을 수 있다.

이런 참여민주주의의 중심을 이루는 아이디어는 두 가지다. 첫째, 공적 결정 과정을 더욱 투명하게 만들 것. 둘째, 시민과 너

---

11   이후 내용은 Girard & Legoff(2010)에 실린 총론에서 영감을 받았다.

무 동떨어진 것으로 판단되는 정치인에게 선거가 없는 기간에도 시민의 소리를 들을 기회를 마련할 것. 프랑스에서는 1980년대에 여론조사의 형태로 이런 기회가 등장했다. 특히 1983년 7월 12일의 부샤르도 법을 통해 여론조사의 민주화가 시도되었다. 결국 참여민주주의란 대중에게 정보를 제공하고 알릴 뿐만 아니라 대중의 제안과 반대를 수렴하는 것이라 하겠다.

그런데 시민의 참여라는 주제는 여론과 전체의 이익이 대립하는 민주주의의 근본적 문제를 다시 전면으로 끌어낸다. 어떤 결정에 모두의 참여를 보장하는 것과 이런 결정에 현명함이 깃들도록 보장하는 것은 실제로 별개의 문제다. 민주주의에서 정치적 결정에 모두가 참여하는 방안을 고려하는 것은 부당하지 않다(궁극적인 경우가 국민투표다). 그러나 원칙적으로는 동의할 만한 이런 협력이 결과적으로는 최악의 재앙이 되지 않으리라는 것을 어떻게 확신할 수 있겠는가?

민중의 소리는 악마의 소리?

참여민주주의가 유발할 수 있는 역효과가 명백한 걸림돌이 되자, 이에 대처하기 위해 참여민주주의는 대부분 숙의민주주의로 옷을 갈아입었다. 숙의민주주의라는 용어는 미국 의회 의원들의 업무를 규정하기 위해 조지프 베세트 교수가 1980년에 제안한 표현에서 탄생했다. 숙의민주주의 옹호론자들의 기본 사상은, 명확한 입장 표명이 가능하도록 충분한 협의가 이루어지지 않는 한, 결정권을 지닌 모임에서 저절로 지혜가 생겨나지는 않는다는 것이다. 반대로 이 모임에서 입장 표명을 목표로 교육과 자유로운 숙의를 보장한다면 이런 지혜를 만날 수 있게 된다. 숙의민주주의 이론에서는 "평등한 시민 사이의 자유로운 공적 숙의 과정이 정치적 정당성의 토대가 된다."[12]

집단적 숙의 과정에는 많은 미덕이 있다고 여겨진다. 즉 이 과정에 힘입어 개인들은 추론 능력을 향상하고 설득에 필요한 최선의 논거를 제시할 수 있게 된다. 동시에 이런 숙의 과정은 공적인 성격을 지니고 있어서, 각 개인이 부적절한 견해를 제시하지 못하도록 억제하는 역할도 한다. 이뿐만 아니라 정보의 유통을 원활하게 하며 의심스럽고 문제가 많은 의견이나 선입견, 오류를 철회하게 한다. 요컨대 공적 숙의 과정을 통하면 관련 정보를 충분히 제공받아 전체의 이익에 부합하는 결정이 나온다고 믿을 만한 것이다. 숙의민주주의에 관한 실험은 때로 대규모로 진행되었다. '공론 조사'라는 숙의민주주의 방식을 설계하고 주장한 제임스 피시킨 교수의 경우도 마찬가지다.[13] 공론 조사란 수백 명의 실험 대상자들을 모아서 어떤 주제에 대해 교

---

12   Girard & Legoff(2010), p. 11.
13   Fishkin(2009).

육한 뒤, 숙의 과정을 거쳐 집단적 의견을 수렴하는 방식을 말한다. 피시킨 교수의 연구에서 영감을 받아 2003년 1월 필라델피아에서는 '국가적 문제에 관한 숙의 대회 표결'이 이루어졌으며, 오늘날에는 전 세계 수백 개 도시가 앞다투어 이 실험에 뛰어들었다. 중심 사상은 언제나 같다. 정치적 토론이 전문가나 정치 엘리트만의 전유물이 되어서는 안 된다는 것이다.

세계 최초로 숙의민주주의 실험을 한 나라는 이른바 '합의 회의'를 조직한 덴마크다. 1985년, 덴마크 기술청은 이 합의 회의의 중심에 전문 지식이 없는 일반 시민 패널을 두자는 제안을 내놓았다. 1987년부터 2002년까지 22회 이상의 합의 회의가 열려 '전자감시', '유전자변형 식품', '농업과 환경' 등 다양한 주제에 관한 논의가 이루어졌다. 다른 여러 나라에서도 이 실험이 시도되었다. 가령 독일은 2001년에 유전자 테스트에 관한 시민 회의를 열었고, 호주는 1999년에 유전자 기술이 먹이사슬에 미치는 영향에 관한 시민 회의를 개최했다.

그런데 숙의민주주의를 위한 이러한 요구와 행동은 여러 문제를 낳는다. 이에 대해서는 앞으로 살펴보겠지만, 이런 요구와 행동이 과학 논쟁에 개입하기를 주장하는 경우에는 최소한 불편하고 피곤해진다. 다시 덴마크의 예를 보면 이런 경우가 합의 회의의 70퍼센트 이상을 차지한다! 전문 지식이 없는 일반 시민은 자신이 제시한 의견이 가능하면 공공정책에 영향을 주기를 원한다. 이들은 유전자변형 식품 문제에 대해 문의하거나 고압전선 건설 시기를 논하며 시민위원회를 통해 공식적으로 의견을 제시하기도 하고, 인터넷 토론 사이트에서 논쟁하기도 하면서 소란하게 갑론을박을 벌인다. 사실 환경이건, 공공보건이건 이런 문제들은 본질적으로 전문 영역에 속한다. 하지만 오늘날 많은 시민은 이런 문제를 결정하겠다는 의지를 지니는 것을 정당하게 생각한다.

그런데 우리 국민이 의견을 제시하고 싶어 하는 전문적인 주제에 대해 이렇게 우려하다 보면, 안타깝게도 과학적인 전문가의 평가에 대한 불신이 점차 심해진다. 그리고 결국에는 유예를 요구하는 상황에 이르는 경우가 잦아진다. 이처럼 인지 시장에 공급 혁명이 일어나고 민주주의적 참여 요구가 부상하기 좋은 시기였던 1990년대 말부터 사전주의 이념précautionnisme(나는 이를 극단적 사전주의 원칙론이라 칭한다)[14]이 발전했다. 이 당시 프랑스를 비롯한 많은 나라에서 바이오테크놀로지에 대한 느낌을 묻는 조사가 연이어 이루어졌는데, 모두 비슷한 결과가 나왔다. 가령 유전자변형 식품의 판매 자유화에 대해 절대다수가 유예를 희망했다. 유럽 전역에서 광범위하게 실시된 조사 결과[15]에 따르면 1990년대 후반에는 유전자변형 식품에 대한 신뢰가 아예 급격하게 떨어진 것으로 나타났다.

---

14   이 내용에 대해서는 Bronner & Géhin(2010) 참조.
15   https://ec.europa.eu/commfrontoffice/publicopinion/archives/ebs/ebs_177_
      en.pdf

국가공론위원회 사무총장 장-프랑수아 베로에 따르면 1990년대 말부터 고압전선 건설 예정 지역에서 공공 협의의 장이 마련되었다.[16] 처음에는(첫 번째 토론은 부트르-카로스에서 열렸다) 미관상의 문제가 쟁점이었으나(어떻게 하면 고압전선이 주변 경관과 조화를 이룰 수 있을까?) 곧 공중보건 문제로 초점이 옮겨졌다. 코탕텡-멘, 리옹-샹베리 지역 간 고압전선이나 플라망빌 전압조정기와 연결된 전선 건설의 경우가 그랬다. 프랑스와 스페인 간 고압전선 건설을 앞두고도 열성적인 사전주의 원칙론자들로 인해 결국에는 양국 정부가 60킬로미터 길이의 전선 매립을 합의하기에 이르렀다. 그 결과 사업 비용은 무려 8배나 증가했다! 그런데 국내외 모든 과학자와 전문가가 강조하는 바에 따르면, 지금까지 알려진 지식으로는 현재 적용되는 표준이 건강상 아무런 문제도 유발하지 않는다고 한다.[17]

바로 이 점이 문제의 핵심이다. 우리는 수많은 주제에 대해 여론과 정통 과학계라 칭할 만한 진영 사이에 이견이 존재함을 목격한다. 이때 여론은 여론조사라는 방식이나 참여민주주의 그리고/혹은 숙의민주주의의 탄원 방식에 의해 수렴된다. 우리는 이런 아연실색할 상황을 즉각 완화하기 위해 동원되는 상대주의적 논거가 어떤 것인지 잘 알고 있다. 과학은 자주 실수를

16   Raoul(2009), pp. 12~13.
17   Perrin(2009).

저지른다, 어제만 해도 대리석에 새겨질 것 같았던 것이 오늘이 되면 거짓이나 의심스러운 것으로 여겨지는 일이 빈번하다는 등의 주장들 말이다. 여기에 덧붙여 극단적 급진파에서는 전문가들이 국민에게 위험한 거짓 내용을 퍼뜨려 모종의 이익을 취할 수도 있는 마당에 도대체 왜 이런 자들이 내린 결론을 복음 말씀처럼 받들어야 하냐고 주장한다. 그런데 이런 주장 속에는 확실히 구별해야 할 두 가지 논거가 숨어 있다. 과학의 착오 가능성이라는 논거와 과학의 부패 가능성이라는 논거다.

먼저, 과학의 부패 가능성부터 살펴보자. 과학자들이 다른 사람들보다 도덕적으로 우월하다고 믿을 이유는 없다. 따라서 과학자들 가운데 부패한 사람을 발견할 수 있다는 것은 세상에서 가장 자연스러운 일이다(만약 아니라면 그것이 오히려 수수께끼다). 정통 과학을 이야기할 때 우리는 흔히 학제별 연구의 국제적 수렴을 언급한다(매우 다행스럽게도 '지구가 평평하지 않다'는 사실처럼 최종적으로 확정되었다고 여겨지는 문제를 제외하면 이 분야에서 만장일치란 존재하지 않는다). 대개 이런 연구 결과에는 세계 곳곳에서 온 수천 명이 관련되어 있다. 이들은 서로 다 아는 사이도 아니며 다양한 나라, 다양한 전공, 다양한 실험실 출신이다. 그런데 이런 개인들이 다 함께 사람들을 속일 음모를 꾸며서 전 세계 공중보건에 해가 될 결과를 위조한다? 이런 상상은 그저 불쾌한, 지어낸 이야기일 뿐이라고 생각해야 상식에 맞다. 게다가 냉소적인 시각으로만 보자면 오히려 유전자변형 식품이건 전자파건 그 위험성을 입증하고 사전주의 원칙론자들의 엉뚱한 주장에 장단을 맞추는 것이 과학자들에게는 이익이다. 그렇게 하면 막대한 대중의 호감을 얻을 수 있기 때문이다. 물론 과학자들 가운데 일부는 이렇게 인기에 편승하는 모험을 시도한 것으로 의심되기도 한다. 하지만 이런 경우, 워낙 견고하지 못한 실험 절차를 바탕으로 해서 나온 결과를 제시하는 탓에 동료평가 과정에서 그 결과가 신뢰를 잃는다. 이때 동료 과학자들이 이를 거부한 것을 두고, 용감하게 경종을 울리려 했던 사람들에 맞서서 과학계와 산업계가 음모를 꾸민 증거라고 해석하면 상황이 복잡해지고 만다!

유전자변형 옥수수 MON863에 제기되었던 여러 의혹을 예로 들자면[18] 가장 많이 거론된 사례가 바로 이 옥수수를 90일간 먹인 쥐에게서 신장 비대증이 나타날 수 있다는 의혹이었다.[19] 하지만 과학계에서 여기에 관심을 가지고 연구를 했더니, 한 가지 이유로 인해 이 결과는 아무 의미도 없다는 사실이 확인되었고 수차례에 걸쳐 공개적으로 발표되었다. 그것은 실험실 쥐로 실험을 하는 사람이라면 누구나 잘 알지만 일반 대중

18 이 외에 유전자변형 감자로 인해 쥐가 입은 피해에 관한 아르파드 푸스타이의 연구 결과도 사례로 들 수 있겠다. 이 연구 결과도 미디어의 주목을 크게 받았는데, 특히 그린피스가 역할을 톡톡히 했다. 반면 푸스타이의 연구와 실험 절차상의 문제를 지적하면서 유전자변형 감자가 위험하지 않다는 것을 입증한 (400여 편에 달하는) 여러 논문과 연구는 미디어에 훨씬 적게 보도되었다.
19 한 예로 Séralini, Cellier & Spiroux de Vendomois(2007) 참조.

은 모르는 한 가지 사실 때문이었다.[20] 실제로 이 실험용 쥐들은 MON863과는 무관하게 전통적으로 신장 이상증상을 앓는다. 그런데 유전자변형 옥수수의 위험성을 입증했다고 여겨진 실험에서, 유전자변형 옥수수 먹이를 먹은 쥐들에게서 관찰된 문제는 대조군 쥐들이 앓는 문제와 성질이 같았다. 모든 점에서 실험용 쥐에게서 일상적으로 관찰되는 이상증상과 일치했고, 통계적으로 의미 있는 차이도 발견되지 않았다. 게다가 생체분자 공학위원회의 의견 발표 후에는 독립된 두 전문가가 보완 검토까지 실시했다. 이들은 새롭게 신장 조직 단면 분석을 시행했다. 그러면서 독성학에서 사용되는 쥐들에게 나타나는 이상증상이 얼마나 일상적이고 빈번한지도 다시 한번 지적했다. 이들역시 MON863 옥수수 섭취와 이런 이상증상 사이에서 통계적으로 아무런 관련성을 도출할 수 없다고 강조했다. 이는 신장 요세관에 미세한 손상이 없는 것으로 확인됨으로써 검증된 결론이다. 일반적으로 이런 손상이 있으면 신독성이 있다는 뜻이다. 생화학, 혈액, 배뇨 측면에서도 아무런 교란이 발견되지 않았다. 이 모든 결과에도 불구하고, 전 세계의 극단적 사전주의 원칙론자들은 여전히 이 실험 결과를 유전자변형 식품의 위험성을 입증하는 증거로, 이 실험 결과에 대한 이견을 과학계가 부패한 증거로 삼고 있다.

20 Kuntz(2007) 참조.

2012년 9월, 질-에릭 세랄리니가 이번에는 NK603 옥수수의 위험성을 입증했다고 주장하는 실험 결과를 미디어에 발표하면서(이는 내가 참으로 완곡하게 표현한 것이다) 다시 한 번 전 세계적으로 화제가 되었다. 과학 논문이 발표되기도 전에 이 실험 내용을 기술한 책이 인쇄에 들어갔고, 일부 주간지에서는 "유전자변형 식품은 독"이라는 제목의 기사를 실었으며, 이런 내용의 다큐멘터리까지 만들어졌다! 세랄리니는 반론자도 없이 TV 스튜디오에 초대되었다. 그도 그럴 것이, 이렇게 연구 결과를 조기에 발표하고 몇몇 미디어가 이를 받아들인 것은 과학계의 허를 찌른 셈이었기 때문이다. 그러나 이 요란스러운 발표 다음 날부터 세계적 과학자들은 다른 아주 많은 연구들과는 반대 결과가 나온 세랄리니의 연구에서 이상한 점을 지적하기 시작했다. 과거 그의 몇몇 연구가 그랬던 것처럼 이번에도 그가 설계한 연구 방식에 문제가 있었기 때문이다. 많은 이들이 이 연구 방법은 강한 편향으로 가득 차 있어서 '중대한 결함을 유발하는 누락'[21]이 생긴다고 여겼다. 가령 통계 절차상에도 결함이 있었으며, 실험용 쥐도 나이가 들면서 종양이 잘 생

---

21 http://www.lemonde.fr/planete/article/2012/09/20/ogm-le-protocole-de-tude-de-m-seralini-presente-des-lacunes-redhibitoires_1762772_3244.html 국제적 차원의 비판 사례는 다음을 보라. https://www.nytimes.com/2012/09/20/business/energy-environment/disputed-study-links-modified-corn-to-greater-health-risks.html 또는 http://www.sciencemediacentre.org/pages/press_releases/12-09-19_gm_maize_rats_tumours.htm

기는 것으로 알려진 종류를 사용했고, 표본의 규모도 충분하지 않았고, 문제가 된 종양의 다른 성장 원인(특히 곰팡이 독으로 알려진 미코톡신의 유무)을 평가할 관련 데이터도 없었다. 몇 주 후 2012년 10월 4일, 유럽 식품안전청 EFSA가 보도자료를 통해 단호한 의견을 내놓았다. "확인된 결함으로 인해 EFSA는 현재로서는 논문의 결론이 과학적으로 유효하다고 판단할 수 없다." 그러자 이 신중한 불신 표명이 사람들에게 과연 어떤 반향을 불러왔을까? 그 답은 이미 질문 속에 포함되어 있다. 이것을 보면 귀가 얇아 쉽게 믿는 사람들의 민주주의를 꽃피우는 과정이 얼마나 두려울 만큼 효과적인지 알 수 있다.

한편 투명성 덕분에 정치인의 경우와 마찬가지로 과학계와 산업계, 그리고 모든 종류의 결정권자들을 얽매는 유대관계가 얼마나 복잡한지 원하는 사람은 누구나 알 수 있게 되었다. 이런 여건이라면 사람들은 이번에도 손쉽게 '베일을 벗긴' 유대관계를 무대 위에 올리고 음모론적 서사에 집어넣을 수 있다. 그래서 세랄리니도《리베라시옹》을 통해 자기는 재감정할 사람들이 이해충돌 관계에 있을까 봐 EFSA의 재감정을 거부했다고 밝힌 것이다.[22]

이제 과학의 착오 가능성이라는 논거로 다시 돌아가자. 사상

---

22 http://www.liberation.fr/societe/2012/09/20/ogm-l-auteur-de-l-etude-refuse-une-contre-expertise-de-l-agence-europeenne-des-aliments_847692

의 역사를 살펴보면, 당대에는 참이라 여겼던 거짓된 사상들로 점철되어 있음을 두말할 필요 없이 인정할 수밖에 없다. 가장 객관적인 토대를 지닌 학문으로 인정받는 수학에서조차 처음에는 보편적이고 필연적이며 그 결과 최종적이라고 여겼던 원리들이 세월이 지나자 상대화된 경우가 많다. 가령 초창기 수학자들은 모든 크기는 측정 가능하다거나 전체가 각각의 부분보다 크다는 명백한 생각은 깨뜨릴 수 없다고 주장했다. 리만과 바이어슈트라스까지만 해도 모든 연속함수는 미분 가능하다고 여겼다…. 이 같은 사례는 수없이 많다. 우리가 확인한 이런 유형의 확증된 사실들에 비추어, 어떤 사람들은 정통 과학의 주장과 '재감정'을 요구하는 전투적 활동가들의 주장(이런 주장은 워낙 궁색한데, 그래도 미디어의 관심을 유발한다는 점에서만은 정통 과학과 비할 만하다)을 대등한 위치에 두는 것이 합리적이라고 추론한다. 대부분 경우 상황이 더 나쁜 이유는 공적 공간이 이런 의심스럽고 우려스러운 정보들에 점령된 반면, 실험실에서 맹검법 방식으로 결과를 얻어 국제 학술지에 발표된 수많은 연구 결과들은 전적으로 알려지지 않았기 때문이다!

하지만 전기로 인한 전자기장이 건강에 미치는 영향을 다룬 문제만 하더라도, 성인과 아동을 대상으로 한 250개 이상의 역학 연구가 존재하며 수천 개의 실험 결과가 이미 발표되었다. 이들 연구와 실험 결과는 다양한 학문의 관련 전문가들로부터 평가를 받았으며 미국, 프랑스, 영국, 스웨덴, 캐나다뿐만 아니

라 국제 비이온화방사보호위원회, 국제 암연구센터, 세계보건
기구 같은 국제기구와 많은 동물 건강 관련 기구로부터 정기적
으로 검토를 받았다.[23] 이와 마찬가지로 유전자변형 식품도 많
은 전문가의 검증을 받았다고 할 수 있다. 1993~2000년 사이
에 3만 1848개의 관련 연구 결과가 발표되었으며, 이 외에도 유
전자변형 식품을 시험하거나 출시하기 전에 공공 과학 당국의
평가를 받게 되어 있기 때문이다.[24]

예를 들어 전자파 문제만 하더라도, 나는 한 가지 사례(언
론, 라디오, TV)에 대한 철저한 분석을 바탕으로 극단적 사전주
의 신념(이 경우, 고압전선 인근에 살면 사람과 동물의 건강에 위험
할 수 있다는 생각)에 호의적인 기사가 전체 미디어 비평의 56퍼
센트를 차지하는 반면, 정통 과학계의 의견을 옹호하는 기사는
10퍼센트에 불과했다는 사실을 보일 수 있었다(나머지 기사들
은 양측 의견을 조심스럽게 다룬다는 점에서 '중립적'이라 여길 수
있으나 이는 양측을 대등하게 대하는 것이기 때문에 이미 그 자체
로 문제다).[25]

이번에도 역시 지식의 패배이자 맹신의 승리다.

그러나 독립성으로 유명한(이런 주장 자체가 이미 정통 과학
의 산물에 대한 명예훼손성 비난이 된다) 이 같은 '대안과학'이 내

---

23   이 문제에 관한 현황은 Souques(2009) 참조.
24   Vain(2007).
25   Bronner(2010b).

놓은 결과들을 진지하게 연구해보면 간혹 우스꽝스러운 점이 발견되기도 한다.

그 우스꽝스러운 사례로 들 수 있는 것이 바로 2008년에 160개 시, 읍, 면, 동의 2000가구를 대상으로 CRIIRAD, 즉 독립적 방사능 정보 연구 위원회에서 실시한 참담한 설문조사다. 이 조사에서는 사는 곳이 전자기장에 노출된 지역이냐 아니냐에 따라 사람과 동물의 생활여건이 어떻게 다른지에 초점을 맞추었다. 그러니까 결코 역학적 조사가 아니라, 각 개인의 '느낌'을 수집하는 조사였다. 이런 조사 방법을 감안할 때 이 '독립 연구원들'이 정확히 그들이 찾던 결과를 얻은 것은 놀라운 일도 아니다. 즉 고압전선 근처에 사는 사람들이 다른 사람들보다 더 몸이 아프다고 대답한 것이다. 이 결과만으로도 일부 정통 미디어와 인터넷이 나서서 고압전선 인근에 사는 것의 위험성이 과학적으로 입증되었다고 천명하기에는 충분했다.

그런데 활동가들이 개인의 느낌을 조사하는 방식에 대해 의혹을 제기한 평론가는 거의 없었다. 사회학을 전공하는 대학교 1학년생조차 부적절함을 발견할 수 있을 정도로 심하게 편향된 질문을 했을 뿐만 아니라, 조사 과정 전체가 그린피스나 카르푸의 재정지원을 받았는데도 말이다(이런 지원을 받으면서 과연 '독립성'을 유지했을까 싶다). 이렇게 해서 얻은 매우 이상한 결과에 대해 그 누구도 한순간도 깊이 생각하지 않았다. 실제로 이 조사 결과에는 고압전선과 주거 사이의 거리에 따른 증상 변화가 나타나 있지 않다. 그러니까 (통계적으로) 사람들이 병증을 느낄 정도로 고압전선과 충분히 가까운 곳에 산다고 생각하기만 하면 되었다. 그런데 전선에서 방출되는 전자파의 세기는 $1/R^2$이라는 공식에 따라 거리의 제곱수에 반비례한다. 달리 말해 고압전선과의 거리가 10미터에서 100미터로 늘어나면 전자파 노출량은 1000배 줄어든다. 따라서 전자기파가 주변 거주민의 건강 악화에 어떤 영향을 준다면, 주민이 느끼는 동반증상이 거리에 따라 매우 민감하게 달라질 것으로 추정할 수 있다…. 그러니까 전자파가 우리 건강에 유해하려면 우리가 사는 환경에 전자파가 존재하는 것만으로는 부족하다.

일부 뉴스 진행자들은 이런 결과를 '과학적'이라고 소개하면서 마침내 악의 존재를 입증했다는 사실에 안도하는 것처럼 보였다. 그러나 이런 결과는 전자파가 유발한다고 추정되는 효과에 대한 광고, 심지어 설문조사 문항의 영향을 받은 결과로 노세보 효과(부정적인 플라세보 효과—옮긴이)가 발현된 것에 불과하다. 그러나 이제는 너무도 잘 알려진 후렴구와 같은 말('전부 다 거짓일 수는 없다'—옮긴이)을 다시 반복하자면, 그래도 그 사건 안에 무언가 하나쯤은 진짜가 없었을까? 이런 느낌이 그저 착각일뿐이라는 것이 과연 가능할까? 생-클루에서 벌어진 흥미진진한 사건이 이런 질문에 대한 답을 제공할 것이다.

생-클루에서 체감한 신기한 '느낌'

2009년 3월, 생-클루시 주민 일부가 단단히 화가 났다. 오랑주 이동통신이 얼마 전 주민들과 상의도 없이 부클-드-라-센 주거지역 근처에 기지국 안테나 3개를 설치했기 때문이다. 두통, 코피, 입안에서 금속 맛이 느껴지는 등의 이상한 감각…. 벌써 우려스러운 증상들이 나타나기 시작했다. 미디어에서도 이 사건을 포착했다. 주간지《주르날 뒤 디망슈》부터《르파리지엥》, 그리고 폴 아마르가 진행하는 프랑스5 채널의〈검토와 수정〉프로그램에 이르기까지, 모든 매체에서 전자파 차단 필터를 써도 아무 효과가 없어서 시련을 겪는 인근 주민들의 사연을 소개했다. 주민 가운데 한 명은 "간혹 안테나가 작동을 멈춥니다. 하지만 저는 그 순간에도 안테나가 작동하는 것처럼 느껴져요"[26]라고 말하기도 했다. 이에 따라 인근 주민과 양로원 입원자, 유치원생의 건강을 보호하기 위해 문제의 안테나를 이전하도록 이동통신 사업자를 상대로 집단소송을 제기하기로 뜻이 모였다.

이 사건은 매우 당혹스러운 사안이었다…. 특히나 너무 성급했던 소송인들과 비평가들에게는 더욱 당황스러웠다. 이들이

---

26   〈진절머리가 난다는 뒤보 씨네 가족La famille Dubos en a plein la tête〉,《주르날 뒤 디망슈》, 2009년 4월 19일 자.

소송을 위해 오랑주 측 책임자에게 문의했더니 뜻밖의 답변이 돌아왔기 때문이다. 신호처리용 전자설치함이 설치되지 않아서 아직 송전 시설에 연결을 못 했다는 설명이었다. 한마디로 말해, 이 안테나들이 작동하지 않아 전자파가 전혀 방출되지 않았다는 이야기였다! 그러니까 생-클루에서 확실히 느낄 수 있는 증상이 유행하기는 했지만, 이것은 전자파가 유발한 건강상의 문제가 아니었다. 인근 주민들은 진심으로 증상을 느꼈던 것이니 여기에 의문을 가져서는 안 된다. 결국 이 이야기는 한 가지 사실을 확실히 보여주는 좋은 사례다. 위험과 건강에 관련된 문제들의 경우, 이른바 '온전한 독립성이 보장된' 여론조사를 시행하고, 인근 주민과 협의하며, 현지에 지역 민주주의 결정기관을 설치하는 일이 전체의 이익에 완벽하게 반하는 결과를 가져올 수 있다는 사실 말이다.

전체 대 가장 뛰어난 1인

철학자 신티아 플뢰리의 비관주의는 통찰력으로 인식되기 쉽다. 그는 민주주의 체제가 '병'으로 신음하고 있다고 본다. 그럼에도 이 철학자는 현재 상황이 성장통일 가능성이 있으며, 이 철학자는 우리 사회가 '성년기'[27]를 향해 진보할 수 있다는 생각을 지지한다. 특히 인터넷 기술 덕분에 "민주화 과정이 새로운 정당화의 여정을 고안할 수 있기에"[28] 우리는 그에 힘입어 성장통에서 벗어날 수 있다는 것이다. 그러나 이것은 여전히 지나친 낙관주의를 드러내는 의견이다. 민주주의 사회가 그에 결핍되었던 성숙을 향해 나아가는 변혁의 위기에 있다는 견해에 나는 동의하지 않는다.

다시 병에 대한 비유를 빌려 말하자면, 필자는 민주주의가 특정한 기술적 여건 아래에서만 드러나는 유전병을 앓고 있다고 표현하고 싶다. 역사의 그림자 안에 몸을 숨긴 채 인지 시장에 모종의 혁명이 일어나기를 기다리던 원형적인 병 말이다. 이 병은 민주주의 안에 잠재되어 있다가, 우리의 이 시대를 맞아 이제 실현되어 나타났다. 내게는 알 권리, 말할 권리, 결정할 권리가 있다. 과거 매혹적으로 보였던 이 선언이 이제는 우리의 기술적 보조장치(즉 인터넷―옮긴이) 덕분에 구체화되어 쉽게 믿는 자들의 민주주의가 도래하게 했다.

실제로 이 민주주의의 3대 요소가 저항할 수 없을 정도로 매력적인 이유는 단순하다. 이것이 보편적인 범위로 적용되는 사상들을 표현하기 때문이다. 어떤 사람에게는 알 권리가 있지

---

27   Fleury(2005), p. 12.
28   Fleury(2005), p. 88.

만 다른 어떤 사람에게는 알 권리가 없다는 것을 도대체 어떻게 공공연하게 정당화할 수 있겠는가?(단, 국가 기밀은 예외다. 이 개념은 위키리크스 같은 사이트에 의해 파기되었음에도 여전히 여론에서는 수용한다.) 시민과 직접 관련된 문제(복지, 건강, 환경)에 대해 시민의 목소리를 들을 수 있는 기술적 방법이 있다면 민주주의적으로 그렇게 해야 할 의무가 있다고 여기는 참여의 냇물을 어떻게 둑을 쌓아 막을 수 있겠는가? 나는 이 책의 집필을 시작하면서 누군가에게 '되돌아가야' 할 필요성을 납득시키리라 기대한 적이 단 한순간도 없다. 어디까지나 나는 민주주의에 대한 애정으로 주장을 펴는 것이다. 그러나 진심 어린 애착이 지나친 관대함을 불러와서는 안 되기에, 나는 지금 우리가 놓여 있는 상황에 대한 엄격한 진단을 내리지 않을 수 없었다. 핵심에 다가가려면 그 구조물 전체를 떠받치고 있는 기본 전제에 의문을 가져야 하는 법이다. 보통 암묵적으로 존재하는 이 기본 전제란 숙의민주주의 혹은 대중의 지혜를 말한다. 이런 전제를 주장하는 유명한 이론가 가운데 한 명의 글을 인용해서 살펴보면, 거기에 깔린 다음과 같은 사실에 대한 확신을 엿볼 수 있다.

충분히 다양하고 많은 개인들을 한 그룹으로 모아서 '전체의 이익과 관련된 결정을 내리게' 한다고 하자. 시간이 지나면서 이 그룹은 '개인 단독으로 내리는 결정보다 지적으로 우월한'

결정을 내리게 된다. 그 개인이 아무리 지성적이고 정보를 많이 알고 있다 하더라도 말이다.[29]

이러한 기본 전제가 있으면 다음과 같은 질문에 답할 수 있다. 우리가 원칙적으로 인정하는 시민의 참여가 결과적으로는 재난이 되지 않으리라는 것을 어떻게 확신할 것인가? 대중의 지혜를 주장하는 사람들은 걱정할 필요가 없다고 대답한다. 결국에는 최적의 결정이 내려질 것이기 때문이란다.

그러나 이 대답은 논리적으로 명백하지 않다. 대중은 어리석고 비합리적이라는 생각이 퍼져 있음을 감안하면 심지어 반反 직관적이기까지 하다. 통계적으로 대부분의 사람이 황당한 것을 믿는다는 사실은 쉽게 입증할 수 있다. 하지만 어떤 설문조사도 대중의 지혜라는 사상에 반기를 들지는 않을 것이다. 이 사상을 주장하는 사람들의 설명에 따르면, 충분한 숫자가 되도록 여러 개인을 모으면 이들이 숙의 과정을 거쳐 결국에는 현실에 대해 훨씬 더 합리적인 평가를 충분히 내놓는다. 이들은 반민주적 이념에 맞서 싸워야 한다고 주장한다. 그 반민주적 이념의 흔적은 인민은 본질적으로 철인이 될 수 없다고 여긴 플라톤[30]에게서도 발견되며, 르봉이나 매케이처럼 모든 저서를 대중의 비합

---

29 Surowiecki (2008), p. 24.
30 《국가론》 6권 494a행. "따라서 민중이 철인이 되는 것은 불가능하다는 결론에 이른다."

리성을 보여주는 데 할애한 저자들에게서도 찾아볼 수 있다.[31]

그렇다면 이 논쟁에서 이념적 위치는 어떻게 될까? 대중의 지혜를 주장하는 측이나, 반대로 대중의 비합리성을 믿는 측의 이념적 위치는 어디일까?

대개 이념은 조건부로만 참이 되는 하나의 사상이 무조건적으로 표현된 것이다. 위의 경우, 나는 어느 한쪽의 편도 들지 않으며 양측 모두의 입장이 동등하게 이념적이라고 생각한다. 이 가운데 대중의 비합리성을 주장하는 이념은 오랫동안 지배적인 위치를 차지했다. 따라서 대중의 지혜를 주장하는 이념이 상당히 독창적이라는 사실은 인정하도록 하자. 다만 독창성이 있다고 참인 것은 아니다. 또한 이 이념이 언론계나 사회과학계의 일부 평론가에게 일종의 믿음doxa이 되었다는 사실도 인정하도록 하자. 위험 문제와 관련해서 이 '지혜'가 표현될 때면 특히 그렇다. 놀랍게도 이 평론가들 가운데 너무도 많은 이들이 이런 문제에 대해서 참과 거짓의 범주(숙의민주주의 덕분에 전체의 이익이라는 관점에서 최적의 결과나 최소한 수용할 만한 결과를 얻을 수 있다는 것이 참인가?)는 거들떠보지도 않은 채 오로지 선과 악의 범주(숙의민주주의는 그 자체로 선이다)로만 판단해서 입장을 취한다(서로위키의 경우는 아니다). 그러나 선을 행한다는 생각에 참을 순응시키려는 의지를 불태우는 것은 이념적 표현의 가장

31   Le Bon(2003), Mackay(1995).

확실한 증상 가운데 하나다. 이런 사실을 떠올리면 평론가들의
태도도 더 이상 놀랍지 않을 것이다.

대중은 때로 똑똑하다

1920년대 초, 미국의 심리학자 케이트 고든이 계단식 강의
실에 들어와 200여 명의 심리학과 학생들 앞에 섰다. 그런데 강
의를 들을 준비가 되어 있던 학생들에게 이 교수님이 뜻밖의 제
안을 했다. 모든 학생에게 그들 앞에 주어진 여러 물건의 무게를
짐작해본 다음 가장 가벼운 것부터 가장 무거운 것까지 순서대
로 분류하라고 주문한 것이다. 이 실험은 다소 엉뚱해 보였을지
도 모른다. 평소 경험을 통해 각 물건의 무게를 접해보았다는 것
외에는, 그 자리에 모인 사람들 가운데 그 누구에게도 이 문제를
해결할 수 있는 특별한 능력은 없었다. 개중에는 다른 사람보다
이 실험을 능숙하게 수행하는 이들도 있었다. 그런데 이 학생들
이 모르는 사실이 하나 있었다. 지금 그들이 참여하고 있는 연구
의 목표는 개인별 능력이 아니라 집단의 능력을 평가하는 것이
었다. 이 학생들이 이 문제를 집단적으로 더 잘 풀지, 아니면 개
인적으로 더 잘 풀지를 알아보는 연구였다. 실험 결과, 그룹이
산출한 평가의 정확도는 94퍼센트였다. 이 평균값은 개인이 산
출한 평가 가운데 5개 경우를 제외한 나머지보다 모두 더 높았

다. 이후로 이와 같은 종류의 실험이 빈번하게 실시되었는데, 그중 가장 권위 있는 것이 병 속에 담긴 사탕의 개수를 추산하는 실험이다. 이 경우 그룹의 추산치가 개인의 추산치 가운데 절대다수보다 필연적으로 뛰어나게 나온다.

이러한 결과는 어떤 면에서 보면 매력적이다. 집단의 답변이 개인 각자의 답변보다 평균적으로 우수한 것은 지극히 맞는 말이다(그러나 대중의 지성을 지지하는 교조에서 원하듯, 가장 뛰어난 개인의 답변보다 우수한 것은 절대 아니다). 그런데 이를 대중의 지혜가 표현된 것으로 볼 수도 있지만, 다르게 고찰할 수도 있다. 불확실한 경우에는 정답을 제시하기가 매우 어려워서 누구나 실수를 하지만, 이들의 오류는 어떻게 보면 동등하게 분산된다. 따라서 이 점만 염두에 두면 이 지혜로운 결과가 어떻게 나왔는지 파악할 수 있다. 달리 표현하자면, 몇몇이 올림을 해서 추산한 값이 다른 몇몇이 내림을 해서 추산한 값을 상쇄한다는 뜻이다. 재미는 있지만 그뿐이다. 이것으로는 대중에게 어떤 형태로든 전지전능함을 부여하는 행위가 정당화되지 않는다.

이와 달리 '대중의 지혜'라는 표현은 자원의 상호화를 지칭할 때 훨씬 더 설득력을 지닌다. 이렇게 상호화하면 그 그룹 구성원 가운데 가장 뛰어난 사람이 단독으로 노력해 얻는 것보다 뛰어난 결과를 얻을 수 있다. 사실, 자원의 상호화는 기술의 진보로 인해 가능해진다. 가령 지구에서 포착되는 모든 라디오 신호 가운데서 외계인의 메시지 신호를 찾는 작업은 워낙 방대해서, 오로지 집단적으로만 수행할 수 있는 임무였다. 그래서 기록 분석을 위해 네티즌들이 자신의 컴퓨터 계산 시간을 제공하는 분산형 컴퓨팅 기술 '세티앳홈' 프로젝트가 출범했다. 그 뒤 이렇게 주도적으로 이루어지는 자원의 상호화가 우후죽순처럼 늘어나, 새로운 소수素數 찾기, 특정한 조건에서 물의 운동 모의실험하기, 별 형태 파악하기 등의 연구에 힘을 보태고 있다.[32] 이런 주도적 활동을 지칭하는 말로 간혹 '사이버 사이언스'라는 용어가 사용되는데, 이는 확실히 그 의미가 변질된 것이다. 그러나 이런 활동 가운데 일부는 단순한 집단적 전산시간 제공 그 이상을 필요로 한다는 것을 인정하자. 이런 경우 참여자들은 기계가 인간만큼 훌륭히 수행할 수 없는 분석작업에 동원된다(달 표면 조사하기, 고래 울음소리 해독하기 등).

이러한 자원의 상호화는 훨씬 더 멀리까지 확대되어 '탐구' 활동이 될 수 있다. 일례로, '폴딧'이라고 명명된 게임은 단백질이 공간에서 배열되는 방식을 더욱 잘 파악하기 위해 네티즌들에게 분자 조합을 자유롭게 시도해보게 하는 게임이다. 즉 단백질 분자 구조물의 일정 부분을 여기로 이동시키고, 저기에 추가하거나, 심지어 결합을 파괴하는 식으로 다양한 시도를 하는 것이다. 이 집단 퍼즐게임 덕분에 세 편의 논문이 발표될 수 있었

---

32 가령 boinc.berkeley.edu 사이트를 통해 50여 개의 분산형 컴퓨팅 프로젝트에 참여할 수 있다(50만 대의 컴퓨터가 작업에 참여하고 있다).

는데, 그 가운데 하나는 저명한 학술지《네이처》에 게재되기도
했다.

　이 밖에도 자원의 상호화는 연구의 공간적 제약을 극복하
게 해준다. 희귀종의 위치 탐지, 분류, 넓은 지역에 분산된 현상
들의 확인을 위해 과학자들이 여기저기에 직접 다 갈 수는 없
기 때문에 수많은 선의에 의존하는 일은 더없이 소중할 수 있
다. 가령 텔라 보타니카 네트워크는 프랑스에 존재하는 식물 분
류법 전체를 효과적으로 정비하기 위해 수만 명의 전문 식물학
자와 아마추어 식물학자를 연결한다. 마찬가지로 인스턴트 와
일드(instantwild.zsl.org) 사이트에서는 케냐와 스리랑카, 몽골 등
의 멸종위기종을 확인하고 공유하는 스마트폰 앱과 데이터를
제공하며, 아이스팟(ispotnature.org) 사이트에서는 어류와 균류,
식물, 조류 등을 알아볼 수 있게 데이터를 공개하고 있다. 이런
종류의 정보 상호화는 18세기와 19세기의 식물학과 곤충학 애
호가들의 정보 상호화와 다르지 않다. 한 가지 차이라면 지금은
뛰어난 기술적 도구 덕분에 이런 시도가 전대미문의 규모로 이
루어진다는 점이다.

　대대적인 규모로 관찰자를 동원해 희귀 현상들을 포착하
게 된 것이야말로 '집단지성'이 가져온 가장 눈부신 결과로 꼽
힐 수 있다. 바로 이러한 과정 덕분에 이른바 '희귀병'에 관한 지
식이 발전하고, 바로 이러한 방식으로 비전형적인 증상들의 정
체가 밝혀져 이들이 통계적 편차가 아닌 별도의 것으로 여겨지

게 되었다. 가령 근병증에 관한 연구도 데이터 상호화의 효과를 톡톡히 보았다.[33]

이렇게 과학 분야에서 이루어진 주도적 참여 활동에 대한 총평을 내리기에는 어쩌면 조금 시기상조일 수도 있으나, 이런 활동이 낳은 고무적인 결과는 전혀 놀랄 일이 아니다. 지식을 생산하는 데는 한 개인이 단독으로 하는 것보다 대중이 함께 수행할 때 훨씬 더 잘할 수 있는 탐구 임무가 필요하기 때문이다. 아무리 그 개인이 전체 대중 가운데 가장 뛰어난 1인자이더라도 말이다. 따라서 제임스 서로위키가 다음과 같이 선언하는 것도 전혀 무리가 아니다.

"가능한 해결책의 폭을 넓히고 집단이 새로운 방식으로 문제를 개념화할 수 있게 해주는 대중의 능력은 다양성에 유리하게 작용한다."[34]

대중의 지혜가 표현되기 위해서는 다양성이라는 기준이 근본적으로 중요하다. 그래서 이런 기준은 능력을 능가하는 다양성의 원칙이라는 형태로 취합되어 여러 차례 강조되었다.[35]

이렇듯 대중의 지혜라는 기본 전제가 특정한 상황에서 쉽게 확인되기에, 우리는 이런 집단지성의 표현을 촉진하는 지식공학의 발전을 기뻐할 수 있다.

---

33   Callon, Lascoumes & Barthe(2001), p. 77에 언급된 내용 참조.
34   Surowiecki(2008), p. 73.
35   Page(2006), p. 163.

그러나 이 문제를 조금 더 분석적으로 살펴보면, 이런 데이터 상호화 장치들 덕분에 우리의 합리성에 부담이 되는 몇몇 바닥짐이 줄어들 수 있음을 알게 된다. 그렇다고 해서 이런 장치가 우리의 합리성을 방해하는 바닥짐 전체를 덜어준다는 것은 아니다. 심지어 사실은 그 반대인데, 이 문제에 대해서는 다시 다루도록 하겠다. 대중의 지혜가 가져오는 혜택에만 국한해서 본다면, 앞서 제시한 사례들에서 억제된 것은 사고의 공간적 제약이다. 우리는 자신이 감각 정보를 얻을 수 있는 유일한 공간 안에 누구나 갇혀 있다. 그런데 어떤 기술 발전 덕분에 인터넷과 라디오, TV를 사용해서 우리의 합리성을 제한하는 이 공간적 제약을 극복하고 간접적으로 정보를 획득할 수 있게 되었다. 집단적으로 융합된 데이터를 활용하는 것은 합리성의 공간적 한계를 거스르는 또 하나의 효과적인 방법임이 명백하다.

여기서 나는 미국의 지식사회학자 제러드 드 그레의 설명을 인용하려 한다. 네 사람이 피라미드 앞에 서서 각자 이 피라미드가 다른 색이라고 주장한다고 가정하자. 한 명은 파란색이라 하고 다른 한 명은 빨간색이라고 하는 식으로 말이다.[36] 이때 이 네 사람은 서로 거짓말을 하는 걸까? 이들이 어떤 환영을 본 것일까? 하지만 이 네 사람에게 서로 숙의할 기회를 주면, 가장 지혜로운 결론에 도달할 가능성이 있다. 즉 피라미드가 네 면

---

36   Gré(1985).

이 각기 다른 색인데, 각자 서로 다른 면을 보았던 것이라는 결론을 내릴 수 있게 된다. 따라서 이들은 경험의 상호화를 통해 더 우수한 지식을 생산할 기회를 얻는다. 피라미드의 한 면만 볼 수 있게 이들을 구속했던 사고의 공간적 제약이 경험의 상호화 덕분에 제거되었기 때문이다. 이것이 바로 동 자치위원회(동 단위의 참여 정책 결정기구로 국회의원, 공무원, 주민이 참여하는 정보 공유와 토론의 장이다—옮긴이)에서 발견할 수 있는 장점이다. 이 위원회의 위원들은 숙의의 대상이 되는 도시 공간을 직접 자주 접하기 때문에, 진부해 보일 수 있지만 때로 주민 복지에 핵심적인 문제에 대해 이들과 협의하는 정치인들보다 뛰어난 능력을 발휘하는 경우가 많다. 가령 과속방지턱을 어디에 설치할까, 공공시설물을 어떻게 보존할까 하는 문제들이 그렇다.

이 경우들은 모두 참여민주주의와 숙의민주주의의 생산성과 대중의 지혜가 가진 잠재력이 어떠한지를 구체적으로 보여준다. 하지만 이것만으로 이들이 현대 사회에 생명의 샘과 같은 역할을 한다고 볼 수 있을까?

…그러나 항상 그렇지는 않다

2012년 2월 16일, 과학계와 사회계의 상호 접근을 지지하는 과학자 프랑수아 그레이가 영국 왕립지리학회의 한 계단식 강의실 연단에 올라 발언했다. 청중은 그가 작정하고 내리는 선고에 놀라기는커녕 모두 충성스러운 마음으로 그의 의견에 동조했다. 이런 장면이 다른 시간에 다른 곳에서 일어났다면 참아 줄 수 없는 선동행위라는 말을 들을 수도 있었지만, 이날만큼은 시민의 사이버 사이언스에 관한 국제회의의 하이라이트로 여겨졌다. 이 국제회의는 과학과 교육, 더 나아가 사회를 발칵 뒤집어놓을 만한 모임이었다. 유니버시티 칼리지 런던과 함께 이 회합을 공동주관한 프랑수아 그레이 교수는 다음과 같은 말로 개회사를 장식했다.

"과학은 과학자들의 손에만 맡겨두기에는 너무도 중요한 활동이다."

그레이는 과학과 그 적용에는 윤리적 쟁점이 있고, 이에 대해서는 누구나 토론할 권리가 있다고 강조하지 않는다. 사실 그런 주장이라면 받아들일 만하다. 그가 강조하는 것은 모든 사람이 협력해서 과학의 산물을 가공하고 평가할 수 있으며 심지어 그렇게 해야 한다는 것이다. 나에게는 알 권리, 말할 권리, 결정할 권리가 있다. 이런 생각은 대중의 지혜가 존재한다고 굳게 믿을수록 특별히 매력적으로 다가온다. 미셸 칼롱, 피에르 라스쿰, 야닉 바르트[37]는 집단 안에서 이루어지는 구체적인 숙의 방식에 대해서는 개의치 않은 채 이구동성으로 주장한다. "맞습니다,

---

[37] Callon, Lascoumes & Barthe(2001), p. 104.

비전문가들도 자기 목소리를 이른바 전문가들의 목소리와 뒤섞으며 과학 연구의 흐름에 개입할 수 있고 또 개입해야 합니다." 민주주의의 민주화를 주장하는 일부 투사들의 의견을 예의주시해보면, 이것은 원칙의 문제다. 그런데 원칙은 토론의 대상이 아닌 법이다. 애석한 일이다. 만약 이들이 이 문제를 놓고 진지한 토론을 벌였다면 어쩌면 그들의 신념이 얼마나 취약한지 깨달았을지도 모를 일이기 때문이다. 예를 들어 미덕으로만 치장된 것처럼 보이는 이 '문외한들'의 세계가 정확히 은폐하고 있는 것이 무엇인지 의문을 가졌을 수도 있다. 과연 그들은 정말로 그 세계에 이해충돌이나 이념적 쟁점이 없다고 생각하는 걸까?

하지만 널리 알려진 현상들 가운데는 집단결정에 대한 낙관주의에 반하는 경우가 여러 가지 있다. 가장 단순한 현상부터 시작하자면 폭포 효과를 꼽겠는데, 여기에는 두 가지 유형이 있다.

첫째, 이른바 정보의 폭포다. 이 현상은 정보가 부족한 개인들이 이미 아는 것처럼 보이는 개인이나 집단을 모방할 때 일어난다. 가령 축구 경기장이 어디 있는지 모르는 한 사람이 응원 깃발을 들고 있는 사람들을 따라가는 것으로 만족하는 경우가 그렇다. 이러한 인지적 순응주의는 대개 효과적이고 비용도 거의 들지 않지만, 오류가 집중될 경우 재난과 같은 끔찍한 상황으로 인도할 수도 있다.

둘째, 이른바 명성의 폭포다. 개인들이 이 폭포를 따르면 가장 많은 사람과 같은 견해를 지지함으로써 반대자가 치러야 하는 사회적 비용을 피할 수 있게 된다.

　문제는 모든 사람의 공적 발언 능력과 논증 경륜이 똑같지 않다는 사실이다. 어떤 집단이든 그 안에는 위엄이나 화술, 사회문화적 지위를 선보이며 두각을 나타내고 가장 먼저 발언권을 가지는 개인들이 있다.[38] 특히 활동 투사들을 어떻게라도 소집시키는 주제를 다루는 경우(가령 공중보건이나 환경에 위해를 끼친다고 추정되는 문제)에 그렇다. 그 사실만으로도 폭포 효과가 나타날 가능성은 매우 크다. 또한 이처럼 발언 기회의 불평등을 쉽게 관찰할 수 있는 전문적인 주제에 관한 것일 때 이 점이 두드러진다. 스스로 자신과 무관한 일이라고 느끼는 데다 정보도 없는 사람들은 가장 정보가 많은 이들의 의견에 동조하고 싶은 유혹에 빠진다. 정통적인 전문가를 제외하면 가장 많은 논증 지식을 보유한 자들은 늘 활동 투사다. 그런데 이런 활동가들의 활약 덕분에 정통적인 전문가들이 일부 신망과 자격을 잃으며, 활동가들은 민첩하게 이른바 기준점 편향을 만들어낸다. 예를 들어 1998년에 프로방스-알프-코트다쥐르 지역에 고압전선을 건설하는 문제를 공론화했을 때 바로 이런 종류의 현상이 나타났다.[39]

38　Mendelberg(2002)도 이를 강조한다.
39　Bouvier(2007), p. 211 참조.

기준점 편향이란?

개인들에게 의견을 물으면 그들은 의견을 말해준다. 심지어 때로는 완벽하게 자의적인 데이터에 '기준의 닻을 내린' 답변을 하기도 한다. 이런 현상은 아모스 트버스키와 대니얼 카너먼 교수가 진행한 실험에서도 입증된 바 있다.[40]

이들은 실험 대상자에게 UN 회원국 가운데 아프리카 국가 비중이 몇 퍼센트인 것 같은지 물었다. 답변을 녹음하기 전, 눈앞에서 1에서 100까지 숫자가 적힌 회전 원반을 돌렸다. 첫 번째 그룹에서는 무작위로 뽑힌 숫자가 10이었고 두 번째 그룹에서는 60이었다. 양쪽 그룹 모두 이 과정에 무작위성이 작용했음을 알 수 있었다. 그런 다음 각 그룹마다 그들이 생각하는 아프리카 국가 비율이 원반에 나온 숫자보다 큰지, 적은지 질문했다. 첫 번째 그룹(추첨 숫자는 10)의 평균값은 25퍼센트, 두 번째 그룹(추첨 숫자 60)의 평균값은 45퍼센트가 나왔다. 원반에 나온 숫자들은 전적으로 무작위의 산물이지만 답변에 영향을 준 것처럼 보인다. 즉 개인들은 불확실한 상태에 있는 경우 인지적 '기준점'을 찾으려고 하는 것 같다. 그 기준점이 아무리 터무니없는 것이더라도 말이다(이 경우, 실험 참가자들은 숫자를 뽑는 것이 무작위적이라는 사실을 잘 알고 있었다).

---

40   Tversky & Kahneman(1974).

회의 석상에서 제일 먼저 발언권을 행사하는 사람들은 그 의견의 논거가 튼튼하고 듣는 이들이 주제에 대해 막연한 견해만 가지고 있으면, 집단 숙의 과정에서 이런 기준점 편향이 작동되게 할 가능성이 매우 크다. 그리하여 회의에 참석한 사람들 가운데 자신의 의견을 밝힐 준비는 거의 되어 있지 않지만 누가 자기의 의견을 물어봐주는 것이 싫지 않은 이들은 대항 세력 역할을 하는 이들에게 연동된다. 이러한 숙의민주주의 시민은 숙의해달라고 요청받는 사안에 대해 아주 잘 알고 있다 하더라도, '턴 키'처럼 즉시 사용할 수 있는 데이터와 증거를 오래전부터 암기한 신봉자들이 있으면 불리한 조건에서 논증을 시작하는 경우가 많다. 자발적으로 열리는 회의건 선발되어 열리는 회의건, 이런 회의가 공론화 이전에 투쟁을 벌인 협회 소속의 개인들로 가득 차는 광경은 드물지 않게 볼 수 있다.

(회의 참석자들에게 무작위로 발언권을 부여하는 방법으로 보완할 수 있는) 폭포 효과 외에 이른바 극화 현상[41]이라는 것도 존재한다. 이는 한 집단이 숙의 후에 채택한 입장이 토론 전 개인들의 평균적인 입장보다 급진적일 때 나타난다. 가령 고의로 공공재를 훼손한 사람에게 어떤 처벌을 내리는 것이 적합할지 개인들에게 질문한다고 가정하자. 이들은 따로 있을 때는 벌금형을 제안한다. 그런 다음 같은 질문을 개인들에게 하는데,

---

41   Insenberg(1986) 참조.

이번에는 이들이 집단으로 숙의하게 한다. 이때 집단이 요구하는 형벌이 각 개인이 제안한 평균적 벌금보다 높으면, 이런 경우를 가리켜 극화 현상이 일어났다고 한다.

이런 현상은 (명백히 급진적인 성향을 보이지 않는 집단에서도) 지극히 빈번하게 일어나기 때문에, 대중의 지혜를 신봉하는 사람들의 열성을 진정시키기 위한 논거로 흔히 동원된다. 여러 실험을 통해 미국의 사회복지 정책이나 페미니즘, 인종주의적 편견 등의 주제에서 이런 극화 현상이 관찰되었다.

이런 현상은 여러 가지 점에서 이해가 간다. 캐스 선스타인[42] 교수의 설명처럼, 숙의하는 과정에서 개인들 가운데 일부는 선언 경쟁에 돌입하는 경향이 있다. 그러면서 자신의 진정성을 증명할 것으로 생각되는 의견을 발표하고, 집단 가운데 일부가 서로 경쟁적으로 이런 선언을 하게 만든다. 게다가 논증 과정을 통해 모든 개인은 각 집단 고유의 논거 '자산'을 접하게 되고 일관성의 한 형태에 노출되는데, 이런 일관성은 급진성을 요구하는 경우가 많다. 정치학자 스티븐 블룸버그와 조지프 해링턴[43]이 지적하듯 가장 급진적인 개인들(활동 투사가 흔히 여기에 해당한다)은 가장 충격적인 논거들로 무장하고 있으며(이들은 이미 검증되었기 때문이다) 가장 어려움 없이 공개적 발언권을 얻어 이

42   Sunstein(2006).
43   Blomberg & Harrington(2000).

논거를 발표한다.

따라서 우리 생각과는 달리, 숙의를 한다고 반드시 개인들이 중도적 입장을 지지하게 되는 것은 아니다. 또한 지혜가 반드시 집단적 숙의와 만나는 것도 아니다. 민주주의의 민주화를 신봉하는 자들이 미처 간파하지 못한 심리사회학적 현실로 인해 집단적 숙의의 발전이 부분적으로 한계에 부딪히기 때문이다. 그런데 그들은 이보다 훨씬 더 당혹스러운 현상도 간과하고 말았으니….

콩도르세의 정리

아마 여러분은 앞에서 본(263쪽) '다양성이 능력을 능가한다'는 스콧 페이지의 원칙을 기억할 것이다. 내가 이 원칙을 다시 거론하는 이유는 이것이 숙의민주주의라는 구조물 전체를 지탱하는 사상적 조건, 즉 콩도르세의 정리를 나타내기 때문이다. 콩도르세는 놀라운 일을 해내고 경탄할 만한 저작을 남겼다. 아마도 그는 사상사에서 사회현상의 이론적 모델을 세운 최초의 인물들 가운데 한 명일 것이다. 숙의가 이루어지는 회의와 관련된 문제에 관심이 많았던 그는 집단적 선택 가운데 일부는 자동적으로 성립하지 않을 위험이 있다는 사실을 강조했다. 그러면서도 대중의 지혜라는 개념을 성급하게 옹호했다. 그의 유명한 저서《다수결 투표의 확률에 대한 해석학의 적용에 관한 시론》180쪽에서 그는 투표권을 지닌 개인 한 사람이 옳은 결정을 내릴 확률이 50퍼센트 이상이면 이런 개인이 모인 집단의 규모가 클수록 다수가 내린 집단적 결정이 최적의 합리적인 결론을 지향할 확률이 커진다고 보았다.

숙의민주주의의 중심을 이루는 이 정리를 엘렌 랑드모르[44]는 다음과 같이 다른 식으로 표현한다.

> 인지적 다양성이 어느 정도까지는 참여자들의 숫자에 달려 있는 한, 다수가 모인 집단 안에서 이루어지는 숙의는 인식론적 관점에서 보았을 때 소규모 집단 안에서 이루어지는 숙의보다 뛰어나다.

대상자에게 물건들의 무게를 짐작하게 한 케이트 고든의 실험에서와 마찬가지로, 일부가 저지르는 실수가 다른 일부가 저지르는 실수에 의해 상쇄되기 때문에 숫자가 많아질수록 집단이 지혜를 향할 가능성이 커진다고 추정할 수 있다. 크리샤라다에 따르면, "합리적 조건 아래에서 다수가 옳은 답을 가리킬 가능성은 결정권을 지닌 집단 내 편향의 상관관계에 반비

---

44   Landemore(2010), p. 11.

례한다."[45] 즉 한 집단 안에서 감수성이 처음에는 하나로 수렴되지 않을수록 대중의 지혜가 나타날 가능성이 커진다는 의미다. 그런데 이렇게 의견의 분산을 보장하는 방법 가운데 결정에 참여하는 개인의 숫자를 최대로 늘리는 것보다 더 좋은 방법이 있을까? 폭포 효과와 극화 현상에 따른 문제점들을 제외하면 과연 어떤 불운이 작용했을 때 상당한 규모의 집단이 오류로 수렴하게 될까? 두세 명은 실수할 수 있지만, 이보다 훨씬 큰 규모의 숙의 집단이 구성되면 이런 불행은 비개연성의 지평 너머로 사라져 일어나지 않게 된다. 따라서 오류로 수렴하지 않기 위해서는 다양성이라는 조항이 근본적으로 중요하다. 그래서 우리는 이른바 '시민의' 토론을 가동하는 것을 하나의 '수手'로 여긴다. 전문가들의 의견이 온갖 감수성의 표현으로 인해 반대에 부딪힐 수 있다면 말이다. 그리고 바로 여기에서 지혜가 태어난다. 파트리스 플리시는 "참여자들이 독창적인 해결책을 만들어내고 전체의 이익이라는 관점을 채택한다"[46]라고 주장한다.

하지만 한 가지 세부적인 내용이 간과된 것 같다. 한 집단을 특징짓는 모든 사회적·정치적·단체적 다양성이 가능한 한 최대로 확대되어도, 개인마다 가진 두뇌가 특정한 상황에서 다

---

45   Caplan(2010), p. 179에서 재인용.
46   Flichy(2010), p. 84.

른 사람(다른 모든 사람)의 뇌처럼 작동할 가능성이 있다는 사실에는 변함이 없다. 가령 청중에게 토마토 하나를 보여주면, 이들 모두가 토마토가 빨간색이라는 데 동의하리라 예상할 수 있다. 각자의 집단적 또는 정치적 감수성과 무관하게 이들은 그 토마토를 '빨간색'으로 볼 것이다. 이들의 다양성에도 불구하고 의견이 수렴하는 이유는 이들의 판단 기능을 담당하는 기관인 두뇌가 본디 공통성이 있기 때문이다. 물론 위의 경우에는 집단적 판단이 더할 것도 덜할 것도 없이 합리적이기 때문에 이렇게 의견이 수렴되어도 문제가 되지 않는다. 그러나 과연 모든 경우에 문제가 되지 않을까?

만약 복합집단과 시민위원회, 일반적인 숙의민주주의를 맹목적으로 신봉하는 사람들이 한 가지 가능성을 고려했더라면 어땠을까? 한 집단이 사회적 가변성의 관점에서 아무리 다양하더라도, 인간의 사고를 이루는 불변요소들 때문에 오류를 향해 수렴할 수 있다는 가능성 말이다. 그랬다면 이들은 분명 콩도르세의 정리가 제한적으로만 적용된다는 사실을 인정했을 것이다.

우리 뇌의 핵심을 이루는 것

자, 여러분이 친구 두 명과 나들이를 떠난다고 가정해보자.

여러분은 시간이 없어서 미처 피자를 사지 못했지만, 친구 에릭과 베르트랑이 준비해왔다. 에릭은 피자 5개, 베르트랑은 3개를 가져왔다. 여러분은 그 대신 돈으로 계산해서 8유로를 내놓는다. 그러면 에릭과 베르트랑의 지출이 공평하려면 이 8유로를 어떻게 나누어야 할까?

틀림없이 여러분 머릿속에 떠오르는 답은 에릭이 5유로, 베르트랑이 3유로를 받아야 한다는 것일 테다(우리는 '많은 수'에 관심이 있기 때문에, 내가 말하는 것은 독자들의 통계적 평균값이다). 이는 완벽한 오답이다. 그러나 정답처럼 보이는 오답이다.

이것이 정답처럼 보이는 이유는 우리 뇌가 경제의 원칙에 따라 우리에게 받아들일 만해 보이는 해결책을 제시하기 때문이다. 바로 비례 배분의 규칙을 적용하는 방법 말이다(에릭은 전체 피자 8개 중 5개를 가져왔기 때문에 가처분 금액의 8분의 5를 상환받기만 하면 된다). 그러나 이 해결책은 틀렸다. 그 이유는 다음과 같다.

우리는 에릭이 피자 5개를, 베르트랑이 3개를 샀다는 것을 안다. 여러분이 치러야 할 몫이 8유로라는 것도 안다. 이것은 세 사람 모두가 각각 더도 말고 덜도 말고 딱 8유로씩 지출해야 했다는 의미다. 따라서 전체 피자값은 24유로였다. 그러면 피자는 모두 8개가 있으므로, 피자 한 개의 가격은 3유로가 된다. 따라서 에릭은 처음에 15유로를 지출했고(피자 5개) 베르트랑은 9유로를 지출한 것이다(피자 3개). 에릭은 자기 몫인 8유로를 지불했으니 7유로를 돌려받아야 하고, 마찬가지로 베르트랑도 1유로를 받아야 한다(투자한 9유로에서 공동 부담금 8유로를 제한 것이다). 따라서 여러분이 내놓은 금액은 에릭에게 7유로, 베르트랑에게 1유로가 돌아가야 한다.

그런데 여러분 친구들에게 어린아이도 풀 수 있는 이 문제를 내보면, 친구들이 실수하는 경우가 무척 많다는 사실을 발견하게 될 것이다(문제에 함정이 있을 것으로 의심하더라도 실수를 한다)! 나는 매년 제자들과 함께 이와 같은 종류의 실험을 진행한다. 그 결과 이들이 숙의를 해도, 그리고 (매우 드문 일이지만) 이들 가운데 한 명이 정답을 발견하더라도 결국 오답에 수렴한다는 사실을 늘 목격한다(나는 이들에게 거수로 투표하게 한다). 그렇다면 도대체 무슨 일이 벌어지는 걸까? 대부분은 그들 가운데 한 명이 자신의 직관을 확인해준 것에 안도하는 듯이 보인다. 곧이어 처음 의견을 제시한 여러 개인이 집단의 확신을 얻는다. 칩 히스와 리치 곤살레스 교수가 보여주듯[47] 우리 직관에 맞는 논거를 듣는 것은 밭고랑을 파듯 꾸준히 정신적인 길을 내는 것과 같다. 그리고 이렇게 해서 우리는 오류로의 예측 가능한 수렴을 관찰하게 된다.

물론 언제든 이 피자 문제가 재미있다고 주장할 수는 있다. 그러나 이 문제는 실생활에서 마주치는 상황들과는 전혀 관계

47   Heath & Gonzalez(1995).

가 없으며, 강의실이나 실험실에서 얻은 결과는 복잡하게 전개되는 사회생활의 현실을 조금도 보여주지 않는다.

나는 '실제 생활'에서… 상황이 더 나쁘다고 생각하는 편이다. 이러한 추론의 오류들은 실제 상황에서 더 무서운 방식으로 우리의 판단을 오염시킨다. 우리에게는 우리가 숙의할 대상이 되는 진술들이 함정에 빠져 있다고 가정하며 방심하지 않도록 긴장해야 할 이유가 없기 때문이다. 정보를 전달해야 한다는 긴박성이나 정보의 기반이 되는 이념적 쟁점들 때문에, 사회생활 중에는 우리의 인지적 구두쇠가 나타날 가능성이 크다.

게다가 심리학자들이 인지 편향이라고 부르는 이러한 추론의 오류는 숙의민주주의가 쉽게 동원되는 문제들, 즉 위해성, 공중보건, 환경 등의 문제에 대해서는 특히나 민감하게 나타난다. 우리가 기억하듯 대중의 지혜를 확신하는 신봉자 제임스 서로위키 교수는 이 문제를 손끝으로 살짝 건드리는 듯한 다음과 같은 지적을 한 바 있다.

흥미롭고도 이상한 점들이 있다. 경마에서 사람들은 위험한 내기를 필요 이상으로 조금 더 하는 경향이 있고, 우승 후보에게는 필요 이하로 조금 덜 거는 경향이 있다.[48]

---

48   Surowiecki(2008), p. 47.

그러나 서로위키 교수는 이런 현상을 흥미롭지만 대수롭지 않게 생각하고 전혀 진지하게 다루지 않았다. 이것은 퍽 안타까운 일이다. 왜냐하면 그가 지적한 부분은 바로 평범한 논리에 따른 확률 인지 방식에 관심 있는 사람들에게 잘 알려진 것이자, 우리를 오류로 수렴시킬 수 있는 정신적 불변요소 가운데 하나이기 때문이다.

경마를 통해 알 수 있는 것

확률 문제에 직면했을 때 인간의 추론이 이렇게 이상하게 작용한다는 걸 최초로 수면 위로 드러낸 사람들은 1940년대 말의 말콤 프레스턴과 필립 바라타, 리처드 그리피스였다.[49] 이들이 관심을 가진 부분은 위험성 인식 문제나 대중의 지혜가 아니라, 오로지 경마에서 도박사들이 내기를 거는 방식이었다. 특히 그리피스는 1386건의 경마 결과를 분석했고, 전체적으로 경주마가 승리할 확률이 도박에 잘 반영되어 있지만 두 가지 예외적인 경우가 있다는 사실을 밝혀냈다. 바로 경주마가 승리할 가능성이 희박할 때 혹은 반대로 경주마가 강력한 우승 후보일 때였다. 이러한 초창기 연구 결과는 뒤이어 검증되고 다듬어졌다.

49   Preston & Baratta(1948), Griffith(1949).

이 가운데 특히 1990년대 말의 드라젠 프렐렉 교수의 연구가 대표적이다.[50] 확률이 낮을 경우(1만분의 1 이하), 보통 사람은 이 확률을 평균적으로 10~15배 더 높게 인식한다는 연구 결과였다! 마찬가지로, 확률이 매우 높으면(0.98~0.99) 그 역시 상당히 저평가되는 경향이 있다.

확률에 대한 이런 주관적 표상은 과도한 형식화를 낳았고, 덕분에 오른쪽과 같은 곡선이 만들어졌다.

이 그래프의 가로축은 객관적 확률(v)을, 세로축은 평범한 논리로 인식되는 확률(w)을 나타낸다. 만약 확률에 대한 개인들의 표상이 완벽하다면, v와 w의 관계는 그래프에서 점선으로 표현된 직선 모양으로 그려진다. 그런데 실상은 그렇지 않다. 이 그래프에서 보듯, 0이라는 값에 근접할수록(즉 확률이 낮을수록) 짧지만 극심한 비틀림이 만들어진다. 인간의 사고방식이 이처럼 신기한 기울기를 보이는 데는 중요한 의미가 내포되어 있을 수 있다. 여러분이 한 집단에 위험성이 매우 낮은 문제를 숙의하도록 요청하는 순간, 여러분은 자신도 모르게 오류로의 집단적 수렴을 조직하는(집단 전체를 오류로 수렴시키는) 위험을 감행하는 셈이 된다. 특히나 이런 미약한 위험성이 막대한 비용과 결부되어 있으면 더욱 그렇다. 게다가 쥘리 드 레스피나스가 남긴 "나는 내가 두려워하는 모든 것을 믿는다"라는 말을 널리

---

50   Prelec(1998).

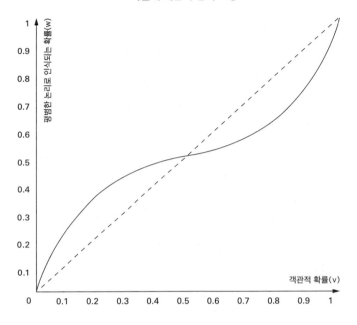

확률에 대한 주관적 표상

울려 퍼지게 하려는 듯, 수많은 실험연구 결과 어떤 사건이 일어나거나 일어나지 않기를 바라는 마음은 그 사건이 일어날 확률에 대한 주관적인 평가를 높이거나 낮추는 방향으로 영향을 줄 수 있다는 것이 밝혀졌다. 우리가 위험을 내포했다고 (올바르게 혹은 잘못) 추정하는 (혁신적이거나 혁신적이지 않은) 기술들에 대해 현재 많은 토론이 이루어지고 있는데, 이런 토론들 대부분이 바로 이런 조건을 다룬다. 합의 회의를 개최하는 것이 관례가 된 덴마크에서는 이들 회의 가운데 70퍼센트 이상이 기술혁신과 이로 인해 발생 가능한 위험을 주제로 채택했다.

이런 토론에서 논의되는 주제가 고압전선이건, 기지국이
건, 원자력 에너지건, 유전자변형 식품이건, 사전주의 원칙론자
들조차도 이와 관련된 위험이 실현될 개연성은 거의 없다고 인
정한다. 그러나 그렇게 하면서도 개연성 없는 일이 벌어진다는
시나리오를 반드시 발표하여 사람들의 공통 성향을 자극해서
낮은 확률을 과대평가하게 만들고 만다. TV나 라디오 방송은
이런 토론이 낮은 확률 추정치에 최종적으로 닻을 내리게 만드
는 좋은 방편이다(이 낮은 확률이 수치로 제시되는 경우는 거의 없
으며, 다만 0이 아니라고 추정된다). 불명예스럽게도 우리의 사고
방식은 이런 편향성을 보임으로써 해를 끼치게 된다. 이를 위해
굳이 시민 회의를 조직할 필요도 없다. 결정권자(흔히 정치인)들
이 앞으로 여론이 될 것이라 믿는 바를 미리 실현하기만 해도
충분하기 때문이다.

프랑스 보건 당국이 2001년부터 바이러스 유전체 검진을
적용하기로 한 결정은 그런 점에서 매우 흥미로운 사실을 보여
준다.[51] 이 검진법은 에이즈 바이러스와 C형 간염 바이러스의
유전형질 일부를 검출한다. 이 검진법은 일상적인 검사에서는
걸러내지 못하는 감염을 검출해낼 수 있는 만큼 수혈할 때 매우
유용하다. 그러나 전문가들은 이 신기술을 보편화하는 것에 강

---

51 이 내용에 대해서는 장-이브 노의 기사 〈정부, 전문가 의견과 달리 수혈안전 강
    화Le gouvernement renforce la sécurité transfusionelle contre l'avis des experts〉,《르
    몽드》, 2000년 10월 17일 자 참조.

하게 반대했다. 그에 필요한 비용이 다른 보건안보 지출과는 비교도 할 수 없을 정도로 매우 많이 들기 때문이었다. 이들 가운데 국립 보건의학연구소 소속의 한 전문가에 따르면, 이 C형 간염 검진법으로 수명이 1년 연장되는 데 드는 비용은 5500만 유로일 것이라고 한다. 이와 비교할 때, 도로교통 안전의 경우 수명을 1년씩 연장하는 데 드는 비용은 약 7600유로에 불과하다. 그러나 정부는 전문가들의 의견을 고려하지 않고 여론을 만족시키기로 결정했다. 아니, 더 정확히 말해 (여론이 이런 검진법의 존재를 알게 되면) 위험성 0을 달성하고 싶은 욕망을 가질 수도 있으니 그 욕망을 충족시키기로 결정한 것이다. 앞서 살펴보았듯 적은 위험성은 평범한 논리에 의해 크게 과대평가되기 때문에, 결국 '대중의 지혜'가 객관적으로 보면 비합리적인 투자를 요구하는 경우가 매우 많아질 수 있다.

이 말이 내포하는 바를 더 명확히 이해할 수 있게 해주는 사례가 바로 인지심리학자 마시모 피아텔리 팔마리니가 진행한 실험이다. 이 실험 대상자들에게는 다음과 같은 두 가지 상황을 고려해보라고 요청했다.

상황 1: 당신은 희귀하고도 치명적인 병에 노출되었다. 당신이 실제로 이 병에 걸렸을 확률은 1퍼밀(1000분의 1)이다. 이 위험률을 0퍼밀로 떨어뜨리는 백신에 당신은 어느 정도 가격을 지불할 용의가 있는가?

상황 2: 문제는 앞의 상황과 같다. 다만 이번에는 당신이 감염되었을 확률이 4퍼밀이고, 백신이 치료를 해주지는 않지만 감염 위험을 3퍼밀로 감소시킨다. 당신이 이 백신에 지불할 용의가 있는 최대 금액은?

첫 번째 경우(위험성 1퍼밀을 완전히 제거하는 경우) 평균 제시 가격은 1만 2177유로였고, 두 번째 경우(위험성 4퍼밀을 3퍼밀로 감소시키는 경우) 평균 제시 가격은 3805유로였다. 즉 양쪽의 금액에 3배나 차이가 났다.

이 결과에서 알 수 있듯 이 백신을 얻기 위해 개인들이 기꺼이 투자할 금액은 상황 1, 2 가운데 어떤 상황이냐에 따라 매우 다르다. 그런데 양쪽 모두 백신이 병에 걸릴 확률을 떨어뜨리는 정도는 똑같이 1퍼밀포인트에 불과하다. 하지만 상황 1에서 백신은 상황 2와 달리 개인들에게 치료된다는 확신을 준다. 사람들은 자신이 두려워하는 것을 믿는 경향이 있어서, 매우 적은 위험이라도 이를 뿌리 뽑기 위해 비합리적인 가격을 지불하려 하는 경우가 많다.

불공평한 균형

잘 알다시피 새로운 혜택을 얻을 수 있다는 전망을 내세우기보다는 기득권(일자리, 생활 수준, 소득, 사회권 등)을 잃을 수 있다는 공포감으로 집단을 동원하는 편이 더 손쉽다. 이런 현실은 노동조합 운동가들도 잘 알고 있다. 이러저러한 시위가 성공을 거둔 맥락을 설명할 때 사회적 변수를 원인으로 언급하는 경우를 많이 볼 수 있지만, 그렇다고 이런 현상 안에 정신적 불변요소도 내포되어 있다는 사실이 부정되는 것은 전혀 아니다. 실제로 인간의 사고방식은 이익보다는 실질적인 손실 혹은 계획된 손실을 고려하는 데 적합한 듯이 보인다. 논리적으로 따지자면 우리의 사고는 어떤 상황의 장단점을 균형 있게 살펴서 최선의 격차가 나오도록 결단을 내려야 한다. 하지만 대부분은 전혀 그렇지 않다.

아모스 트버스키와 대니얼 카너먼 교수가 입증했듯, 개인들은 동등한 가치를 지닌 이득보다는 손실에 더 많이 주목하는 경향을 지닌다.[52] 인지심리학 연구 결과, x유로 만큼의 손실은 적어도 2.5x유로만큼의 이득이 있어야 심리적으로 상쇄된다는 사실이 입증되기도 했다. 다음 그래프를 보면 이를 한눈에 파악할 수 있다.

---

52   Tversky & Kahneman(1986).

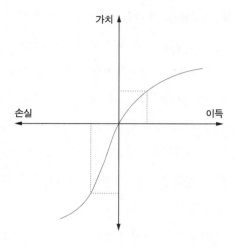

주관적으로 평가된 비용과 이득 곡선

　이 곡선 그래프에서 이득과 손실은 가로축에 표시되며, 손실은 이득의 마이너스다. 세로축은 비용과 이득에 대한 개인의 주관적 평가를 나타낸다. 이 그래프를 보면 점진적으로 이득의 '격차가 해소'되는 것을 알 수 있다. 많이 얻으면 얻을수록 추가되는 이득이 내게 심리적으로 가져오는 이익이 적어진다는 의미다. 만약 내가 복권으로 100만 유로를 번다면 아주 행복하겠지만, 300만 유로를 번다고 3배 더 행복해지는 것은 아니라는 뜻이다. 손실은 훨씬 더 뚜렷한 변형을 보인다. 이 곡선에서 가로축 위 어디든 가상의 아무 값이나 대입해보아도, 세로축 위의 심리적 대응값이 비용에 훨씬 민감하다는 사실을 쉽게 알 수 있다. 이런 정신적 성향은 위험을 주제로 한 모든 토론에 악영향을 주고 있는 것으로 보인다. 그 토론이 TV나 라디오로 방송되건 인터넷으로 중계되건 말이다. 마치 비용만 고려하는 무게중심에 우리의 사고방식과 공론이 모두 흡수된 것 같다.

이렇듯 우리는 어떤 기술적 제안의 장단점이 합리적 균형을 이루도록 검토하기보다 비용에만 초점을 두는 경향이 있다. 우리의 사고방식이 분할 편향에 쉽게 영향받는다는 사실은 이런 성향을 더욱 조장할 수 있다.

대회는 하나뿐인데
챔피언은 너무 많다

우리는 문제가 매우 복잡한 상황에 자주 처한다. 워낙 복잡해서 우리의 숙의 능력이 미치지 못하거나, 우리가 그 문제를 해결하는 데 할애할 용의가 있는 에너지와 시간 그 이상이 요구되는 경우다. 그러면 우리는 이 문제를 손에 잡히는 것으로 만들기 위해 여러 개의 하위 문제로 나누고 싶은 유혹을 느낄 수 있다. 가령 자기 집 열쇠를 찾고 있는 사람은 그 열쇠가 우주 속 모든 장소에 똑같은 확률로 있을 가능성은 아마도 고려하지 않을 것이다. 당연히 (시간과 에너지를) 절약하기 위해 이 문제를 세분한 뒤 자기가 보기에 가장 개연성 있는 몇몇 경우만 고려하는 제한된 시스템 안에서 해결책을 찾을 것이다. 즉 자신의 상의 주머니라든가 현관, 가방 안 같은 곳만 확인해볼 것이다. 혹시 이들 가능성 가운데 그를 충족시키는 것이 하나도 없으면 검색 범위를 넓힐 것이다.

이런 방법은 매우 효과적일 뿐만 아니라 매우 필요해 보인다. 그러나 평범한 사고력으로 불분명하게 이 방법을 적용하면 오류에 빠져서 토론을 궤도에서 벗어나게 만들고, 대중이 결집했을 때 그들의 지혜가 거의 작용하지 못하게 만들 수 있다. 이 문제를 더 쉽게 상상할 수 있도록, 내가 진행한 한 가지 실험을 소개한다. 다음의 짧은 질문은 내가 700명 이상을 대상으로 설문조사를 진행했을 때 제시했던 질문이다.[53]

프랑스의 차기 챔피언은 어느 팀이 될까?

차기 프랑스 축구 리그에 참가하는 다음 7개 팀이 있다(리그에는 20개 팀이 참가한다). 이들 팀마다 차기 프랑스 리그 챔피언이 될 확률을 맞혀보라(현재 진행 중인 리그의 챔피언을 예상하는 것은 너무 쉬우므로 다음 해의 챔피언을 알아맞히도록 한다). 여러분이 생각하기에 마르세유가 챔피언이 될 확률은 얼마인가? 리옹의 확률은? 파리생제르맹(PSG)의 확률은? 릴은? 몽펠리에는? 렌의 확률은 어떤가?

53　Bronner(1997). 이 책에서는 선택 가능한 축구팀을 업데이트했다.

여러분도 한번 주변 사람들에게 이 간단한 문제를 질문해보기 바란다. 나는 여러분이 어떤 결과를 얻을지는 추측할수 없다. 하지만 내가 직접 설문조사를 한 결과, 실험 대상자의 82퍼센트는 모든 팀의 예상 확률 총합이 100퍼센트를 넘겨도 전혀 개의치 않았다. 가령 마르세유에 60퍼센트를 걸면서 동시에 PSG에 80퍼센트를 거는 식이다. 수학적 논리를 준수한다면 백분율 총합이 100퍼센트를 넘으면 안 되는데도 말이다.

그런 다음 나는 실험 대상자들에게 각자의 답변 이유를 설명해달라고 했다. 그들이 내게 알려준 이유는 공통으로 딱 하나였는데, 이를 보면 분할법의 남용이 어느 정도로 추론을 편향되게 하는지 알 수 있다. 그러니까 실험 대상자들은 모든 팀을 '하나하나' '따로 떼어놓고' 생각하면서 답변했던 것으로 밝혀졌다. 실은 팀마다 나머지 팀과 비교했을 때의 확률을 전체적으로 평가해야 하지만, 그러려면 더 복잡한 정신작용이 요구된다. 그래서 그들은 이렇게 하기보다 그때그때 팀마다 평가한 다음에 이렇게 질적으로 고찰한 내용을 숫자로 옮겼다. 이 과정에서 그들은 이래서는 계산 규칙을 어기게 된다는 사실을 깨닫지 못했다. 이 주어진 문제를 올바로 처리하려면, 가설마다 상호작용을 차분히 검토하는 과정이 필요했다. 한 팀이 미래의 챔피언이 될 확률이 90퍼센트라면, 이는 다른 팀들이 나머지 10퍼센트를 나누어 가진다는 사실을 인정하는 것으로 이어져야 한다. 하지만 실험 참가자 가운데 절대다수는 이 질문에 답하기 위해 선택한 분할 방법으로 인해, 한 팀의 우승 확률이 매우 높더라도 다른 팀 역시 챔피언이 되기에 타당한 가능성을 지닐 수 있다고 생각하게 되었다.

이 사례가 설령 지엽적인 것처럼 보이더라도, 이를 통해 우리는 공개적으로 드러난 논거들에 이 분할 편향이라는 바닥짐이 채워져 있다는 것을 쉽게 지적할 수 있다. 이러한 편향은 한 개인이 제시한 주제를 이루는 일부 요소들이 서로 양립 불가능할 때 나타난다. 여기서 다시 위험성 관련 주제를 다루는 미디어의 문제투성이 방식을 거론하자면(관련된 사례가 참으로 많다), 극단적 사전주의 원칙론자들이 내세우는 수많은 논거에는 논리적 관점에서 일관성이 없다. 다시 말해 이들 논거는 서로 양립 불가능하다. 좋은 사례로 그린피스 사이트에 게재된 아래의 발표문을 들 수 있다.

프랑스에서 이 메시지를 알리기는 매우 힘든데, 프랑스는 세계 최대 원자력 강국이다. 하지만 원자력 로비(정부, 원자력 및 재생 에너지 기업, 아레바, 전력공사 등) 때문에 원자력은 국민적 논의의 대상이 되지 못하고 있다. 새로운 원자로들이 건설되고 있으며, 고압전선이 인근 주민의 건강을 위태롭게 하고 있다.

이 투사들은 신생 원자로와 고압전선 건설이 똑같이 해롭다고 생각한다. 그런데 도대체 고압전선 수를 늘리지 않고서 어떻게 재생 에너지(태양 에너지나 풍력 에너지) 생산량을 증가시킬 생각인지 설명해주었으면 좋겠다. 이상기후를 우려하는 이 투사들이 동시에 독일의 석탄 화력발전소 계획에 대해서는 아무 소리도 하지 않는 것이 놀랍다. 새 전기자동차가 대량으로 등장할 때 필요해질 에너지 생산 문제는 전혀 제기하지 않은 채 사람들에게 석유 기술을 근절할 수 있다는 기분 좋은 생각을 심는 이런 논리에 대해서 대체 뭐라 해야 할까? 이 모든 모순이 가능하고 우리 눈에 보이지 않는 상태로 유지될 수 있는 이유는 바로 분할 편향이 존재하기 때문이다. 사실 에너지 효율과 재생 에너지, 이산화탄소 배출 등의 문제가 복잡하게 뒤얽힌 에너지 시스템에 대해 깊이 고민하다 보면 분할 편향을 동원해 이 복잡한 문제를 잘라서 변형하게 된다. 투사 활동가들이 남용하는 이런 분할 편향은 이득은 거들떠보지 않고 비용만 고려하려 하는 우리의 성향을 강화한다.

마지막으로, 특정한 상황에서 이런 편향 때문에 비극적일 뿐만 아니라 어처구니없는 결과가 생길 수 있다는 사실을 보여주는 한 가지 사례를 소개하고자 한다. 1978년 12월 28일, 유나이티드 에어라인 소속의 한 항공기에서 벌어진 일이다.[54] 한겨울 오후 5시 6분, 이 비행기는 포틀랜드 공항 위를 날며 착륙 준비를 시작하고 있었다. 이 경우에 늘 하던 대로 조종사들은 착

---

54   Morel(2002) 또는 Bronner(2007a) 참조.

류장치가 나오도록 작동시켰지만, 금세 평상시와는 다른 이상하고 걱정스러운 소음이 나는 것을 감지했다. 게다가 안전시스템에 주요 착륙장치가 나왔다는 표시가 뜨지 않으면서 전방 장치는 아무런 이상 없이 작동하는 것처럼 보였다. 조종사들은 당장 착륙하지 않고 포틀랜드 상공 위를 복행해서 돌기로 했다. 5시 38분, 중앙 착륙장치가 제대로 나왔는지 확인하기 위해 가능한 모든 장치를 점검한 뒤, 조종사들은 항공사 기술자들과 교신을 시작하면서 승객에게 비상탈출 준비를 시키도록 승무원들에게 지시했다. 당시 이들은 큰 재난으로 이어질 수 있는 주요 착륙장치 문제에만 몰두한 채 거의 40분 동안 공항 상공을 빙빙 돌고 있었다. 그런데 완전히 다른 이유로 큰 재난이 발생하고 말았다. 우려스러운 오작동 문제에만 골몰한 조종사들이 연료를 걱정해야 한다는 것을 그만 깜박 잊은 채, 이유가 있다고 믿고서 마냥 착륙을 지연시키며 연료를 다 써버린 것이다.

10명의 생명을 희생시킨 이 실수가 보여주듯, 개인들이 어떤 문제를 이루는 여러 요소 가운데 단 한 가지에만 정신이 팔릴 정도로 분할에 사로잡히면, 분할법은 심각한 역효과를 발생시킬 수 있다.

다시 콩도르세의 정리로

이 외에도 우리의 판단력에 부담을 주는 바닥짐은 여러 가지다. 이런 짐들은 잘 분배되어 있어서 숙의 집단 안에 쉽사리 파고든다. 문턱 효과(일정 기준을 넘어서야 효력이 발생하거나 새로운 현상이 나타나는 것—옮긴이)의 난해함(특히 방사선이나 전자기장 문제의 경우), 판단을 모순적으로 유예하게 만드는 불확실성의 편향[55] 등이 이런 바닥짐에 해당한다. 나의 목적은 이런 바닥짐들의 카탈로그를 만드는 것이 아니라, 콩도르세의 정리가 특정한 조건에서만 적용될 수 있다는 사실을 상기시키는 것이다.

기억하다시피, 콩도르세는 숙의 집단을 이루는 구성원이 많을수록 이 집단에서 일종의 집단적 지혜를 표출할 가능성이 크다고 확신했다. 그런데 제임스 서로위키조차도 다음과 같이 강조했다.

"모두 같은 방향성을 띠지 않는다면, 개인들의 판단오류가 집단의 판단을 깨뜨리지 않는다."[56]

이제 우리는 개인의 수가 많다고 해서 자동으로 인지적 다양성이나 지혜로운 판단력이 생기지는 않는다는 것을 잘 알고

---

55   Morel(2002).
56   Surowiecki(2008), p. 78.

있다. 심지어 어떤 상황에서는 오히려 그 반대다. 즉 집단의 규모가 클수록 공유된 오류가 다수의 의견이 될 가능성이 커진다.

한 가지 추론 오류가 머릿속에 발생할 가능성이 60퍼센트라고 가정하자. 이 경우에는 집단 내 투표자의 수가 많을수록 이 오류가 집단의 다수 의견이 될 확률이 커진다. 반대로 이 집단 구성원이 단 한 명이라면, 이 집단이 옳은 결정을 내릴 가능성은 40퍼센트를 유지하게 된다. 콩도르세도 이 사실을 정확히 알고 있었음을 《다수결 투표의 확률에 대한 해석학의 적용에 관한 시론》 182쪽의 다음 구절을 보면 알 수 있다.

앞에서 우리는 구성원이 너무 많은 집단의 단점에 관해 이야기했는데, 이는 일정 구성원의 투표율이 절반 이하인 경우에도 물론 적용된다. … 한 개인이 투표할 확률이 절반 이하일 때, 그가 우연에 따랐을 때보다 더 못난 선택을 하게 되는 데는 틀림없이 이유가 있다. 그 이유는 이 투표자의 선입견 안에서만 찾을 수 있다.

이런 조건이라면, 최적의 투표자 수는 1이다!

물론 이 모든 주장은 너무 단호하다. 왜냐하면 우리는 숙의를 통해 오류 발생률이 감소할 수 있다는 것을 언제나 확신할 수 있기 때문이다(그러나 콩도르세의 머릿속에는 투표자들이 숙의하지 말아야 한다는 생각이 숨어 있다는 점을 잊지 말자). 우리는 개인들이 처음에는 실수를 저지르지만, 집단 구성원 한 명이 옳은 답을 제안하면 그것을 알아볼 수 있다고 가정하곤 한다. 문헌을 이 문제의 답을 구하려는 시도는 매우 드물게 발견되며[57] 그렇게 해서 얻은 결과도 매우 모호하다. 즉 다양한 인지 편향에 직면한 집단이 결정 과정이나 문제 해결 과정을 거친 끝에 어떤 경우에는 개인의 수행능력 이하의 결과를 낳기도 하고, 또 어떤 경우에는 그 이상의 결과를 낳기도 한다는 것을 알 수 있다…. 그러나 이런 인지 편향들은 결코 숙의로 인해 사라지지 않는다. 심지어 특정한 사회적 상황에서는 이런 편향의 효과가 훨씬 증폭된다는 것을 입증할 수도 있다.[58] 특히 공적 발언에 능숙한 개인들이 이런 편향들을 투쟁적 논거로 이어나가서 기준점 편향 효과를 누리고, 인간의 사고방식 가운데 가장 불명예스러운 성향을 부추겨 이를테면 인지적 선동주의를 실천하는 경우가 그렇다.

숙의하는 주제가 위험성에 관한 것일 때는 이러한 조건이 거의 반드시 조성된다. 문제가 되는 것이 나노기술이건, 합성생물학이건, 유전자변형 식품이건, 셰일가스건, 마치 사전주의 원칙론자들이 논쟁 안건을 그들 마음대로 주무르면서 그들이 맹목적으로 숭배하는 주제를 논의 테이블에 올리는 것 같다. 정말로

---

57   Wright & Wells(1985); Argote, Seabright & Dyer(1986); Stasson, Kaoru, Zimmerman & Davis(1988).
58   Morel(2002) 또는 Bronner(2007a) 참조.

위험성이 없다고 확신하는가? 우려하는 마음을 자극하며 비록 이 위험성이 낮더라도, 그로 인해 발생할 천문학적인 비용만 보더라도 비난하기에 충분하지 않은가? '의심스러울 때는 가만히 있으라'는 옛 속담을 자꾸 상기시키는 극단적 사전주의 원칙론자들을 보면서, 집단적 숙의가 어떤 경우에는 지식의 공유보다 오류의 상호화를 가져올 수 있음을 알게 된다.

최소한, 토론이 부족하지는 않다는 말은 할 수 있다. 코탕텡-멘 송전선 건설 문제를 논하기 위해 4000여 건의 회의가 소집되었지만, 고압전선 반대론자들은 지치는 기색 하나 없었다. 그래서 우리는 여러 차례의 여론조사를 통해 위험성에 대한 인식을 확인했다. 이런 인식은 우리의 사고 안에 존재하는 정신적 환상을 드러내기 때문에 일종의 지혜로 여겨지기는 어렵다. 더군다나 여론은 반드시 저절로 이렇게 표현되는 것이 아니다. 여론이 표현되려면 대개 위험성에 대한 이 같은 잘못된 인식을 무대 위에 올릴 사회적 '촉매'가 필요하다. 이를 가리켜 이솝 효과라고 부를 수 있겠다.

이솝 효과

건강염려증이라고까지 할 정도까지는 아니지만, 뒤퐁 씨는 자신의 건강 상태에 관해 최악의 상상에 빠지는 경우가 많다.

조금만 땀이 나거나 체중이 줄어도 그는 중병에 걸렸다고 느낀다. 이런 막연한 불안감은 이 같은 초기 증상이 중병으로 이어진 경우를 안다는 친구의 증언만 듣지 않아도 금세 사라진다. 요컨대 뒤퐁 씨도 우리 가운데 많은 이들이 그렇듯 기회만 있으면 당장이라도 자신이 암에 걸렸다고 두려워할 태세다. 그래서 조금만 도와주면 그는 실제로 두려워하기 시작한다.

그의 의욕적인 상상력 입장에서는 안타깝지만, 인터넷 기술 덕분에 그에게는 그 사소한 성향을 정신적 악몽으로 만들 각종 수단이 생겼다. 프랑스에서 제일 인기 높은 사이트 중 하나인 '독티시모'를 열람하는 것만으로도 그에게는 충분하다. 이 사이트는 매우 잘 만들어졌고, 사이트 방문자들을 걱정하게 만들려는 목적도 전혀 없다. 하지만 희미한 불안감을 없애려는 네티즌은 최대한 멀리까지 파헤치려 할 가능성이 있다. 그런데 모든 길은 로마로 통하듯, 모든 증상은 결국 '암', '심혈관 질환', '알츠하이머병'으로 이어진다. 뒤퐁 씨가 이 사이트에서 제공하는 자료를 열람했을 때 접하게 되는 정보는 대부분 안심이 되는 것들이다. 그러나 그는 여기서 멈추지 않고 확신을 얻을 때까지 검색을 이어갈 것이고, 결국에는 최악의 상황에 대한 자신의 강박적인 직관을 검증해주는 텍스트를 발견해 불안감을 증폭할 터다. 만약 그가 토론 사이트를 방문한다면 이번에도 걱정스러운 증언들을 접하게 되리라. 자기 사례를 증언하는 글을 게시한 사람들의 의도가 나빠서가 아니라, 이런 사이트에는 하찮은 증상에서 시작해서 중병으로 발전한 경험을 한 사람들이 그렇지 않은 사람들보다 글을 많이 올릴 가능성이 더 크기 때문이다. 편두통을 앓다가 아스피린 한 알로 치료한 사람은 이런 종류의 토론 사이트에 자신의 경험담을 남길 이유가 하나도 없다.

따라서 여기서도 역시 인지 시장의 편향성이 드러난다. 수요자(뒤퐁 씨)는 자신에게 안도감을 줄 수도 있는 x개의 정보 가운데서 자신의 신념을 확증하는 정보를 찾으려 하며, 공급 또한 대표성을 띠는 방식으로 구조화되지 않는 것이다(우려스러운 증상들 가운데 가장 심각한 것들이 지나치게 많이 기술된다).

나는 이런 생각을 테스트하기 위해 '홍조'라는 대수롭지 않은 증상을 가지고 간단한 검색을 해보았다. 구글 검색 결과 가장 먼저 독티시모 사이트를 추천받았고, 이 사이트를 방문했더니 자료 한 무더기가 제공되었다. 그 가운데 심각한 건강상의 문제가 언급된 건 일부였지만, 내가 최악의 경우를 상상했더니 충혈성 홍조, 혈관 운동성 열감으로까지 발전되었다. 그러니까 클릭 몇 번만으로 나는 심혈관계 이상, 뇌졸중, 심근경색 등의 공포에 직면하게 되었다.

이솝 우화에서와 마찬가지로, 우리 현대인은 너무도 쉽게 "늑대다!" 외치거나, 혹은 그렇게 외치는 사람들의 말을 지나치게 관대하게 경청한다. 그렇게 된 데에는 정보 시장의 새로운 여건들뿐만 아니라, 모든 주제에 관해 누구나 능력에 상관없이 의견을 표현할 권리가 있다고 생각하는 (민주적 이념이라기보다는) '민주주의론적'인 이념도 일조하고 있다. 자칭 '고발자'들은 과학적 지식 상태를 고려하지도 않지만 이들이 숙의민주주의 신봉자들로부터 박수를 받는 일은 빈번하다. 이들은 전자기장이 (유럽에서 허용된 방출 기준에 맞더라도) 위험하며, 원자력발전소 근처에 사는 것이 건강에 해롭다고 주장한다. 그들은 어떤 해변이 위험하게도 방사선에 오염되어 있다는 사실을 알리면서 손쉽게 미디어의 주목을 받은 뒤, 그들의 고발이 대개는 근거 없다는 사실로 드러나면 손을 씻고 모른 척해버린다. 왜냐하면 그들은 치료보다 예방이 낫다고 믿기 때문이다. 게다가 이런 행동계획을 통해 시민의 과학이 표현된다고 보는 미셸 칼롱, 피에르 라스쿰, 야닉 바르트는 이 행동계획을 다음과 같이 전적으로 정당화한다.

잠재적 부정행위를 예상하고 파헤칠 것. 체계적인 데이터 수집 및 감시 체계를 가동해 수상한 일이 벌어지는 순간 즉시 경종을 울릴 것.[59]

그런데 이 세 사람은 이런 행동계획이 이솝 효과가 여실히 발휘될 조건을 상당히 잘 규정한다는 걸 보지 못하는 것 같다. 앞서 가벼운 건강염려증이 있었던 뒤퐁 씨는 애써 정보를 얻

---

59   Callon, Lascoumes & Barthe (2001), p. 41.

는 과정에서 불안감을 증식했다. 이와 마찬가지로 우리는 대부분 통계와 확률에 대해 잘 알지 못하는데, '수상한 일이 벌어지는 순간' 즉시 경종을 울리려고 하면 이런 공통된 우리 무능력의 상호화가 촉진된다. 가령 낮은 확률에 대한 과대평가(갈퀴 효과), 이득보다 비용만 고려하는 성향, 문턱 효과의 난해성 등은 통계와 확률 면에서 우리의 무능력을 보여주는 몇 가지 예에 불과하다.

문제는 반복적으로 늑대가 나타났다고 외친(유전자변형 식품, 팜유, 분유, 아스파르템 등에 대한 문제 제기) 덕분에 이런 우려 가운데 일부가 결국에는 근거 있는 것으로 드러날 가능성이 있을 뿐만 아니라 그럴 법해지기까지 한다는 것이다. 이 메커니즘은 미래를 예측한다고 주장하는 점성술에서 찾아볼 수 있는 메커니즘과 비슷하다. 키케로도《점성술에 관하여》에서 "점쟁이들은 그들이 예언한 일이 우연히 한 번이라도 들어맞지 않을 만큼 운이 없지는 않다"[60]라고 말했다. 점성술사의 '성공'이 그의 실패와 관련지어지면 자연히 우연의 소치로 여겨지게 될 것이다. 이러한 관점에서 마르코 벨랑제는 1995년부터 퀘벡의 회의론자들이 진행한 실험을 언급하며 이를 설명했다.[61] 매년 퀘벡의 회의론자들은 공인 점술가와 회의론자의 대결 기회를 마련

---

60   2권 29장.
61   Bélanger(2002), p. 141.

한다. 두 집단이 각자 다음 해에 일어날 일을 예측한 다음, 이들의 적중률을 비교하게 된다. 회의론자들은 예측을 위해 완벽하게 무작위적인 방법을 사용하지만, 두 집단의 결과에 괄목할 만한 차이는 전혀 없는 것으로 나타난다. 가령 1997년 대결에서 회의론자들은 1998년 10월 23일에 남아메리카에서 지진이 발생할 것이라고 예언했다. 이 예측 내용은 각각 여러 장소, 날짜, 사건이 기록된 과녁 3개에 다트를 던져 나온 것이었다. 그런데 결과적으로 이 예측이 완전히 적중한 것으로 드러났다.

점성술사들이 자신이 적중시키지 못한 엄청나게 많은 경우는 숨기면서 얼마 되지 않는 적중 사례를 매체를 통해 부각하듯, 이솝 효과를 자극하는 사람들도 이따금 자신의 말이 맞으리라는 사실에 기대를 걸 수 있다. 이를 바탕으로 그들은 자신들의 행동이 정당할 뿐만 아니라 심지어 사회에 유용하다는 결론을 내린다. 하지만 실상을 보면 이들은 대부분 사회에 해를 훨씬 더 끼친다. 이들은 집단적 건강염려증과 비슷한 걱정이라는 독약을 조금씩 주입한다. 아주 정확히 말하자면, 내가 보기에 우리 시민들은 두려움을 완전히 마음속에 품었다기보다는 막연한 두려움에 사로잡혀 있는 것 같다. 걱정이 있는 네티즌들이 독티시모 사이트를 찾아보면서 자신이 암에 걸렸다고 반드시 믿는 것은 아니듯, 우리도 끊임없이 직면하는 모든 위기감에 반드시 동조하지는 않는다. 그러나 오염된 환경에 살고 있다는 막연한 생각에 불편한 감정은 남는다. 그래서 앞서 언급했듯 프랑스인의 64퍼센트가 도시에서 숨 쉬는 것이 흡연만큼 위험하다고 생각하는 것이다!

그런데 전방위적으로 활약하는 점성술사의 예언이 기껏해야 귀 얇은 사람의 은행 잔고를 축내는 결과만 가져오는 것과는 달리, 걱정으로 뒤덮인 사회 기류는 보건, 경제, 정치 측면에서 후유증을 유발한다는 것이 문제다. 그래서 나는 전문가들의 과학적 평가에 이론을 제기하는 숙의민주주의 결정기관에 박수를 보내는 사람들이 다음과 같은 발언을 하는 것이 신중하지 않다고 생각한다.

"… 심지어 그리고 특히나 불행을 예언하는 예언자들이 이런 논쟁을 불러일으켰더라도 말이다. 역사가 우리에게 말해주지 않는가, 사람들은 믿지 않았어도 트로이의 멸망을 이야기한 카산드라의 예언은 맞았다고."[62]

확실히 불행을 예언하는 예언자도 점성술사와 마찬가지로 항상 틀리라는 법은 없다. 그러나 이들의 경고 때문에 공공기금이 실제 보건 문제에 투입되지 않으면 이는 크나큰 피해를 낳는다. 이런 고결한 '염려증 환자들'의 걱정이 만든 희생자가 정확히 얼마나 될까? 실체가 없는 환상 속의 위험을 물리치는 데 써버린 비용이 예방이나 연구 정책에 돌아갔더라면 목숨을 구할 수 있었던 사람이 얼마나 많을까?

---

62   Callon, Lascoumes & Barthe(2002), p. 42.

내 눈에 이런 발언이 경솔해 보이는 또 다른 이유는 양치기 소년 우화에서와 마찬가지로, 이런 많은 경고 때문에 실제로 위험이 확인된 경우에 발휘해야 할 우리의 집단적 반응 능력이 고갈될 가능성이 짙기 때문이다. 이런 불협화음은 바로 실제 위험을 가려버릴 수 있다. 예를 들어 현재 우리가 겪고 있는 경제위기 이전에 이미 많은 비평가가 금융파생상품과 천문학적 국가 재정 적자에 바탕을 둔 정책들의 불합리함을 비난하지 않았던가? 오늘날에도 인구 측면에서 일부 현실이 우리의 현재 식량 및 에너지 생산능력과 양립하지 못한다는 점을 지적하는 사람들이 많지 않은가? 그런데도 근본적으로 시급한 일이 풍력발전을 장려하고 바이오 작물을 경작하는 것이라고 주장하고 싶어 하는 사람들도 있는 것이 사실이지 않은가?

결코 우리 공동체가
만장일치로 탈선하는 일은 없다

언론인 칼 제로는 TV에서 영광의 시간을 보냈다. 그는 카날플뤼스 방송 채널에서 작가 알베르 알구와 앙투안 드 콘 옆자리에서 데뷔한 뒤로 1990년대 말 매주 일요일, 유료 채널 카날플뤼스에서 〈진짜 뉴스〉를 진행하며 전성기를 보냈다. 그의 트레이드마크는 정보와 픽션을 뒤섞는 것이었다. 그는 두꺼운 검

은 테 안경을 쓴 채, 의도적으로 정치인과 반말로 대담하는 데
매진해왔다. 2006년 11월의 어느 날, 그는 이블린 제10선거구
국회의원인 크리스틴 부탱을 게스트로 맞아서 늘 그랬듯 반말
로 질문을 던졌다. 질문 내용은 9·11 테러에 관한 것이었다. "부
시가 이 테러의 배후에 있다고 생각해?" 그러자 부탱은 이렇게
대답했다.

가능한 일이라고 생각해. 그렇게 생각하는 데는 이유가 있어.
난 이 문제를 거론하는 사이트들이 방문자 수가 제일 많다는
걸 알거든. 나로 말하자면 새로운 정보통신기술에 아주 관심이
많지. 대중과 인민이 이렇게 의견을 표명하는 마당에 전혀 사
실이 아닐 수는 없다고 생각해.[63]

우리는 크리스틴 부탱이 세상에 대한 특정한 종교적 표상에
무감하지 않다는 것을 안다. 그가 '대중'의 의견 표명이 전적으로
틀릴 수는 없다고 시인하는 방식에는 모종의 종교적인 면이 포
함되어 있다. 고지식한 본질주의적 관점에서 이야기하자면, 그
의 발언은 앞서 민주주의를 이끄는 세 마리 말이라고 표현했던
민주주의론 지지자들의 발언과 그다지 거리가 멀지 않다. 이들

---

63   이 인터뷰 발췌문은 Ledoux(2009)에서 인용했다.

의 입장[64]은 부주의로 인한 추리의 오류로 요약되는 듯하다. 이들이 여기에 동조할 수 있었던 것으로 보아, 이런 오류에 따른 결론이 참이길 바라는 욕망이 얼마나 강했을지 짐작이 간다.

민주주의는 좋은 것이다.
이 결정은 민주적으로 얻어낸 것이다.
따라서 이 결정은 좋은 것이다.

이 같은 삼단논법에 대해 할 수 있는 말은 참으로 많을 것이다. 가장 먼저, 정보가 없는 시민을 위원회(결정을 내리는 위원회이건 협의를 하는 위원회이건)에 가입시키는 것이 근본적으로 민주적인 일인지 의문을 제기하는 것부터 시작할 수 있다. 하지만 우선 나는 민주주의 이념을 무엇이든 만지면 황금으로 바꾸는 미다스처럼 만들어버린 이 신념을 잠시 살펴보았으면 한다. 유추 과정 자체에서 이미 허점이 드러나는 이 신념을 어떤 이들은 너무도 명백하다고 믿는 듯하다. 가령 파트리스 플리시도 다음과 같이 설명했다.

정치적 민주주의가 공적 부문에 거의 무지한 시민에게 권한을 부여하는 것과 마찬가지로, 새로운 민주화도 개인들에게 의존

---

64   이 문제들에 대한 인식론적 관점만을 옹호하는 저자들은 여기서 배제했다.

한다. 그런데 이 개인은 교육 수준과 새로운 컴퓨터 기기 덕분에 여가활동 범위 안에서 근본적인 능력을 획득할 수 있는 사람이다. 사안에 따라 이런 능력을 통해 전문가와 대화를 나눌 수도 있고, 더 나아가 다른 의견을 발전시켜서 전문가의 의견에 반박할 수도 있다.[65]

이처럼 정치적 민주주의와 인지적 민주주의 사이에 평행선을 긋고 양쪽을 비교할 수 있다고 여기는 플리시의 믿음을 보면, 그가 저지르는 오류가 매우 뚜렷하게 드러나는 것 같다. 실제로 민주주의는 투표를 통해 공적 사안에 부분적으로 무지한 개인들에게 결정권을 부여한다. 역사적으로 유감스러운 몇몇 반례를 제외하면, 이런 의견들이 결집해 일종의 집단적 지혜가 표출되어 정권교체가 일어나기도 하고 가장 급진적인 의견들이 배제되는 효과도 생긴다. 그러나 이것은 중도적 가치를 중심으로 여러 의견이 고르게 분산되어서 나온 결과다. 케이트 고든 교수가 학생들을 대상으로 물건 무게를 알아맞히는 실험을 했을 때 관찰되었던 결과처럼 말이다. 민주적 투표 메커니즘은 중도층이라는 변수가 출현하는 데 유리한 경우가 많다. 그러나 이런 메커니즘은 모든 경우에 적용될 수 있는 것이 아니다. 앞서 살펴보았듯, 확실히 집단적 인지 상황에 자동으로 적용되지는

---

65 Flichy(2009), p. 10.

않는다.

이렇게 정치 영역과 인지 영역 사이에 잘못된 이동이 이루어지면 과학을 둘러싼 시민의 토론에 악영향이 간다. 콩도르세의 정리를 적용하는 데 한계가 있음을 인식하지 못하게 방해하는 것이다. 이런 상황이 더 심각한 이유는, 이런 이동의 정당성에 이의를 제기하는 사람을 진정한 민주주의자가 아니라고 생각하게 만들 수 있기 때문이다. 이런 행위는 잘못된 추론의 가장 해로운 악영향을 내포한 일종의 도덕적 협박이 되어버린다. 숙의민주주의는 그 의도가 아무리 고결하다 한들 특정한 주제에 대해 이와 같은 실천을 해야 한다고 스스로 주장하는 순간부터는 인지적 선동주의, 더 나아가 포퓰리즘으로 변해버릴 위험이 있다.

인지적 선동주의와 포퓰리즘

모든 민주주의가 그랬듯, 쉽게 믿는 자들의 민주주의도 오래 묵은 정치적 딜레마를 현재 경험하고 있다. 바로 전체의 이익과 여론을 대립시키는 딜레마다. 그러나 이는 전대미문의 전환점이 되고 있다. 지금껏 여론이 안다고 믿었던 적은 한 번도 없었다. 게다가 정치인은 자신의 결정이 무엇이건(특히 이 결정이 위험과 관련해 매우 널리 퍼져 있는 신념들 가운데 일부와 대치될 경우) 모두 미디어에 보도될 것이며, 자신의 행동이 사회적으로 드러나지 않기를 기대하기란 불가능함을 거의 확신한다. 따라서 그로서는 전체의 이익을 위하기보다 여론의 비위를 맞추고 싶은 유혹이 클 수밖에 없다. 특히나 지자체 직무를 수행하는 사람들의 경우가 그렇다. 이들은 지역 주민과 일상적으로 접촉해야 하며, 자신이 내린 결정에 대해 막중한 법적 책임을 져야 하기 때문이다. 따라서 지방 선출직 공무원들이 자기 지역구의 선거권자들과 일심동체가 되어 매번 사전주의 원칙이 적용되어야 한다고 주장하는 것도 우연이 아니다. 가령 영불해협을 잇는 새로운 고압전선 건설 계획에 관련된 64개 코뮌 가운데 무려 36개의 고압전선 통과 금지령이 시장의 명령으로 내려졌다![66] 신중한 태도를 견지하던 당국이 지역 미디어로부터 심한 질책을 받은 경우도 있었다.[67]

　귀가 얇아 쉽게 믿는 자들의 민주주의는 새로운 형태의 포퓰리즘이 꽃필 수 있는 모든 조건을 갖추고 있다. 나는 도발하기 위해 '포퓰리즘'이라는 용어를 사용하는 것이 아니다. 나는 이 용어가 인간의 사고방식 가운데 가장 명예롭지 못하면서도 가장

66　이 선출직 공무원들은 '건강상의 위험이 없다는 것이 입증되지 않으면' 이런 조치를 유지할 것이라고 주장했다. 그런데 이런 기준은 결코 충족될 수 없기에 이런 요구는 터무니없는 것이다.

67　첫 번째 문제는 Bronner(2003) 및 Bronner(2006)에서 다루었다. 프랑스3 페이드-루아르 방송의 뉴스 프로그램 〈19/20〉에서 진행자가 '늑대가 나타났다'고 외치는 자들의 행렬에 라 마옌 지방 의회만 '유일하게 불참'했다며 강하게 규탄한 사건이 대표적이다.

많이 공유되는 성향에 주어진 정치적 표현이라고 생각하며 사용하는 것이다. 그런데 앞서 살펴보았듯, 상당히 많은 추론상의 오류가 확산하는 데는 공동으로 작용하는 여러 원인이 있다. 즉 일상적으로 작용하는 우리의 사고방식, 인지 시장의 새로운 구조화, 모든 주제에 대해 민주주의의 3대 요소를 적용해야 한다는 절절한 요구가 그 원인이다. 포퓰리즘은 이러한 우리의 공통된 판단오류로부터 정치적 출구를 찾으려는 의도를 품고 있다. 오늘날에는 포퓰리즘이 선의의 표현으로밖에 보이지 않을 정도로 널리 공유된 오류들을 표현하기 때문에, 일반 시민은 물론이거니와 평론가도 대부분 그것이 포퓰리즘인지 알아보지 못한다. 어떤 포퓰리즘은 인민의 외국인 혐오증을 먹고 살고, 또 어떤 포퓰리즘은 부자와 권력자에 대한 인민의 혐오를 먹고 살며, 또 다른 포퓰리즘은 평등에 대한 인민의 지나치게 단순화한 인식을 먹고 산다. 이와 마찬가지로 극단적 사전주의 원칙론은 위험하고 불확실한 상황에 관해 인간의 사고방식이 만들어낼 수 있는 모든 기만적인 직관을 부추긴다. 이득보다는 비용에 주목하고, 낮은 확률을 과대평가하며, 의심스러울 땐 가만히 있는 게 좋다는 등의 사고방식을 조장한다. 우리 엘리트 정치인들이 이런 일반적인 판단 오류 성향을 자극하는 대신 이를 진정시켜주기를 기대하는 것도 부적절하지는 않을 터다. 하지만 인간 사고의 불변요소 가운데 어떤 것은 도덕적으로 가증스러운 탓에 다른 것들보다 쉽게 맞서 싸울 수 있는 반면, 이런 형태의 포퓰리즘은 여전히 눈에 보이지 않을 가능성이 있다. 왜냐하면 이제부터 이 포퓰리즘이 책임져야 하는 희생자들 역시 눈에 보이지 않기 때문이다.

그러나 이에 따른 희생자는 많다. 공공보건이나 예방 캠페인에 비용이 투자되었더라면 목숨을 건졌을 사람들 말이다. 하지만 극단적 사전주의 원칙론자들은 미디어 측면보다 보건 측면에서 훨씬 더 불확실한 유용성을 지닌 대책들을 주장했고, 여기에 돈이 쓰이면서 많은 목숨이 희생되고 말았다.

이것이 과장처럼 들리는가? 안타깝지만 과장이 아니다. 이미 많은 학자가 이러한 포퓰리즘의 보건, 경제, 사회적 비용을 강조하기 위해 노력했다.[68] 이와 관련해 우리 모두 잘 아는 제품이지만 놀랍게도 거의 언급되지 않은 사례를 하나 소개하고자 한다. 바로 자벨수 문제다.[69]

자벨수는 모든 세균을 효과적으로 제거해주기 때문에 널리 사용되고 있다. 이런 특징 때문에 자벨수가 위생 면에서 이점이 있다는 것은 누구나 이해할 수 있다. 자벨수는 프랑스 병원에서 사용되었으며, 지금도 여전히 물을 처리하는 데 쓰이고 있다. 하지만 이렇게 수많은 장점에도 불구하고(자벨수 발명이 수백만 명의 생명을 구했다고 해도 과언이 아니다), 자벨수는 지존의

68   Kerversdoué(2011), Bronner & Géhin(2010), Tubiana(2012).
69   이 사례는 Meunier(2012)에서 인용했다.

경지로 높이 추앙받지는 못한다. 제품에서 나는 향 때문일 수도 있지만, 잔류성 메틸 케톤이 함유되어 암을 유발할 수 있다는 문제가 제기된 것이 주된 이유다. 하지만 그러기 위해서는… 일정 농도가 되어야만 한다. 이는 15세기의 연금술사 파라셀수스도 일찍이 알고 있었던 원칙이다. "모든 것이 독이 될 수 있는 동시에, 그 어떤 것도 독이 될 수 없다. 오로지 용량만이 독을 만든다."

공포심을 뒷받침하는 자료를 제공하는 과학자는 늘 있기 마련이다. 결국 일정 용량(이성을 지닌 사람이라면 그 누구도 복용하려 들지 않을 양이다)의 자벨수를 섭취한 실험용 쥐가 병에 걸렸다는 것이 입증되었다. 사람들은 독성 등급은 전혀 고려하지 않은 채 이런 결과를 매우 심각한 것으로 받아들였고, 매우 유용한 자벨수는 병원에서 기피 대상이 되었다. (자벨수를 대체할 만큼 효과적인 제품은 나타나지 않았다는 사실에 비추어) 이 비상식적인 결정으로 유발된 피해가 얼마나 되는지 평가하기는 어렵다. 하지만 상당수의 병원 내 감염은 피할 수 있었으리라 짐작할 수 있다. 전적으로 우리는 이런 결정이 수천 명의 목숨을 앗아갔다고 평가할 수 있는 것이다.

2010년 아이티 지진이 발생했을 때, 아이티 전국을 강타한 이 불행으로 외에도 최소 5000명이 콜레라로 목숨을 잃었다. 도대체 왜 그랬을까? 재난 현장에 도움의 손길을 주려고 달려온 유엔군 가운데 네팔군이 있었기 때문이다. 아이티에는 콜레라가 없었지만, 네팔에는 여전히 존재했다. 네팔의 일부 주민은 무증상 감염자인데, 이들은 자기도 모르는 새 아이티에 원조와 함께 콜레라도 보낸 셈이다. 얼마 지나지 않아 흐르는 물이 콜레라균에 감염되었고, 콜레라로 인한 사망자가 나오기 시작했다. 그런데 희생자가 양산되는 것을 피할 간단한 해결책이 하나 있었다. 자벨수로 물을 처리하는 방법이었다. 극단적 사전주의 원칙론자들의 망설임만 없었다면 고민할 필요도 없는 문제였다. 자벨수는 평이 나쁜데 꼭 그렇게 해야 할까? 이런 가설이 제기되었고, 여러 위원회가 소집되어 자벨수가 유발한다고 추정되는 위험에 대한 논의가 열렸다…. 5000명의 생명을 잃고 경종을 울리는 내용의《사이언스》지 논문이 나오고 나서야 사람들은 다시 분별력을 되찾았다. 자벨수로 물을 정수하자 콜레라 유행이 중단되었다.

신기술이 유발하는 우려스러운 문제들에 대해 정치인이 주의를 기울이는 것은 필요하다. 하지만 그렇다고 해서 자신이 일반 상식에 부합하며 시급히 귀 기울여야 하는 말을 하고 있다고 대다수가 무조건 믿도록 만드는 게 정치인이 할 일일까? 민주주의에서는 여론이 투표 결과와 다른 목소리를 충분히 낼 수 있다. 그러나 여론이 대놓고 전체의 이익에 반하는 주장을 하면, 모름지기 정치계는 여론이 그리 중요치 않게 여기는 결정 당국을 보호하는 데 유념해야 한다. 그러나 이는 현재 우리 사회가 택한 길이 아니다. 참여민주주의 장치는 어떤 경우에는 인지적 선동주의의 표출을 증폭하는 결과를 낳을 수 있는데, 지금 우리 사회는 사방에서 이런 장치의 보편화를 희망하고 있다.

그래서 그들은 갈 길을 잃고 방황하고 있다. 아무리 전문적인 분야라도 모두가 토론과 결정에 참여하는 것이 고도로 민주적이라고 믿는 사람들 말이다. 프랑스 최초의 시험관 아기를 탄생시킨 생물학자 자크 테스타르도 《르몽드 디플로마티크》에 게재한 "전문가, 과학 그리고 법"이라는 제목의 기사에서 (과학자거나 비과학자거나) 모두가 자신의 의견을 동등하게 주장할 수 있는 평가위원회 제도 시행을 희망한다고 밝혔다.

이성이 스스로 모든 것을 알지는 못한다는 사실을 잊지 않을 때, 그 이성의 산물을 진정 과학적이라 인정한다면 이러한 선택(모두가 참여하는 평가위원회 제도—옮긴이)은 가장 민주적일 뿐만 아니라 평가 과정으로서도 가장 '과학적인' 것이 될 것이다.[70]

이런 주장에 대해 진리는 박수 소리의 크기에 따라 결정되는 것이 아니며, 역사가이자 언론인 자크 쥘리아르의 말을 인용해 "과학은 무지를 단호히 거부할 권리가 있다"[71]고 응수할 수

70　2000년 9월 자.
71　Julliard(2009), p. 19.

있겠다. 그러나 이런 말로는 테스타르의 마음을 돌리지 못할 것이다. 또한 이를 "논의의 여지 없이 명백한 평가를 무한히 기다려야 했던 정치가 마침내 감독을 벗어나게 된 정치의 해방이자 … 상식으로의 회귀"[72]라고 평한 사회학자 브뤼노 라투르도 설득하지 못할 것이다.

이는 우리의 사고방식에서 가장 불명예스러운 반사적 행위 가운데 일부를 조장하는 일이기에, 나는 차라리 이런 과정을 일컬어 저급하게 민주적이라고 표현하겠다.

---

72 〈대범한 사전주의 원칙 만세!Vive l'audacieux principe de précaution!〉,《르몽드》, 2007년 11월 5일 자.

5장

무엇을 할 것인가

쉽게 믿는 자들의 민주주의에서 지식의 민주주의로

천체물리학자의 기대

2011년 12월 25일, 나는 프랑스 엥테르 방송에 출연해 저명한 천체물리학자와 함께 과학과 신념의 관계를 주제로 토론할 기회를 가졌다. 토론 상대는 '카시니' 미션과 '보이저 탐사' 팀 일원으로 해왕성의 고리를 발견한 것으로 유명한 앙드레 브라익 교수였다. 우리가 속한 태양계 전문가인 그는 특히 우리에게 익숙한 행성들에 관한 놀라운 저작을 남긴 인물이다. 우리 두 사람은 현재 세계에 만연한 몇 가지 이상한 신념을 짚어본 뒤, 당연히 '왜 그럴까?' 하는 의문을 가졌다. 과학과 지식이 끊임없이 진보를 거듭하는 세상에서 도대체 왜 신념은 근절되지 않았을까?

앙드레 브라익 교수는 인간의 사고 안에 일부 비합리성이 존재하는데, 이런 비합리성은 분명 교육을 통해 줄일 수 있다고 진단했다. 사람들이 의심스러운 생각에 동조하는 이유는 교육을 충분히 받지 않았기 때문이라는 주장이다. 나는 그의 의견에 동의하지 않았지만, 이것이 현재 우리가 사는 세상에 존재하는 신념의 지배력을 확인할 때 가장 먼저 머릿속에 떠오르는 합리적인 생각이라는 점은 인정해야 한다. 하지만 두 가지 문제를 명확히 구별하는 것이 좋다. 첫째, 전반적으로 신념들이 존속하는 이유는 무엇인지, 둘째, 이런 신념들이 특히 오늘날 매우 활성화된 이유는 무엇인지를 나누어 따져야 한다. 그리고 바로 이 두 번째 문제가 이 책에서 다루는 대상이다.[1] 나는 우리가 사는 현시대가 신념의 전파를 조장한다는 반反직관적인 현상을 설명하기 위해 지금까지 몇 가지 이유를 강조했다. 그 가운데 몇 가지를 다시 언급하자면 다음과 같다.

가장 먼저, 이런 현상은 인지 시장의 구조화라는 역사를 통해 생긴 결과다. 즉 공급의 자유화와 수요의 급증이 여러 효과(경쟁 심화, 인지 상품의 잠복기 감소, 올슨의 역설, 포티언 효과, 인지적 구두쇠 등)를 유발했기 때문이다. 그다음으로 이러한 인지 시장 혁명(투명성, 앎의 상호화 등)이 기술적으로 지원하는 민주주의의 3대 요소에 대한 요구가 증가했기 때문이다. 마지막으로, 앞선 두 과정을 거치면서 합리성의 어두운 면이 (그 누구의 결정에 의하지 않고) 홀연히 표출되는 결과가 생겼기 때문이다. 나는 바로 이런 어두운 면이 표출되는 것을 총괄하는 용어로 쉽게 믿는 자들의 민주주의를 제안했다.

여기서 우리는 첫 번째와 두 번째 지점으로는 되돌아갈 수 없어 보인다. 인지 시장 혁명을 없었던 일로 백지화하거나 숙의 민주주의에 대한 열망에 입마개를 씌우고 침묵을 강요하는 것은 불가능한 동시에 우리가 속한 사회의 근간이 되는 가치들을 혼란에 빠뜨리는 일이 될 것이다. 그렇다면 쉽게 믿는 자들의 민주주의에서 지식의 민주주의로 옮겨가는 방법을 구상하는 것

---

1   첫 번째 문제는 Bronner(2003)와 Bronner(2006)에서 다루었다.

이 쟁점이라 해야겠다. 그런데 이 쉽게 믿는 자들의 민주주의가 도저히 억제할 수 없을 정도로 전면적인 과정을 통해 나타나고 있다면 과연 무엇을 해야 할까?

분석적 관점에서 보면, 이 문제는 개인이 정보를 다루는 방식의 문제라고 할 수 있다. 우리 시민이 정보를 잘못 다루고, 체계적인 이성이라면 폐기해버릴 신념들을 지지하는 데는 다 이유가 있다. 그렇다면 대중을 교육하기만 하면 된다는 생각을 왜 해서는 안 되는 걸까? 교육 수준을 높이면 전반적인 지식 수준이 높아져서 자동으로 집단적 맹신 수준이 떨어지지 않겠는가? 이것이 바로 내 토론 상대자였던 천체물리학자의 생각이었다. 그리고 이것은 소크라테스 이전까지 거슬러 올라갈 정도로 오래된, 철학의 역사만큼 오래된 생각이기도 하다. 이런 생각의 바탕을 이루는 것을 연통관의 비유(액체를 담은 여러 용기의 바닥을 연결해서 같은 종류의 액체를 넣고 모두 평형을 유지하면, 액체가 서로 이동하면서 용기의 모양과 무관하게 모두 수평을 유지한다—옮긴이)로 설명할 수 있다. 즉 지식 측이 얻는 만큼 신념 측이 잃게 된다는(반대로 신념 측이 얻는 만큼 지식이 잃게 된다는) 말이다.

사상사를 따라 계속 이어져 내려온 이런 생각은 몽테뉴와 퐁트넬, 심지어 무지가 모든 신념의 원천이라고 여긴 백과전서파에게서도 발견된다. 이렇게 해석하면 맹신의 표류에서 해방된 사회를 꿈꾸게 된다. 그러니까 가장 외진 곳, 가장 교양 없는 사람들이 사는 후미진 곳에서는(이런 곳이라고 하면 주로 농촌을 떠올린다) 이런 맹신이 존속하지만, 그곳에 교육이라는 광명이 비추면 인간의 운명을 짓누르던 바닥짐과 같은 그림자가 금세 사라지리라 생각하는 것이다. 많은 이들이 이성의 진보가 모든 형태의 미신과 거짓 신념이 추방된 사회를 도래하게 할 거라고 믿었다. 폴 베르(기압이 신체에 미치는 영향을 연구한 19세기의 생리학자이자 정치인—옮긴이)도 "과학이 있으면 더는 미신도, 기적에 대한 신념도, 쿠데타도, 혁명도 없을 것"이라 선언하지 않았던가? 사상 최초의 '제도권' 인류학자였던(1896년에 옥스퍼드 대학교 초대 인류학 교수가 되었다) 에드워드 버넷 타일러도 당시 지지를 받던 많은 주장을 다음과 같이 요약했다.

'인간의 사고방식은 복잡성과 합리성이 커지는 방향으로 나아가며, 역사는 이런 사고방식의 발전이라는 틀 안에 들어 있다.'

그가 보기에 신념이나 신화처럼 객관적 합리성의 사고와 거리가 먼 모든 것은 과거 시대의 유물이며 현대 사회에서 사라질, 이미 지나버린 우리의 인지 지형을 연구하고자 하는 인류학자에게나 유용한 연구 대상이었다.

이런 종류의 주장이 매우 많아서 우리는 교육 수준의 향상, 정보 접근의 대중화, 과학의 발전이 모든 종류의 거짓 사상을 공적 공간에서 근절하는 데 일조했다고 아무 논의 없이 인정해버리곤 한다. 가령 우주의 탄생을 비유적으로 표현할 때도 우리는 바빌로니아 창세서사시 〈에누마 엘리시〉에서처럼 두 거대한 존재가 분리되는 그림을 그리기보다는 빅뱅의 결과를 상상하곤 한다.

하지만 우리의 집단적 삶을 잠시 피상적으로라도 살펴보면, 집단적 맹신이 존속하고 있으며 심지어 활발하게 작용 중임을 금세 알 수 있다. 그런데 집단적 맹신은 가장 교육받지 못한 부류의 사람들에게만 해당하는 현상이 아니던가? 그렇다면 브라익과 계몽주의 철학자들의 말이 옳다. 수세기 전부터 시작된 운동을 이어가기 위해 교육에 더 많은 투자를 하면 될 것이다. 특히 모든 종류의 신념을 지니고 있을 것이 분명한, 교육 수준이 제일 낮은 사회계층에 투자하면 된다.

우리는 이러한 관대한 시각에 진심 어린 감탄을 보내곤 한다. 그러나 이런 시각은 그저 그릇된 오해인 듯하다.

잘못된 교육

1835년 8월 25일 화요일, 《뉴욕 선》에 실린 연속 보도물 첫 기사는 사람들의 이목을 끌지 않을 수 없었다. 기사 제목은 "법학자이자 영국 왕립학회 회원인 존 허셜 경, 최근 위대한 천문학적 발견을 이루다"였다. 뉴욕에서 발간된 이 신문은 달 위의 생명체를 최초로 관찰한 사람들의 비범한 이야기를 8월 31일까지 매일같이 실었다. 이는 혁명적인 성능을 지닌 최신형

망원경 덕분에 가능했는데, 기사에서는 이 망원경의 기술적인 세부사항과 조립 방법을 상세히 소개하기도 했다.

존 허셜 경은 이국적 사회를 관찰하는 민속학자 같은 연구 방식으로 우선 달에 서식하는 식물부터 조사했다. 특히나 양귀비와 비슷하게 생긴 붉은색 꽃과 옅은 자수정빛을 띤 커다란 침엽수를 관찰했다. 얼마 후에는 그 굉장한 망원경으로 익숙한 듯하면서도 낯선 모습의 동물이 존재한다는 것을 확인했다. 크기가 작은 들소 떼와 뿔이 하나 달린 염소 무리뿐만 아니라, 더욱 엄청난 생명체를 발견했다. 명백히 이성을 지닌 것으로 보이는 날개 달린 인간의 모습을 포착한 것이다. 신문 기사에 따르면, 과학자들은 이 생명체에 '베스페르틸리오-호모', 즉 '박쥐 인간'이라는 명칭을 붙였으며 얼마 후 시중에서는 이들을 가리켜 '달나라 사람'이라고 불렀다.

신문사는 이 장편의 이야기를 연재하면서 미국과 프랑스의 독자들이 이 기사를 장난으로 받아들이길 기대했을 것이다. 그러나 이 에피소드는 오늘날 '달 날조 기사'[2]라는 이름으로 널리 알려졌다. 정확히 몇 퍼센트인지 따지기는 어렵지만, 많은 사람이 이 이야기를 곧이곧대로 믿은 듯하다. 그런데 당시의 평론가들과 특히 소설가 에드거 앨런 포에게 충격적이었던 사실은, 이 달나라 장난을 믿은 사람들이 교육을 못 받은 무식한 이들이 아

---

2   Lagrange (2005) 참조.

니라는 점이었다. 대다수가 천문학에 막 입문해서 이런 문제에 호기심이 많았던 사람들이었다.

일정 수준의 교육을 받은 사람에게 너무나 이상한 신념에 대한 면역력이 없다는 사실은 놀라워 보일 수 있지만, 이런 경우는 매우 일반적이며 달 날조 기사의 사례는 극히 작은 예에 지나지 않는다. 사실 의심스러운 신념에 대한 동조와 교육 부족 사이에 언제나 관련이 있는 것은 아니다. 심지어 대개는 그와 반대되는 것이 실제 상황이다. 이런 사실을 보여주는 것이 유사 과학에 관한 프랑스인의 신념을 연구한 두 사회학자 다니엘 부아와 기 미슐라의 조사 결과다. "합리주의나 과학적 사고법에 대한 근접성과 교육 수준을 정비례 관계로 보는 선형 모델은 확실히 버려야 한다."[3] 가령 초정상적인 것이나 점성술에 대한 신념에 영향을 받는 사람들의 순서를 따져보면, 가장 먼저 영향받는 이는 과학 비전공자인 동시에 고등교육을 받은 사람이며, 그 다음이 중등교육을 받은 사람, 상급 초등교육을 받은 사람, 초등교육만 받은 사람 순이다. 사회학자 장-브뤼노 르나르의 연구를 보면, 통계적으로 중간급 및 고위급 간부가 노동자나 농업 종사자보다 (UFO나 텔레파시, 심지어 심령술과 염력으로 테이블을 움직이는 기술을) 잘 믿는 것으로 나타났다.[4] 마찬가지로

3 Boy & Michelat(1986), p. 185.
4 Renard(2011).

네스호의 괴물 신화에 가장 쉽게 동조하는 사람 역시 대학 졸업장이 있는 이들이라는 사실[5]을 언급할 수 있겠다. 사회학자 프랑수아즈 부셰예가 지적하듯, 동종요법의 효능을 믿는 사람들도 마찬가지다.[6]

영국에서는 여론이 기술과 과학을 의심하는 원인이 교육 부족이라는 생각을 바탕으로 "과학에 대한 대중의 이해", 곧 PUS 프로그램을 출범시켰다. 그런데 이 프로그램을 출범시킨 사람들 역시 교육 수준과 과학에 대한 신뢰 사이에는 선형관계가 없다는 현실에 부딪혔다. 피에르-브누아 졸리와 알랭 코프만 교수는 심지어 다음과 같이 주장한다.

오히려 기술 진보에 대한 저항감은 교육 수준이 높은 사회에서 더 강하게 나타난다. 기술에 비판적인 사람들은 무지와는 거리가 멀다. 이들은 심지어 대체로 교육 수준이 상당히 높다.[7]

이런 현상은 다른 조사 결과에서도 나타난다. 1979년부터 유럽공동체 회원국에서 실시한 '과학기술 발전을 대하는 유럽 대중의 태도' 연구 결과, 교육 수준이 가장 높은 계층이 과학에

---

5   Grimshaw & Lester의 연구를 인용한 Renard (2010) 참조.
6   Bouchayer (1986).
7   http://www.cipast.org/download/CD%20CIPAST%20in%20Practice/cipast/fr/design_2.htm

대해 가장 비판적인 태도를 보이는 것으로 밝혀졌다.[8]

사람이 지적 능력을 함양한다고 해서 반드시 과학적 사고에 가까워지는 것은 아닐뿐더러, 잘못되거나 의심스러운 신념에 대한 면역력이 생기는 것도 아니라는 사실을 보여주는 사례는 매우 많다. 역사상 걸출한 위인 가운데 지적 영민함으로 명성이 자자했던 사람들 역시 기이한 신념에 사로잡혔던 경우가 많다. 가령 프랑수아 미테랑 대통령은 교양 있고 섬세한 사고력을 지닌 것으로 유명했지만 정기적으로 점성술사와 상담을 했다고 한다. 이런 유형의 신념은 정치적 입장을 초월하는 것으로 보인다. 미테랑 대통령의 전임자였던 발레리 지스카르 데스탱 대통령 역시 영민한 사고력의 소유자로 알려졌지만, 2001년 9월 15일 역사 채널인 이스투아르 TV에 출연해서 자신은 점성술에 따른 징조를 중요시했다고 고백했다. 이뿐만 아니라 놀랍게도 1974년 대통령 선거에서 승리할 때는 세네갈 출신 마술사가 준 부적을 지니고 있었다고 털어놓았다.[9]

앞의 데이터가 모두 수수께끼처럼 보이는 데는 이유가 있다. 우리는 신념과 교육 부족이 연관되어 있다는 거의 명시적인 전제 아래서 이런 현상들을 즉각적으로 해석하기 때문이다. 보다 급진적인 신념 현상을 살피다 보면 수수께끼는 더욱 미궁 속

8   http://ec.europa.eu/public_opinion/archives/ebs/ebs_11_fr.pdf
9   방송 〈포그〉, 프랑스5, 2006년 11월 19일.

으로 빠져든다. 사이비 교단이나 종교 단체, 신비주의 집단, 정치 집단 안에서 작용하는 신념이 그렇다. 이때도 선입견과 달리 개인들이 광신도가 되는 원인은 교육 부족 때문이 아니다. 당연히 극단주의자들 가운데는 정신이상자라든가 정신적으로 취약하거나 아픈 사람도 있다. 심지어 어떤 사람들이 급진적인 집단에 가입하는 이유는 그들이 심리적으로 나약하거나 손쉽게 조종당할 수 있는 상태에 있기 때문이라고, 따지지도 않고 인정해버릴 수 있다. 그러나 이것으로는 '전형적인' 극단주의자의 모습을 스케치하고자 했던 모든 학자에 의해 대대적으로 확인된 사실이 잘 설명되지 않는다.

데이비드 스터플 교수는 그의 연구 대상이었던 사이비 종교 신자들이 사회적으로나 지적으로 잘 동화되어 있으며, 도덕적으로도 균형이 잘 잡혀 있다는 것을 증명했다.[10] 마찬가지로 모리스 뒤발 교수에 따르면, 한때 기괴한 주장 때문에 프랑스 미디어의 단골손님이었던 사이비 종교 옴진리교 신자들도 외부세계와 단절되지 않은 생활을 했다고 한다. 통계 연구를 살펴보면 그들은 신문을 구독했고, 자녀를 공립이나 사립 학교에 보냈으며, 여러 단체에 소속되어 활동했고, 전국 평균보다 오히려 교육 수준이 높았던 것으로 드러났다.[11] 로미 소베이르 교수도

10   Stupple(1984).
11   Duval(2002).

급진적 신념을 버리기로 한 개인들을 대상으로 멋진 연구를 진행하여 같은 결론을 도출했다.[12] 그러니까 사이비 종교 신념을 낮은 사회적 수준과 학력에 연관 짓는 것은 잘못된 생각이다. 아일랜드공화국군이나 붉은 여단, 독일 적군파, 일본 적군파와 같은 테러단체의 경우에도 마찬가지다.

이처럼 신념을 낮은 사회적·교육적 수준과 연결하려는 생각은 2001년 9월 11일 테러를 저지른 테러리스트들에게도 들어맞지 않는다. 아메리칸 에어라인 AA11편을 세계무역센터 북쪽 건물에 충돌시키며 자살테러를 자행한 모하메드 아타는 (운명의 아이러니라고 할까) 사적지 건축물 복구에 관한 박사학위 논문 심사를 받은 인물이었다. 2005년 7월 런던 테러를 저지른 테러범들이나 2006년 3월에 해체된 몽펠리에 이슬람 단체 회원들도 마찬가지다. 특히 몽펠리에 이슬람 단체는 유복한 가정에서 자란 모로코 출신 프랑스 대학생들로 구성되었는데, 이들은 랑그독과학기술대학교(몽펠리에 2대학)에서 공학을 전공하고 있었다. 다니엘 코엔 교수가 강조하듯, 일반적으로 테러범의 절대다수는 상급 학위 소지자이며 유복한 계층 출신이다.[13]

이슬람주의자들의 테러만 분석해도 똑같은 진단이 나온다. 마크 세이지먼은 알카에다 테러리스트의 일반적인 특징을 엄밀

---

12   Sauvayre(2012).
13   〈테러: 가난은 죄가 아니다Terrorisme: la pauvreté n'est pas coupable〉, 《르몽드》, 2002년 10월 7일 자.

히 연구한 결과, 그들 대부분이 결코 불우하지도 않고 서민 계층 출신도 아니라는 사실을 발견했다.[14] 파라드 코스로카바르 교수도 다음과 같이 지적하면서 동일한 진단을 내린다.

알라신에 대한 믿음으로 하나가 된 공동체의 신화에서는 자칭 전위부대의 비호 아래 프롤레타리아의 단결을 호소한다. 주지하다시피 이런 전위부대는 대개 교육을 받은 중산층 출신들로 구성된다. 현재 일어나고 있는 이슬람주의 현상이 다 그렇다.[15]

마찬가지로 브뤼노 에티엔도 '자살 전투원'에 관한 연구에서, 앨런 크루거도 《무엇이 테러리스트를 만드는가》에서, 마사 크렌쇼도 논문 〈테러리즘의 원인〉에서 같은 결론을 내리고 있다. 찰스 루비 또한 어떤 글에서 "과연 테러범들이 정신적으로 문제가 있는 사람들일지" 의문을 제기했다.[16]

맹신이 지성을 닮을 때

달 날조 기사 사건에 큰 관심을 보였던 에드거 앨런 포가

---

14 Sageman(2004).
15 Khosrokhavar(2006), p. 318.
16 Etienne(2005); Krueger(2007); Crenshaw(1981); Ruby(2002).

가장 놀란 지점은 다음과 같다.

··· 의심했던 이들은 대개 무슨 이유 때문인지 말로 설명하지는 못하면서도 의심했다. 그들은 무식한 사람들이었으며, 천문학과 관련된 정보를 접해보지 않은 사람들이었고, 일상적인 지식을 지나치게 넘어선 너무도 새로운 것이라서 도저히 믿을 수 없었던 사람들이었다.

포의 지적은 이런 현상에 그저 놀라움을 표하는 데서 그치지 않고 우리에게 흥미로운 해석의 문을 열 첫 번째 열쇠를 제공한다. 도대체 왜 제일 많이 배운 사람들이 이런 속임수에 가장 쉽게 넘어갔을까? 분명 그들이 받은 교육이 어떤 정신적 유연성을 제공하여 지적 지평을 확장했기 때문일 것이다. 천문학에 관심이 있었던 사람들은 다른 행성들이 존재한다는 것을 알았고, 화성에 운하가 있다는 꿈 같은 이야기도 들은 적이 있었고, 지구가 우주의 중심이 아니라는 사실과 그래서 지구 바깥에서도 생명의 기적이 일어날 가능성이 있다는 것을 모르지 않았다. 그러니까 달나라 장난에 속아 넘어간 희생자들은 그만큼 그 장난을 믿을 만한 이유raison가 있었다(믿을 만한 이성raison이 아니라, 이유다).

이런 인지 과정은 구에 대한 파스칼의 비유로 잘 설명된다. 파스칼에 따르면, 지식이 하나의 구라면 그 표면은 그 안에 포함되지 않은 것, 즉 모르는 것과 접촉한다. 이에 따라 지식이 늘어갈수록 지식이라는 구의 표면도 늘어나서 무지와의 접촉면도 끊임없이 넓어진다. 현실에서 지식과 대칭을 이루며 증가하는 것은 무지라기보다 모르는 것에 대한 자각, 즉 정보 부족에 대한 인식이다. 어떤 주제에 대해 우리가 가지는 두려움을 특징짓는 것이 바로 이러한 자각이며, 그래서 이것은 맹신의 완벽한 밑거름으로 작용할 수 있다.

이를 보여주는 사례로 다시 언급하기에 심령술의 야망만큼 좋은 것이 없다. 심령술은 19세기에서 20세기로 넘어오는 전환기에 죽은 자들과의 소통이 가능한 것으로 밝혀졌다고 주장하면서 굉장한 성공을 거두었던 신념이다. 이런 교리의 새로운 신도이자 과학자였던 카미유 플라마리옹은 1869년 4월 2일 알랑 카르덱[17]의 장례식에서 다음과 같은 추도사를 발표했다.

"심령술은 종교가 아니라 과학입니다. 이제 겨우 알파벳 정도의 초보적인 내용만 알려진 과학이지요."

심령술에 대한 플라마리옹의 야심은 정확히 과학의 개념 확장이라는 논거에 바탕을 두고 있었다. 그는 먼저 인간 지식의 불완전성을 강조하면서, 심령 현상이 당시에는 잘 알려지지 않았던 전기, 빛, 발열 현상에 비견된다고 주장했다. 그가 보기에 전자기파와 이를 이용한 무선통신을 비롯해 당대의 최신 과학

---

17   알랑 카르덱(이폴리트 레옹 드니자르 리바이)은 심령술의 창시자다.

기술 발견들은 원거리 작용이 가능하다는 사실과 이에 따라 우리 우주를 이루는 차원들 가운데 일부는 우리의 감각으로는 포착되지 않는다는 사실을 보여주는 것이었다.

물리과학은 우리가 우리 눈에는 보이지 않는 세계의 한가운데 살고 있음을 가르쳐준다. 또한 (우리 눈에는 보이지 않는) 존재들 역시 이 땅 위에서 우리와는 완전히 다른 감각의 질서 속에서 사는 것이 불가능하지 않음도 보여준다. 이들이 우리의 감각적 질서 속으로 다시 들어옴으로써 우리에게 모습을 드러내지 않는 한, 우리는 이들의 존재를 알아볼 수 없다.[18]

플라마리옹에 따르면 심령술에서 주장하는 사실들은 과학적 발견에 비추어볼 때 완전히 수긍이 가는 것들이다. 그래서 우리 우주에는 비물질성을 지녀서 평범한 인간이 인식할 수 없는 생명체들도 살고 있다는 것이 도저히 상상도 할 수 없는 생각이 아니라는 주장이다.

그러자 인지 시장에서는 이런 논거에 반박하는 주장이 나왔다. 심령 현상은 불가능한 것이며, 이에 따라 심령 신념은 거짓이라는 입장이었다. 그러자 심령술 신봉자들이 의문을 제기했다. '합리주의적' 사고방식으로 'A는 불가능하다, 고로 A는 거

---

18   Fuentès(2002) 인용.

짓이다'라는 식의 추론을 할 수 있다면 'A는 가능하다, 고로 A 는 참이다'라고 반박하지 말라는 법이 있는가? 많은 이들이 이 런 반박이 논리적 대칭을 이룬다 해서 논거를 견고하게 보장하 는 것은 아니라는 사실을 간파하지 못했다. 그래서 이 논거를 심령의 실재를 믿을 만한 좋은 이유로 삼았다.

우리의 현시대에도 수많은 신념이 양립할 수 있는 이유는 바로 이런 잘못된 추론 때문이다. 그릇된 추론은 지적 학습의 혜택을 본 사람들에게 호소력이 있는 만큼 이들을 강하게 유혹 하는 것으로 보인다. 대학에서 문학이나 인문학, 사회과학을 전 공으로 하는 학생들이 배우는 교양 과학 과목처럼 학습이 피상 적으로 이루어지는 경우가 특히 그렇다. 이런 점에서 보면 다니 엘 부아와 기 미슐라 교수가 유사 과학에 대한 프랑스인의 신념 을 조사해서 얻은 결과를 더 쉽게 이해할 수 있다. '중등교육까 지 받은 사람들'보다 도리어 '과학 비전공자인 동시에 고등교육 을 받은 사람들'은 과학사에 친숙한 덕분에, 과학계에는 구멍이 많고 과학적 사실이란 대부분 잠정적이며 현실에 전적으로 적 합한 경우는 절대로 없다는 생각을 하게 된다. 따라서 이런 대 학생들은 초등교육만 받은 사람은 짐작도 하지 못하는 과학의 논쟁적 측면에 첫발을 들여놓는 셈이 된다. 반면 과학 전공자면 서 고등교육을 받은 사람들은 특정한 신념에 동조하기가 더 어 렵다. 이들이 엄정한 과학 법칙을 심화 연구해서 계승한 표상체 계와 모순되기 때문이다. 그 결과 초정상적인 것에 대한 이들의 신념은 일관성 있는 과학 교육을 받지 못한, 초등교육만 받은 사람들의 신념과 거의 같은 수준이다. 마찬가지로 점성술에 대한 신념에 대해서도 과학 전공자이자 고등교육을 받은 사람들은 다른 사람들과 아주 현격한 차이를 보인다. 점성술은 별자리의 영향이 개개인과 그 너머에까지 미친다고 주장하지만, 그 형태가 워낙 점술 같아 보이기 때문에 엄정한 과학 영역의 앞선 지식과 양립하기란 초정상적인 것보다 훨씬 더 어려울 수 있다.

공부는 날카로운 비판적 사고를 강화해야 한다. 이는 우리 중등교육 프로그램에 영감을 준 사람들이 신조로 삼았던 사상이다. 우리는 교육과정 동안 겉모습 뒤에 감춰진 의미를 찾는 연습을 수없이 한다. 이 문학 텍스트, 이 시에는 실제로 어떤 심오한 의미가 담겨 있을까? 어떤 실질적 의도와 쟁점이 이 역사적 기록을 은폐하는 것일까? 이렇듯 우리 아이들은 모든 종류의 해석학적 방법을 배우고 숨은 의미를 발견하라는 격려와 함께 자신의 지성을 표현하면서 자란다. 그리고 얼마 지나지 않아 프로이트와 니체, 마르크스, 의심의 사상가들(부르디외 등등), 구성주의, 문화주의, 상대주의 등을 만나게 된다. 이런 과정에서 사고력 함양에 매우 유용한 지적 연습을 한다. 그러나 내가 추측하건대, 이들은 가설 때문에 세상에 대한 과학적 표상의 대가를 치르게 될 수 있다. 실제로 이런 연습은 참이라 여겨지는 모든 것으로 하여금 최선의 경우에는 다른 사고방식과 경쟁시키고 최악의 경우 헛된 착각이라 생각하게 한다.

예컨대 다음과 같은 지문의 연습문제를 학생들에게 제시하는 과학사회학 교과서를 어떻게 생각해야 할까?

과학적 확신을 확장하는 행위에 대해 평가하라. 가령 'V=R·I'라는 옴의 법칙을 확대 적용하는 경우를 따져본다. 다양한 사회적 공간을 훑어보면서 이 신념이 어디까지 확대되는지, 어디에서나 똑같은지 살펴본다. 가령 기초과학 물리학자와 전력공사 엔지니어, 동네 전기기사, 고등학생에게 이 신념이 똑같이 적용되는지 살펴본다.[19]

이 지문에는 '신념'이라는 말이 명확히 언급되어 있다. 또한 '기초과학' 물리학자라는 용어는 비판적 사고를 표방하는 담화가 어떤 방식으로 쉽게 믿는 자들의 민주주의가 발전하도록 조장하는지를 여실히 보여준다. 과학이 선언하는 모든 것을 대리석에 새겨야 할 영원불변의 진리로 보지 말아야 한다는 생각은 어디까지나 수용할 수 있는 주장이다. 그러나 이어서 과학적 주장도 다른 주장들처럼 신념으로 보아야 한다는 생각으로 바로 건너뛴다면 이는 엄청난 논리적 비약이 된다.

이렇듯 삐끗하기 쉬운 위태로운 상대주의의 논리는 전혀

---

19   이 예문은 알렉상드르 모아티의 블로그에서 인용했다. http://www.maths-et-physique.net/article-croyez-vous-en-la-loi-d-ohm-103035280.html

치명적이지 않으며, 이에 저항하는 사람도 많다.[20] 하지만 이런 논리에 사로잡혀 점성술에 입각한 가설, 초정상적인 가설, 동종 요법 등을 호소력 있게 받아들이는 사람 역시 많다. 왜냐하면 이런 가설은 안도감을 원하는 사람을 안심시키는 역할을 할 뿐만 아니라, 과학적 주장과 경쟁이 될 듯이 보이는 논증과 사이비 증거를 바탕으로 하고 있기 때문이다. 과학적 주장은 어떤 권위 있는 논거의 뒷받침도 되지 못한다고 일단 우리가 인정해 버리면(평균적으로 공부를 하지 않은 사람들보다 공부를 한 사람들이 더 이렇게 인정하는 경향이 있다), 이런 논증과 사이비 증거는 과학적 주장과 견줄 만한 것으로 여겨진다.

극단적 사전주의 원칙론자들의 논거가 정통 과학계의 논거만큼 합당한 것으로 여겨지는 것도(그래서 많은 경우 언론과 여론이 이를 훨씬 더 수월하게 받아들이는 것도) 마찬가지다. 그래서 현대 상대주의의 거두 가운데 한 명인 브뤼노 라투르의 회한이 담긴 글은 매우 흥미롭다. 그는 최근 발표한 시론《존재 방식에 관한 탐구》[21]에서, 기후변화의 위험이 항상 심각하게 다루어지지는 않고 있다는 사실에 대해 우려를 표했다. 그런데 이 주제에 대해서는 정통 과학을 신뢰해야 하면서 유전자변형 식품이나 저주파 문제에 대해서는 왜 그렇지 않은 걸까? 라투르는

---

20 여기서는 상대주의를 반박하는 일관성 있는 논증을 전개할 공간이 없다. 이 사
    안에 대해서는 Boudon & Clavelin(1994)와 Boudon(2008)을 참조하기 바란다.
21 Latour(2012).

이 질문에 답하지는 않지만, 기후 문제를 걱정하듯 살짝 예기치 않은 진솔함을 보이면서 다음과 같이 털어놓는다.

제도에 대한 투쟁은 처음에는 위험하지 않아 보였다. 그것은 근대화와 자유화를 추구하는 행위였다. 그건 심지어 재미있기까지 했다. 석면이 처음 등장했을 때처럼 오로지 장점만 지닌 것 같았다. 그러나 안타깝게도 석면이 그랬던 것처럼 누구도 예측하지 못한 비참한 결과를 낳았고, 우리는 이를 너무 늦게 깨달았다.[22]

게다가 우리가 이야기하는 이런 신념들은 아무나 손쉽게 구할 수는 없는 특정한 문화 혹은 하위문화가 필요한 경우가 많다. 이런 신념을 지지하는 논거들은 때때로 치밀하고 전문적이다. 덕분에 신념은 진실, 더 나아가 과학성의 모습을 지니게 되고, 이를 받아들일 준비가 되어 있는 사람들에게만큼은 마음을 사로잡는 능력을 발휘한다. 이 쉽게 믿는 자들의 민주주의 속의 시민은 자신이 어떤 주제에 대해 정보가 많고 잘 알고 있다고 확신해서, 그런 만큼 이해시키기가 더 어려운 경우가 많다.

이제 우리는 이 책의 서문에서 언급했던 결과들이 어떻게

---

22 〈누가 과학적 진실을 두려워하는가?Qui a peur des vérités scientifiques?〉,《르몽드》, 2012년 9월 22일 자에서 인용.

나오게 되었는지 잘 파악했다. 프랑스인이 신경과학 관련 문제에 대해서는 과학자들을 상대적으로 신뢰하는 반면(신뢰하지 않는다는 응답은 25퍼센트에 불과했다), 원자력이나 유전자변형 식품에 관해서는 불신을 보이는 이유를 알게 된 것이다(이들 분야에서는 과학자들이 진실을 이야기한다고 믿지 않는다는 응답이 58퍼센트였다). 앞서 언급한 연구 결과[23]에 따르면 응답자의 71퍼센트가 신경과학에 대해 잘 알지 못한다고 대답한 반면, 유전자변형 식품과 원자력에 대해서는 각기 63퍼센트와 67퍼센트가 잘 알고 있다고 믿었다. 달리 말하자면, 우리 시민들은 어떤 주제에 대해 스스로 잘 알고 있다고 여길수록 과학자들의 의견에 의심을 품는 것으로 나타났다.

다른 곳에서는 숨기는 정보를 인터넷에서는 찾을 수 있다고 확신하는 사람들이 있는 한, 인터넷의 발달과 함께 이런 움직임은 다시 한번 장기화한다. 예를 들어 프랑스에서 TV로 전달된 정보를 제일 믿지 않는 사람들이 바로 고학력자이며, 인터넷에서 본 정보를 제일 많이 믿는 사람들 또한 고학력자다. 대학 이상 고등교육 학위 소지자의 45퍼센트가 인터넷 정보를 신뢰할 만하다고 판단하는 반면, 학위가 없는 사람들 가운데서는 단 11퍼센트만이 인터넷을 신뢰하는 것으로 나타났다….[24]

23   http://www.larecherche.fr/content/system/media/Rapport.pdf
24   http://www.tns-sofres.com/_assets/files/2011.02.08-baro-media.pdf

이러한 인터넷 문화의 상징인 위키피디아는 진리에 대해 여러 목소리로 규정할 수 있게 한다.[25] 즉 한 가지 현상에 대해 여러 해석이 가능할 때, 온라인 백과사전 위키피디아는 다양한 접근 방식을 균형 있게 소개한다. 많은 이들이 이런 정보 생산 방식을 놀랍다고 평가한다. 그러나 이 방식은 능력과 상관없이 모든 참여자를 동등하게 대하기 때문에 일종의 상대주의로 흐른다. 결국에 중요한 것은 학위가 아니라 논거 아니겠는가?

앞서 살펴보았듯, 사이비 학자가 거의 모든 주제에 대해 꽤 괜찮아 보이는 근거를 대면서 설득력 있는 논증을 제시할 수 있다는 점이 문제다. 위키피디아는 매우 뛰어난 도구지만(고백하자면 나 역시 자주 애용한다), 그와 동시에 민주적인 정보 상호화를 거치며 쉽게 믿는 자들의 민주주의에 유리한 방향으로 일탈하게 된다. 가령 의학 지식 문제는 매우 민감한 분야다. 위키피디아 사이트에서는 정통적인 지식뿐만 아니라 유사과학을 바탕으로 한 주장, 민간 지식, '비관례적인 의학'이라는 이름의 미신도 동시에 제시되기 때문이다. 이렇듯 다양한 참여자들의 능력을 고려하지 않은 채 모든 견해를 동등하게 다루는 것은 전통적인 백과사전에서는 결코 만나볼 수 없는 방식이다. 왜냐하면 전통적인 백과사전이 정확히 노리는 것이 바로 반反상대주의이기 때문이다. 계몽주의 정신은 플라톤의 《파이드로스》에 나오는

---

25   Cardon(2010), p. 88.

다음 대목을 연상시키는 우리의 현재 상황과는 거리가 멀어 보인다.

과학으로 말하자면, 그것은 현실이 아니라 환상이다. 배우지 않고서도 풍부한 정보를 얻는 데 성공하면 사람들은 자신이 많은 분야에서 능력이 있다고 믿는다. 대부분의 경우 사실은 능력이 없는데도 말이다. 심지어 그 정보와 능력을 거래하는 경우에는 참을 수 없을 만큼 끔찍해진다. 이들은 학자가 되는 대신에 환상 속 학자가 되기 때문이다![26]

결함의 총합

교육이 지식의 보급에 해롭다는 주장을 펴는 것은 터무니없는 일일지 모른다. 내가 강조하고자 하는 바는 명확하다. (쉽게 믿는 자들의 민주주의와 지식의 민주주의가 전형적인 민주주의 형태이며, 이들 사이에 연속성이 존재한다는 합의가 있을 때) 쉽게 믿는 자들의 민주주의에서 지식의 민주주의로 이행하기 위해 국민의 전반적인 학업 수준을 높이는 것은 해결책이 되지 않는다. 학력 수준과 통찰력 있는 세계관에는 분명한 상관관

26   《파이드로스》 275a행.

계가 없기 때문이다. 그러나 우리는 독재가 될 위험을 무릅쓰면서까지 정치적 의지로 인지 시장을 옥죄는 방식으로 인지 시장 혁명의 역효과를 제한할 수도 없고, 그렇게 하기를 원하지도 않는다. 따라서 이 문제의 해결 방안은 전적으로 우리의 사고방식 안에서 찾아야 한다.

가장 먼저 강조해야 할 사실이 있다. 민주사회의 동의를 얻어 교육 분야에서 기울인 모든 노력이 지식의 본질적인 쟁점을 망각한 것처럼 보인다는 점이다. 즉 비판적 사고가 체계성 없이 발휘되면 쉽사리 맹신으로 이어진다는 사실을 간과했다는 뜻이다. 회의懷疑의 미덕이 무언가를 발견하도록 도움을 주는 것임은 사실이다. 하지만 이런 태도는 우리를 정신적 자립보다는 인지적 허무주의로 인도할 수도 있다.

우리는 우리의 감각과 평범한 논리를 통해 현실계를 인식한다. 과학은 바로 이렇게 제안받은 버전의 현실계를 검토하는 것에서부터 시작한다. 하지만 과학적 접근 방식의 핵심은 과학이 세계관을 재수립하는 방식, 즉 체계성 있는 방식에 기인한다. 의심할 권리를 요구하는 자들에게 과학은 이렇게 대답한다. "좋다, 다만 모든 권리에는 의무가 따른다." 내가 보기에 우리 프랑스의 교육 시스템에는 의심을 통해 일종의 지적 자립을 발전시키려는 명예로운 의지가 보편적으로 존재하는 것 같다. 하지만 내 눈에는 교육 전체의 모퉁잇돌 역할을 하는 것, 즉 체계성에 대한 교육은 거의 보이지 않는다.

상대주의자들은 미처 파악하지 못한 듯한데, 과학을 지배하는 체계성은 시행착오와 오류, 엄격한 선택을 거쳐 수천 년 동안 형식화된 인간 사고의 보편적 유산이다. 따라서 이런 체계성은 그 어떤 전형적으로 서양적인 요소도 내포하지 않을뿐더러, 고급문화를 표현하는 것도 아니다. 아무리 역사 속에서 이런 체계성을 규정하는 결정적 순간들이 이러저러한 장소에서 그려졌더라도 말이다. 우리는 '이 과학자는 이러저러한 사회적 공간에서 어떤 의견을 가졌다'고 쉽게 입증할 수 있다. 즉 그에게 특정한 종교적 신념, 이념적 강박관념, 관심 분야가 있어서 이 모든 것이 아마도 그의 가설에 방향을 설정해주었음을 증명할 수 있다. 더 나아가 최악의 경우에는, 다른 과학자라면 누구도 높이 평가하지 않을 의도가 작용해서 어떤 발견에 이르게 되었다는 것도 입증할 수 있다. 모든 과학자의 일대기를 현미경으로 들여다보듯 세세히 조사하면, 그들이 만들어낸 이론의 사회적 성격에 대해 무한히 많은 가설을 세울 수 있다. 그러나 이런 작업에 몰두하다 보면 핵심을 놓칠 수 있다. 이 과학자의 주장, 그의 실험 기록과 결과를 평가하는 사람 역시 개인적 관심사와 신념을 지닌 개인들이라는 사실 말이다. 특히 평가자의 신념은 평가 대상이 되는 과학자의 신념과 반드시 같지도 않다. 시간이 지나면서 과학자들의 주장은 다윈의 자연선택설 같은 사상 선별 필터를 거쳐 걸러진다. 이런 필터는 인류사에서 한 번도 적용된 적 없는 가장 까다로운 필터다. 그렇다고 이 선별 과정만으로 충분히 참만 드러낼 수 있다는 의미는 아니다. 그러나 합리적으로 보면, 인지적 주장을 선별할 때는 자칭 민주주의라고 주장하는 다른 어떤 방식보다도 이런 선별 방식에 인식적 확신을 가지는 것이 이치에 맞다.

체계성의 역사를 통해 우리는 전형적으로 과학적 사고는 인간의 합리성이 지닌 보편적 한계를 극복하기 위한 노력으로 여겨짐을 알게 되었다. 인간의 합리성이 지닌 이런 보편적 한계 때문에 우리는 전지전능한 존재가 되지 못하며 이에 따라 기계적으로 신념을 지닌 존재가 된다. 이런 보편적 한계는 세 가지 종류로 나뉜다.[27]

첫째, 우리의 사고방식은 차원적으로 한계를 지닌다. 왜냐하면 우리의 의식은 제한된 공간과 영원한 현재 안에 갇혀 있기 때문이다. 둘째, 문화적으로도 한계를 지닌다. 우리의 사고방식은 앞서 일어난 표상에 따라 모든 정보를 해석하기 때문이다. 셋째, 인지적으로도 바닥짐의 부담을 지고 있다. 우리의 정보처리 능력은 무한하지 않으며, 어떤 문제의 복잡성은 우리의 상식적 잠재력을 능가하기 때문이다.

이 세 가지 한계는 아마도 극복할 수 없을 것이다. 개인은 신이 아닌 한 자연 상태에서는 시간과 공간을 초월한 것에 대해 알 수 없고, 정보의 문화적·인지적 이전을 배제한 채로는 아무

---

27   물론 욕망과 감정에 따라 신념이 영향을 받는다는 사실도 여기에 덧붙여야 한다.

것도 알 수 없기 때문이다. 그래도 개인은 이러한 합리성의 한계로 인한 유해성을 줄일 수 있기를 기대하면서 자신의 자기중심적인 인식을 극복하는 노력을 하곤 한다. 이런 노력이야말로 인간의 지식이 위대한 진보의 단계를 밟을 때 나타나는 특징이다. 우리는 지식의 진보 중 일부 중요한 단계를 우리의 오성(또는 인식능력—옮긴이) 가운데 이 세 가지 결함을 물리치기 위한 역사적 움직임의 결과로까지 묘사할 수 있다. 과학사에서 가장 인기 있는 문화에서 비롯된 몇몇 사례는 이런 생각을 어느 정도 실현한 것이다.

합리성의 첫 번째 한계, 즉 우리의 차원적 조건과 관련된 한계부터 다시 살펴보자. 우리의 공간 개념은 상당히 많이 진보했다. 우리는 지구(우리가 공유하는 공간)가 평평하고(일찍이 파르메니데스는 이 공간에 구의 특성이 있다고 주장했다), 우주의 중심이며(사모스의 아리스타르코스는 지구가 태양 둘레를 돈다는 가설을 제안했다), 움직이지 않는다는(헤라클레이데스는 지구의 자전을 주장했다) 신념을 서서히 버렸다. 이 모든 개념이 확립되는 데는 오랜 시간이 걸렸다. 그리하여 비록 덜 완성된 형태였지만 태양 중심의 시스템이 코페르니쿠스보다 18세기 앞서서 구상되었다. 태양 중심 시스템이 지구 중심 시스템보다 인간의 사고에 늦게 자리 잡은 이유는 학술적으로 다양하게 설명할 수 있다. 하지만 가장 유력한 설명은 태양 중심 시스템이 직관에 반하기 때문이라는 것이다. 그래서 이 시스템의 우월성을 보여주려면, 우리의 오성이 지닌 공간적 한계로 인해 직접적이고 기만적인 명백함이 연상되더라도 이런 느낌을 극복해야 했다. 우리의 평범한 관찰력은 우리가 지구 둘레를 도는 것이 태양이지 그 반대는 아니라고 생각하게 만드는 것이 사실이다.

더 일반적으로 보면, 우리의 감각과 경험이 알려주는 것처럼 공간은 무언가를 담는 단순한 용기가 아니며 인력 같은 물리적 요소들이 이 공간을 변질시킬 수 있다는 사실도 우리는 이제 알게 되었다. 또한 시간은 선형으로 이어지는 흐름이 아니며, 시간이 전개되는 방식은 어떤 기준 시스템을 고려하느냐에 따라 달라지기 때문에 시간 역시 변형될 수 있다는 것도 알게 되었다.

요컨대 우리는 우리가 인식한 시간과 공간이 자연현상의 척도를 이룬다는 생각을 초월하는 법을 배웠다. 달리 말하자면, 우리의 감각이라는 한계 안에서 얻게 되는 정보를 불신하고, 이에 따라 합리성을 그 차원적 환경이라는 '맥락으로부터 떼어놓고 고찰하는 법'을 배운 것이다.

그러나 지식이라는 전체는 그 부분들의 총합보다 적다. 오늘날에도 여전히 지구 둘레를 도는 것이 태양이라고 믿는 사람들이 많은 것을 보면 놀랍다. 따라서 우리의 합리성이 지닌 한계에 이렇게 거리를 두는 태도는 결코 최종적으로, 집단으로 획득된 것이 아니다. 이런 태도를 지니기 위해 노력하는 것을 상식적으로 수긍할 수는 있지만, 사실 그 노력은 과학적 태도의 전형이라 보아야 한다.

어떤 물리적 조건들은 아무리 동시에 발생하더라도 철저히 '연대기 순으로' 파악된다. 그래서 시간적으로 설정된 우리의 이성은 이런 상황이 영 불편하다. 상식으로 인식해온 물리학에 관해 연구한 로랑스 비에노도 논문에서 다음과 같이 강조했다. 그 유명한 이상기체 상태 방정식은 일정한 압력에서 부피와 온도의 변화에 동시성이라는 개념을 강제하는데, 이는 평범한 추론을 하는 이성에게는 고문과도 같은 것이다.[28]

우리의 자기중심적 사고가 지니는 차원적 특징에 관해 간략히 살펴보았다. 이어서 우리의 합리성이 지니는 한계 가운데 두 번째 범주로 넘어가겠다.

우리의 문화가 프로크루스테스의 침대가 되어 현실을 재단할 수 있다는 생각은 지식의 역사에서 뒤늦게서야 중요시되었다. 사실 모든 민족은 자민족중심주의 경향이 있다. 즉 자기 민족의 문화가 현실을 충실히 표현하기 때문에 이를 다른 민족에게도 강제해야 한다고 여기는 경향이다. 부분적으로는 20세기의 인류학과 서양 문화의 자기분석이 등장한 후에야 우리의 사고가 지니는 문화적 한계와의 이 거리두기가 체계적으로 시작되었다. 브로니슬라브 말리노프스키가 주장하고 실행한 '참여관찰'법과 클로드 레비-스트로스의 선언문 같은 《인종과 역

28   Viennot(1996).

사》는 합리성의 문화적 한계로부터 거리를 두려는 시도의 전형적인 사례다. 그런데 이런 시도는 극단주의를 유발할 수도 있다. 모든 표상체계가 문화적으로 구성되어 있기에 참이라는 관점에서는 서로 구별할 수 없다는 과장된 생각을 불러일으킬 때, 문화적 상대주의는 지나친 거리두기를 보여주는 사례가 된다.

우리의 문화가 우리 인식과 오성의 방향을 설정한다는 생각은 전적으로 새로운 것이 아니다. 일반적으로 이런 생각의 전통은 프랜시스 베이컨으로 거슬러 올라간다. 영국 르네상스 시대를 대표하는 이 철학자는 지식의 객관적 양태에 도달하려면 사회문화적 프리즘을 벗어날 필요가 있다는 것을 명확하게 인식했다.

우리의 합리성을 짓누르는 세 번째 범주의 한계는 쉽게 믿는 자들의 민주주의가 도래하는 데 근본적으로 필요한 것이다. 앞서 우리가 여러 사례로 살펴보았던 바로 그 인지적 오류와 관련된 한계다. 이 범주에 속하는 한계들도 인간의 사상사 내내 성찰의 대상이 되었다. 우리는 합리성의 인지적 한계에 관한 연구에서 많은 전조를 발견할 수 있다.[29] 특히 존 스튜어트 밀과 그의 저서 《논리학 체계》, 빌프레도 파레토 등이 특별한 역할을 했다. 그러나 이 모든 학문적 기여는 20세기 말에 두 심리학자 아모스 트버스키와 대니얼 카너먼이 수행한 연구의 예고편에

---

29   Bronner(2007a) 참조.

불과했다. 두 사람이 실험 데이터를 바탕 삼아 그린 '추론의 오류' 지도는 당시 필적할 대상이 없는 성과였다.[30]

이제는 과학에서 사용하는 실용적 방법들, 즉 역학적 방식, 더블-블라인드의 준수 등을 살펴보면 이런 방법이 모두 합리성을 제약으로부터 '탈출'시키려는 시도이며 이를 통해 보편적 의미를 띠게 됨을 확인할 수 있다. 과학자는 과학이라는 직업에 종사함으로써 다른 사람들보다 뛰어난 현실 파악법을 계승한다. 하지만 이러한 제한적 합리성의 유해성으로부터 안전한 사람은 아무도 없다. 마치 (경제적 혹은 이념적) 이해가 걸려 있는 사람처럼, 인지적 구두쇠가 그의 머릿속에 매복해 있으면서 때가 오기를 기다리기 때문이다. 바로 이 때문에 과학자가 인지 시장에 출시하는 주장들은 집단적 의미를 부여해주는 동료평가라는 필터를 항상 의무적으로 거쳐야 한다. 상대주의에 따른 비판적 사고로 과학적 지식을 해체하는 데 열중하다 보면, 마치 스웨터의 실을 다 풀어버린 것처럼 아무것도 없음을 발견하고 놀라게 된다. 이런 식으로 사고하면, 결함의 총합이 보편적 범위의 진술을 창조할 수 있다는 것을 이해할 가능성은 없어진다. 그런데 이런 보편적 진술은 자연스럽게 기울어진 우리의 사고방식과 상반될 때 가장 적용하기 어려우면서 가

---

30 이 연구에 대해 총괄적으로 살펴보고 싶다면 Tversky & Kahneman(1984) 및 Slovic(1984)를 참조하기를 바란다.

장 유용하다.

전문가 평가가 보통의 논리로부터 안전하게 정치적 결정을 명확히 밝혀주는 한, 오랜 세월 동안 이러한 현실은 불편하지 않았다. 그런데 인지 시장 혁명과 민주주의의 3대 요소에 대한 요구라는 두 과정을 거치면서 이제 이런 보통의 논리가 토론의 장에 초대되었다. 내가 보기에 이런 현재 상황은 우리의 민주주의 역사에서 중요한 순간인 동시에 돌이킬 수 없는 단계다. 그런데 우리의 교육 시스템과 모종의 상대주의적 이념 때문에 우리는 지식을 재구축하기보다는 해체할 준비가 더 잘 되어 있다. 이뿐만 아니라 모두가 논쟁에 참여하면 이미 관찰되기 시작한 오류의 상호화 현상이 증폭될 수 있다.

우리 안의 환상 속 학자를 물리치는 법

지식의 민주주의로 이행하는 문제를 생각할 때 핵심적 쟁점은 합리성의 인지적 한계를 약화하는 것이다. 따라서 여러분에게 두 가지 소식, 즉 좋은 소식과 나쁜 소식을 전하고자 한다. 먼저 나쁜 소식부터 시작하자.

철학자 조너선 코헨 옥스퍼드대학교 교수는 이런 체계적이고 예측 가능한 추론의 오류를 완전히 없애는 것이 가능하지 않겠느냐는 의문을 가졌다.[31] 그는 이런 오류가 인지적 결함 보다는 교육적 결핍에 기인한다고 생각했기 때문이다. 그런데 1971년에 아모스 트버스키와 대니얼 카너먼은 통계 전문가들이 보통 사람의 실수와 대등한 인지적 실수를 저지를 수 있다는 사실을 이미 입증했다. 두 사람은 수학심리학회와 미국 심리학회의 공동 세미나에 참석 중인 과학자 84명에게 다음 질문에 대한 답변을 요청했다. "20명의 실험 대상자로 구성된 그룹이 귀하의 이론을 훌륭히 확증했다고 할 때, 귀하는 10명으로 구성된 또 다른 그룹이 귀하의 이론을 별개로 확증해줄 확률이 얼마나 된다고 생각합니까?" 그 결과 단 9명만이 0.4에서 0.6 사이의(약 0.48) 확률을 제시했고, 대부분은 0.85에 육박한 평가치를 내놓았다. 물론 첫 번째 답변이 훨씬 합리적이다. 이는 형식 논리학과 확률 이론에 익숙하다 해서 잘못된 직관이 사라지지는 않는다는 것을 시사한다.

또 다른 사례로, 이보다 더 눈길을 끌고 잠재적으로 막중한 영향력을 지닌 연구 결과가 있다. 이 연구를 위해 워드 카셀, 아르노 쉰버거, 토머스 그레이보이스는 하버드대학교 의과대학 학생과 교수 60명에게 다음과 같은 지문의 문제를 풀게 했다.[32]

"1000명 중 1명이 걸리는 병이 있는데, 이 병은 테스트를

---

31   Cohen(1981).
32   Casscelles, Schoenberger & Grayboys(1978).

통해 검진할 수 있다. 진단 테스트 결과, 양성으로 오진되는 비율은 5퍼센트다. 즉 가짜 양성반응자 비율이 5퍼센트다. 한 사람이 테스트를 받아서, 그 결과가 양성으로 나왔다. 이때 이 사람이 실제로 이 병에 걸렸을 확률은 얼마인가?"

우리는 의사들이라면 이런 종류의 문제에 당연히 익숙하리라고 짐작하지만, 이들은 대거 실수를 저질렀다. 이들 중 대다수가 95퍼센트의 확률이 있다고 대답했다(전체 대답의 평균값은 56퍼센트였다). 현직 의사와 미래의 의사 중 18퍼센트만이 정답인 2퍼센트를 맞추었다. 실제로 '가짜 양성반응자 비율 5퍼센트'는 환자가 아닌 100명 가운데 테스트에서 양성반응이 나온 사람이 5퍼센트라는 뜻이다. 따라서 다음과 같이 추론해야 한다. 10만 명 중 환자가 아닌 사람이 9만 9900명이고 가짜 양성반응자가 4995명인 반면, 진짜 환자는 100명에 불과하다. 따라서 100/(100+4995)=100/5095 ≈ 2퍼센트가 된다.

확률 문제를 다루는 데 익숙한 통계학자와 의사도 이처럼 큰 실수를 저지른다면, 과연 교육이 구원을 가져다주리라 기대할 수 있을까? 그러니까 이런 정신적 환상으로 인한 문제는 교육 수준의 문제가 아니라 전적으로 인지의 문제다. 그럼에도 내가 보기에는 조너선 코헨이 제기한 의문이 완전히 해소된 것 같지는 않다. 교육 수준이 인지적 오류를 방지하는 결정적 보호장치가 되지 못한다면, 모종의 지적 교육을 통해 이런 오류를 순하게 길들이는 것이 가능할까?

자, 이 대목에서 두 번째 소식, 즉 좋은 소식을 알려주겠다. 그렇다. 이런 기만적인 추론이 우리의 사고방식에 미치는 유해성을 약화하는 것이 가능하다.

의학 진단 테스트 문제를 다시 살펴보자. 같은 문제를 다른 방식으로 질문하면 실수를 저지르는 비율이 그야말로 뚝 떨어지는 것을 알 수 있다. "1000명 가운데 X라는 질병에 걸린 사람은 평균적으로 1명 있다. 건강한 미국인 1000명마다 평균 50명이 진단 테스트 결과 양성반응자로 나온다. 무작위로 미국인 1000명을 선정한다고 가정하자. 테스트 결과 양성반응자로 나온 사람들 가운데 몇 명이 실제로 이 병에 걸렸을까?"[33]

이런 형태로 질문하자 응답자의 76퍼센트가 정답을 맞추었다(앞서 제시한 문제 지문의 정답률은 18퍼센트에 불과했다). 발달심리학자 올리비에 우데와 연구진에 의해서도 입증되었듯[34] 피터 캐스카트 웨이슨이 실험을 통해 보여준 가공할 확증 편향도 이처럼 눈에 띄게 억제될 수 있다.

과연 이런 편향은 우리의 먼 과거로부터 이어져 내려온 생물학적 유산일까, 아니면 이보다는 우리의 뇌가 발달하는 동안 획득되는 것일까? 혹은 이 두 가지가 조금씩 모두 작용한 결과

---

33 Cosmides & Tooby(1996). 또는 같은 지문으로 독일 의사들을 대상으로 연구한 Gigerenzer(2009) 참조.
34 Houdé(2000).

일까?[35] 여기서는 이런 편향의 원인이 어디에 있는지 파악하는 문제를 다루지 않겠다. 이런 확증 편향은 우리의 정신생활과 거기서 유래하는 집단적 과정에 유해성을 미치기는 하지만, 대부분의 경우 우리가 이런 유해성을 줄이지 못할 정도로 편향이 우리 안에 뿌리 깊이 박혀 있지는 않다. 그렇기에 우리는 낙관적인 시각으로 무언가를 해볼 수 있는 광범위한 작업장을 그려볼 수 있겠다. 물론 나는 이런 작업장의 윤곽만 잡을 수 있을 뿐이지만, 이 작업장은 적어도 두 가지 형태를 지닐 수 있을 것으로 보인다. 하나는 우리의 교육 시스템과, 다른 하나는 일종의 커뮤니케이션 공학과 관련된다. 특히 과학적 커뮤니케이션 공학은 우리의 합리성이 지닌 어두운 측면을 고려해 원활한 의사소통을 가능하게 해줄 것이다.

정신의 독립선언

여러분이 아주 민감한 사건의 배심원이라고 가정해보자. 석 달 전에 한 남성이 택시에 의해 뺑소니 사고로 사망했다. 이 도시에는 파란색 택시와 초록색 택시만 있다(85퍼센트는 초록색이고 15퍼센트가 파란색이다). 파란색 택시를 보았다고 주장하

---

35   나는 이 문제에 관해 다른 책에서 관심을 가지고 다루었다. Bronner(2007a).

는 목격자 한 명이 재판에 출석했다. 사고가 야간에 발생했으므로 목격자가 착각했을 가능성을 염두에 둘 수 있다. 증언의 신빙성을 평가하기 위해 시각 테스트가 준비되었다. 야간과 동일한 조건에서, 목격자는 80퍼센트의 성공률로 파란색 택시를 알아보았다. 이 증언이 매우 중요한 이유는, 목격자가 택시의 색을 제대로 알아보았다면 재판에 회부된 운전사가 죄인이 되기 때문이다. 여러분이 생각하기에 파란색 택시를 모는 이 운전사가 이번 사건의 범인일 확률은 몇 퍼센트인가?

이 질문을 받으면 사람들 대부분은 실수로 80퍼센트라고 대답한다. 여기서 여러분의 머리에 무언가 떠오르지 않는가? 앞서 다루었던 의학 테스트 문제와 유사하다. 사실 이 문제에는 똑같은 인지적 구조가 숨어 있다.[36] 의학 테스트에서 우리가 환자나 건강한 사람의 모집단 구조를 고려하지 않는 경향을 보였던 것과 마찬가지로, 이 문제에서도 우리는 마치 정답이 파란색 택시와 초록색 택시의 비율과 무관한 것처럼 쉽사리 생각해버린다. 아마도 여러분은 정답인 41퍼센트를 맞추지 못했을 것이다 (한 사람의 운명이 걸린 유죄 여부를 맞추는 문제에서 이것은 80퍼센트와는 거리가 먼 수치다). 하지만 분명 여러분은 이 질문을 접하면서 기시감을 느꼈고 의심을 품었을 것이다. 그러니까 방심을 하지 않고 조심했을 것이다. 그것만으로도 고무적인 일이다.

---

36   기저율 무시라는 구조다. Tversky & Kahneman(1984a) 참조.

반면 만약 여러분이 의학 테스트 문제를 접하고 한 달 후에 이 택시 사건에 관한 질문을 받았다면, 여러분은 분명 아무런 의심 없이 정확히 똑같은 실수를 저질렀을 것이다. 이는 실망스러운 일이다. 확증 편향은 잔류 효과가 존재한다. 따라서 이런 잔류 효과를 퇴치하려면, 문제와 해답을 딱 한 번만 고찰하는 것으로는 부족하다. (이 두 문제를 보면 잘 알 수 있듯) 확증 편향은 특히 사회적 맥락에서 나타날 때 매우 다양한 형태를 띠기 때문에 더욱 그렇다. 확증 편향의 한 가지 형태를 고찰한다고 해서 이런 편향들에 대한 지속적인 저항력이 보장되는 것은 아니다. 올바른 인식을 방해하는 이런 편향들로부터 우리 젊은 이들이 우리보다 더 잘 벗어날 수 있도록 우리의 교육 시스템이 어떻게 도와줄 수 있을지 다시 생각하는 데도 이는 중요하고 필요한 정보다.

이렇듯 민주사회의 과학적 문화와 교육 수준이 전체적으로 높아졌음에도 세계에 대한 우리의 표상에는 여전히 매우 많은 인식의 오류가 존재한다. 많은 여론조사 결과, 우리 시민 가운데 30퍼센트는 태양이 지구 주위를 돌지 지구가 태양 주위를 도는 게 아니라고 생각하는 것으로 나타났다![37] 이뿐만 아니라 프

---

37 2001년 5월 10일부터 6월 15일까지 EU 역내에서 실시된 여론조사 결과, 조사 대상자의 26.1퍼센트가 태양이 지구 주위를 돈다고 생각하며, 7.1퍼센트가 모른다고 털어놓은 것으로 나타났다. 이 여론조사는 2001년에 EU 회원국 전체를 대상으로 연구 총국의 지휘 아래 진행되었다.

랑스 사회학자 크리스티앙 모렐의 연구에 따르면 교양 있는 사람들, 대학 학위 소지자들은 달의 모양이 지구의 그림자가 지구의 위성인 달에 투영된 결과라고 믿는 것으로 나타났다.[38] 하지만 이들은 학교에서 지구가 태양 주위를 돈다고 확실히 배웠던 사람들이다. 그러나 우리의 감각이 지니는 명증성이 이런 교육을 손쉽게 해체해버리기 때문에 상당히 많은 사람이 이런 잘못된 인상에 굴복하고 만다. 만약 이들이 수업을 받았을 때 장차 그 내용을 기억하기 어렵다는 점까지 감안되었더라면, 다시 말해 이 천문학 교육과 함께 이를 잘 받아들이는 데 방해가 되는 인지적 장애물도 고려했더라면, 상황은 매우 달라졌을 것이다.

교육은 우리의 감각이 제시하는 기만적 제안을 사라지게 할 수는 없지만, 불신이라는 반사적 반응을 날카롭게 강화할 수 있다. 우리는 항상 세상을 자기중심적으로 인식하려는 정신적 유혹을 느낀다. 하지만 교육은 우리가 이런 유혹에 맞서 더욱 체계적인 시각을 경쟁시키도록 도울 수 있다. 이런 체계적인 시각은 (시간과 정신적 에너지 면에서) 비용이 더 많이 들기 때문에, 모든 주제와 모든 순간에 동원될 수는 없다(앞서 살펴보았듯, 인지적 구두쇠는 우리의 사회적인 삶과 나머지 개인적 삶에 필요하다). 하지만 판단이나 간혹 기만적인 직관을 보류할 필요가 생길 때가 있는데, 우리가 이런 인지적 상황을 분간하도록 도와주

38   Morel(2002), p. 121.

는 학습법에 대해 생각해보는 것은 가능하다.

앤드루 슈털먼과 조슈아 발커셸은 흥미로운 연구의 결과로, 사람에게는 다른 주장보다 받아들이기 어려운 주장이 있다는 사실을 보여주었다.[39] 두 사람은 실험 대상자들에게 10가지 과학 영역(천문학, 유전학, 열역학 등)에 속하는 200가지 질문을 제시하고 '참'이나 '거짓'으로 답하게 했다. 질문의 지문 유형은 다음과 같았다. '달은 빛을 발생시킨다.' '13분의 1은 30분의 1보다 크다.' '원자는 주로 비어 있다.' 모든 실험 대상자들은 각자 살아오면서 지적 여정을 겪는 동안 적어도 어느 한순간에는 이 질문들에 대한 답을 접한 적이 있으며, 그 답을 믿기보다는 알았을 것이 틀림없다. 연구 결과, 세상에 대한 우리의 직관과 과학의 주장 사이에 충돌이 있을 때 오류가 가장 컸다. 또한 이런 경우 실험 대상자들은 실수를 저지르지는 않더라도, 대답하는 데 시간이 더 오래 걸린다. 여기서 시간은 합리성의 근본적 한계와 맞설 때 정신적 에너지 측면에서 우리가 치러야 하는 비용을 나타내는 좋은 지표다. 우리는 여기서 과학적 문화의 조기 습득이 기만적 직관을 완전히 저지하지는 못하지만 뚜렷하게 억제한다는 사실에 주목하게 된다.

우리는 이제 우리가 저지르는 체계적인 오류들의 지도에 대해 자세히 알기 시작했다. 물론 이 지도는 여전히 불완전하지

---

39   Shtulman & Valcarcel(2012).

만, 콘텐츠의 질에 관해서는 조금의 양보도 없이 우리의 학습법을 향상할 수 있게 도와줄 것이다. 어떤 사람들은 이를 두고 마치 버터 자르는 실을 다시 발명하듯 이미 세상에 나와 있는 것을 굳이 다시 만드는 것이라고 주장할 것이다. 하지만 통계학을 가르쳐본 사람들은 학생들에게 상관관계와 인과관계를 혼동하지 말라고 설명하는 시간이 반드시 필요하다는 것을 알고 있다('두 사건이 일어났다고 해서 그중 하나가 다른 하나의 원인인 것은 아니다'). 그러면서 또한 반복된 연습을 통해서만이 학생들이 불신이라는 반사적 반응을 발전시키기 시작한다는 것도 알고 있다. 학생들은 우리의 사고방식 속에서 참으로 변하지 않는 이 오류에 맞서서 경쟁할 수 있도록 꾸준히 노력해갈 것이다.

이 같은 정신적 환상은 물리학, 생물학, 수학, 경제사회과학, 역사학, 철학 등 모든 학문에서 나타날 수 있다. 교육 프로그램에는 이런 환상이 스며들어 있지만, 교육자들은 이를 체계적으로 포착하지도 중요시하지도 않았다. 일례로 나는 개인들(모두 프랑스 수학능력시험 바칼로레아 합격자였다)이 진화론을 이해한 방식을 실험을 통해 알아보았다.[40] 실험 결과는 논의의 여지 없이 명백했다. 절대다수가 다윈의 이론(자연선택설—옮긴이)보다 목적론적 진화론(가령 용불용설—옮긴이)[41]을 주장했다.

---

40 Bronner(2007b).

41 목적론적 진화론에서는 가령 기린의 목이 긴 이유를 나무 꼭대기에서 먹이를 찾기 위해서라고(즉 기능이 기관을 창조한다고) 주장한다. 다윈의 자연선택설은

이런 결과가 나온 것은 미국에서 관찰되는 경우처럼 이념이나 종교적 이유 때문이 아니라(심지어 많은 이들이 자신의 대답이 다윈의 이론이라고 믿었다), 단순히 진화론에 기술된 메커니즘이 인지적 장애물[42]과 충돌해서 진화론을 반反직관적으로 만들었기 때문이다.

이보다 더 명백한 자료도 있다. 나는 이와 같은 실험을 동일한 조건에서 다시 실시했는데, 이번에는 중학교와 고등학교 생물학과 지구과학 교사 56명을 실험 대상으로 삼았다. 그 결과 둘 중 한 명이 목적론적 진화론을 신뢰할 수 있다고 언급했다! 게다가 이 교사들과 상담한 결과는 매우 흥미로웠다. 이들은 진화론을 잘 알고 있었지만, 이들 가운데 일부는 이 이론을 구체적인 사례에 적용할 때 목적론적 가설의 유혹에 저항하지 않았다.

관건은 다윈의 이론을 잘 이해하는 것뿐만 아니라 집단적 맹신이 발현되는 수많은 과정에서 작용하는 정신적 유혹을 물리치는 데 있다. 실제로 여기서 이루어진 인지 과정을 보면 자연현상이건 사회현상이건, 간혹 길게 이어지는 상호 선택과 조정 과정을 파악하는 데 우리가 공통된 어려움을 겪는다는 것을 알 수 있다. 자연현상의 경우 목적론적 신념이 관련되는데, 흔히 명시적으로나 암묵적으로 종교적인 경우가 많다. 사회현상

기린들 가운데 긴 목을 가진 개체가 쉽게 생존해서 번식했고, 점차 우리가 아는 기린 개체군을 이루게 되었다고 주장한다.
42 이 경우 표본의 크기를 무시했다.

의 경우 우리는 복잡한 현상의 이면에, 혹은 자신의 행동 결과에 대해 아무런 인식이 없는 개인들의 결집된 행동 뒤에 모종의 의도가 숨어 있다고 추측한다. 그래서 모든 경우에 '이 범죄가 누구한테 유리하지?'라는 의심을 품는다. 그러면 우리는 비판적 사고에서 음모론적 사고로의 이행에 아주 근접하게 된다.

이렇게 해서 지배 이론이 탄생한다. 이 지배 이론을 거리낌 없이 주장하는 개인들은 그런 식의 설명을 자연현상에 적용할 때는 조롱할 수도 있지만, 사회현상에 적용하면 아주 치밀한 것으로 생각한다. 바로 여기서 지성인 체하는 맹신의 모습을 발견할 수 있다. 이런 인지 편향이 영민한 사람에게 쉽게 영향을 주는 데는 이유가 있다. 이들이 (종교적이거나 이념적인 목적에서) 선의 개념이 참의 개념에 영향을 미치도록 내버려두기 때문이기도 하지만, 문제의 다양한 구조 안에서 이런 편향이 표현되는 것을 식별하는 법을 배우지 않았기 때문이기도 하다. 그래서 이들은 어떤 때는 합리주의자가 되고, 또 어떤 때는 귀 얇은 맹신자가 된다.

때로 우리의 직관이 이성의 상실(또는 소외—옮긴이)을 제안하더라도 우리가 이를 저지하도록 도와주는 진정한 비판적 사고방식은 꾸준한 연습을 통해서만 획득할 수 있다. 따라서 지식의 민주주의가 도래하는 데 매우 필요한 이런 작업은 가능한 한 이른 시기부터 시작해서 전 과목에 걸쳐 교육을 받는 기간 (프랑스에서는 최소 12년이며 그 이상인 경우가 많다) 내내 역점을 두어야만 이루어질 수 있다. 체계적인 사고를 발휘할 수 있는 길을 꾸준히 내야 모두가 자신의 직관을 불신할 수 있고, 자신의 판단을 보류해야 하는 상황이 언제인지 분별할 수 있으며, 그럴싸해 보이는 해결책을 지지하기보다 에너지와 시간을 투자할 수 있게 된다. 한마디로 말해 우리 모두에게 있는 인지적 구두쇠를 길들여 억제할 수 있게 된다.

무엇을 교육하건 효과적이려면 메시지 수용자의 특성을 고려해야 한다. 그런데 인지적 구두쇠는 워낙에 모두가 공유하는 불변의 특성인지라 학습 과정에서도 도저히 피해갈 수 없다. 현재 민주주의의 민주화 과정이 진행되고 있으며, 반박하기 어려울 정도로 민주주의의 3대 요소에 대한 요구가 점차 숨 막힐 듯 집요해지고 있다. 내가 보기에 이런 상황에서는 우리를 정신의 독립선언으로 인도해줄 이 교육 혁명을 준비하는 것이 유토피아적이라기보다 오히려 필요불가결한 자세로 보인다.

제4의 권력

이러한 사고방식 교육을 위한 노력은 특히 정보를 보급하는 직업을 가진 사람들을 위해 고안되어야 한다. 앞서 우리가 살펴보았듯, 언론인은 쉽게 믿는 자들의 민주주의를 움직이는 중요한 주체가 될 수 있다. 그 이유는 단순히 그들도 다른 이들

같은 사람이기 때문이기도 하지만, 정보를 전달해야 한다는 긴박한 처지에서 이들이 정신적 환상과 이념적 프리즘에 쉽사리 굴복해버릴 수 있기 때문이다. 하지만 내가 보기에 민주주의에서 언론인의 역할이 중대한 만큼, 이들에게 다른 사람들보다 아주 조금만 더 기대를 걸고 싶은 마음은 그리 지나친 것이 아닐 듯하다.

앞서 우리는 언론인이 흔히 죄수의 딜레마 상황의 함정에 빠지는 것을 살펴보았다. 그러나 내가 확신하건대, 언론학교와 시앙스-포 그리고 뉴스를 전달하고 비평하고 분석하는 사람들을 양성하는 모든 교육기관에서 이러한 인지 편향의 존재를 일깨워주고 사회적 고정관념에 대한 지식을 가르쳐준다면, 혹은 이런 기관에 도시 전설에 대응하는 훌륭한 문화가 갖추어진다면, 미래의 전문 언론인은 정보의 경쟁 상황에서 필요한 반사적 불신 반응을 발달시킬수 있을 것이다. 다시 언급하지만 이런 불신은 가장 먼저 자기 자신을, 자신의 사고방식을 향해야 한다. 자신의 직관이 제시하는 명증성에 맞서 의식이라는 내밀한 실험실에서 체계적이고 대안적인 가설을 생산해낼 수 있어야 한다.

이렇게 하면 극악무도한 소아성애자 네트워크를 조직한 지방 유력 인사들의 패륜 행위를 고발하는 이야기를 들었을 때 전형적인 도시전설에 대한 기본적인 지식이 있는 사람의 머릿속에서는 반사적 불신 반응이 일어날 것이다. 대형마트의 과일·채소 판매대에 독거미나 독사가 나타났다는 이야기를 들었을 때도 마찬가지다. 또한 표본의 크기를 무시하는 오류, 포티언 효과, 갈퀴 효과가 한가득한 기성 미디어의 사례를 통해 실용적으로 연습을 이어가면, 긴급한 정보 전달이라는 예측 가능한 함정에 저항할 수 있는 일단의 언론인을 양성할 수 있다는 생각도 가능해진다.

아직은 이런 주제들로 전문 언론인 대상의 지속적인 교육을 구상하기에 너무 늦지 않았다. 의사, 연구원, 기술자 등 직업 환경이 급격히 변화하는 모든 종사자에게 지속적인 교육이 필요하다는 데 공감한다. 마찬가지로 직업 환경 측면에서 언론인도 인지 시장 혁명에 직면해 있다. 이들이 지속적인 교육을 받아야 하고 보통의 논리를 조금은 넘어서야 할 필요가 있다고 이야기하는 것은 이들을 공격하기 위해서가 아니다….

인지 시장의 메커니즘을 당국이 제어하기 어려운 상황이지만, 그래도 고삐 풀린 정보 자유주의가 낳는 역효과는 분명 감소시킬 수 있다. 전직《월스트리트 저널》편집장 폴 스타이거가 이끄는 '프로퍼블리카'가 심층 탐사에 재원을 조달해 그 결과물을 대형 언론사가 사용할 수 있게 하는 새로운 활동을 벌이는 이유를 바로 이런 의미에서 이해해야 한다. 시장의 여건상 이제는 미디어가 심층 탐사에 오랜 시간을 투자할 수 없게 되자, 이 언론사는 자료 공유 서비스를 제공하기 시작한 것이다. 물론 억만장자인 허브 샌들러와 매리언 샌들러 부부가 후원자 역할을 한 덕분이다. 베르나르 풀레가 다음과 같이 강조한 대로다.

알다시피, 언론사에 정부 보조금을 지급하면 역효과가 발생한다. 반면 정보 공유 서비스에 공공 자금이, 그리고 부분적으로 민간 자금이 조달되고 이런 자금 조달이 대규모로 상호화되면 이는 민주적 삶에 필요한 정보를 계속 생산하는 한 가지 방법이 될 수 있다.[43]

마지막으로, 미디어를 제4의 권력이라 여기는 사람들에게는 거의 무정부 상태와 같은 혼란을 특징으로 하는 이 권력의 표현법이 놀라울 수도 있다. 이는 가장 불쾌한 부분임이 분명하지만, 민주주의에서는 모든 권력이 숙고의 대상이 되고 틀 안에서 관리되어야 한다. 우스꽝스러운 강제력을 지닌 영상물 심의위원회나 반드시 직업윤리 기준에 따라 권한이 행사되지는 않는 편집실의 위계를 제외하면, 프랑스에서 미디어 권력의 경계는 희미하다.

앞서 우리는 기성 미디어의 악습에 관한 수많은 사례를 하나하나 검토해보았다. 하지만 그 어떤 경우에도 이런 잘못된 관행에 대한 처벌이 이루어지지 않았다. 방사선에 오염되었다던 카마르그 해변 사건이나 보디 사건도 그랬다. 물론 보디 사건으로 칼 제로는 카날플뤼스에서 물러났지만, 연쇄살인범 알레그르의 거짓 편지를 생방송으로 읽고서 3년이나 지난 후의 일이

---

43   Poulet(2011), pp. 264~265.

었다! 언론인이자 진행자인 그는 프랑스 미디어의 심각한 일탈로 기록되는 이 중차대한 사건으로 처벌받은 얼마 안 되는 사람 가운데 한 명이다. 그는 Reopen-9/11 사이트에 출연해서 인터뷰를 했는데, 이 인터뷰에서도 그의 일관성 없음이 여실히 드러났다.[44] 이 사이트의 진행자들은 그가 9·11테러에 대한 공식적인 설명을 반박할 것으로 기대하고 인터뷰를 했는데, 그는 이에 만족하지 않고 자신의 해고에 대해 자기만의 해석을 내놓았다.

> 칼 제로: 하나의 확립된 시스템이 있다고 합시다. 당신은 이 시스템을 비판할 수도 있고 웃음거리로 삼을 수도 있지만 흔들 수는 없습니다. 그렇지 않으면 당신이 그 시스템에서 나가야 합니다. 죽게 되는 거죠.
> 질문자: 본인에게 일어난 일과 비슷한데요?
> 칼 제로: 제가 바로 살아 있는 증거죠.
> 질문자: 대체 왜 프랑스 TV 방송계에서 쫓겨난 거죠? 성가신 질문을 자꾸 해서 그런가요?
> 칼 제로: 뭐, 틀림없이 그렇겠죠….

만약 언론인 동료들로 구성된 위원회에서 그의 직업상 과오를 규탄하면서 제재를 내렸더라면 칼 제로가 이처럼 악덕을

---

44   http://www.reopen911.info/11-septembre/karl-zero-avec-reopen911/

미덕인 양 포장하기가 훨씬 어려웠을 것이다. 제4의 권력을 틀 안에서 관리하는 방법에 대해 깊은 성찰을 시작하는 것이 쉽게 믿는 자들의 민주주의를 물리치는 한 가지 방법이 될 수 있다. 정치적인 형태의 감독을 염두에 두는 것은 가능하지도 바람직하지도 않다. 그건 민주주의의 엄청난 퇴행이 될 것이기 때문이다. 반면 동료들로 구성된 제재 기구 설립을 진지하게 고려해보자. 의사, 변호사, 약사 등 이미 많은 직업군에서 권력에 대한 자기규제라는 발상을 오래전에 수용했다. 흔히 운동선수가 구설에 오르는 경우가 많은데, 이들도 언론인보다는 직업윤리 면에서 더 관리가 되는 집단에 속한다(2012년에 사이클 '챔피언' 랜스 암스트롱이 그 대가를 치른 바 있다). 누구나 알 수 있듯 그저 내가 말하고자 하는 바는, 독재 세력이 될 수 있음을 여러 차례 보여준 한 권력을 틀 안에서 관리함으로써 모두의 자유를 보호할 생각을 하자는 이야기다.

실수는 누구나 저지른다(심지어 이 책에서도 분명히 실수가 발견될 것이다!). 그러나 이 실수가 끊임없이 반복되고 예측 가능한 도식에 따라 나타나면, 그러면서 사람들에게 혹은 경제적 이익에 심각한 영향을 끼친다면, 그때 이것은 더 이상 실수가 아니라 과오가 된다. 따라서 우리의 공적 공간에 이런 과오가 등장할 가능성을 제한할 방법에 대해 차분하게 논의할 수 있어야 한다. 언론인도 다른 이들처럼 사람이지만, 그들은 우리의 평균보다 막중한 책임을 지고 있다.

새로운 형태의 과학적 커뮤니케이션

여느 토요일과 마찬가지로 여러분은 오늘도 횡재를 노리면서 장을 보러 단골 슈퍼마켓을 찾는다. 커피를 사야 하는데, 한 브랜드는 가격을 33퍼센트 할인하고 다른 브랜드는 커피를 50퍼센트 더 준다고 한다(여러분은 두 브랜드의 커피를 똑같이 좋아한다). 여러분이라면 어떤 커피를 선호하겠는가?

사실은 두 가지가 완전히 똑같은데도 실험을 통한 연구 결과[45] 우리 대부분은 두 번째 커피를 선택하는 게 더 이익이라고 확신하는 것으로 나타났다. 이 같은 조건에서 구매자의 73퍼센트가 첫 번째 커피보다 두 번째 커피를 선호한 것이다. 따라서 세상 모든 판매자가 이 정보를 유리하게 활용할 줄 안다면 이렇게 결함 있고 진부하게 작용하는 우리의 사고방식을 이용해서 이익을 추구할 방법을 찾을 것이다. 이를 가리켜 인지 마케팅 기법이라고 부를 수 있겠다. 이것은 정신적 대상을 최고로 치장해서 보통의 논리에 매력적으로 호소하는 방법이기 때문이다. 그런데 이보다 더 고결한 야심도 분명 있다. 자연히 편향된 우리의 사고방식을 감안한 커뮤니케이션 기법을 구상하겠다는 야심이다. 이런 기법은 인지 시장에서 체계적 사고를 방어하는 데 동원될 수 있다.

---

45   Chen, Marmorstein, Tsiros & Rao(2012).

TV나 라디오로 방송되는 여러 토론 프로그램을 보면, 다루는 주제가 위험한 문제건, 정상범위를 벗어난 현상이건, 점성술이나 기타 불량품에 관한 것이건, 출연한 전문가들이 낮은 확률에 대한 인식이나 놀라운 우연의 일치, 잘못 이해된 비례관계 등으로 인해 논증 과정에서 막다른 골목에 몰리는 경우를 너무 자주 접하게 된다. 대개 전문가는 자신의 능력으로 무장한 채 그것만으로도 충분하리라 생각하며 토론 프로그램에 출연한다. 실제로 타당성에 따라 논거가 자연스럽게 평가받는 이상적인 세계라면 그것만으로도 충분할 것이다. 그러나 현재 인지 시장의 여건은 그렇지 않다. 때로 공적 공간에서 거짓이 참을 이기는 이유는 우리의 사고방식이 정상적으로 작용하면서 거짓을 지원해주리라 기대할 수 있기 때문이다. 우리가 정신적 환상에 무릎 꿇는 일이 벌어지기도 하지만, 앞서 살펴보았듯이 이런 환상은 우리가 노출법을 어떻게 조절하느냐에 따라 사라질 수도 있다.

쉽게 믿는 자들의 민주주의, 그 윤곽이 그려지는 현재 상황에서는 과학을 공적으로 구현하는 틀을 잡기 위해 인지 마케팅을 동원하는 것이 정당해 보인다. 인지 마케팅을 통해 보통의 논리가 과학적 논거의 질을 인정하고, 허울만 그럴듯한 추론과 거리를 두게 만들 수 있기 때문이다. 그러려면 공적 공간에서 이루어지는 토론 방식을 현실적으로 고려하고, 설령 우리의 자연스럽게 기울어진 사고방식을 거슬러 올라가야 하더라도 합리적인 논증으로 설득할 기회를 주는 것이 중요하다. 공론 과정에서 논거와 자료는 인지 편향의 작용으로 거의 철저히 왜곡되고 의식적으로든 아니든 투쟁 목적으로 사용된다. 이런 논거와 자료를 심리적으로 '중립적인' 토양에 다시 되돌려놓으려면 어떻게 해야 할까?

무엇이 새로운 형태의 커뮤니케이션을 이루는 견고한 토대가 될까? 이 문제를 다루려면 책 한 권이 오롯이 소요될 것이다. 그래서 여기서는 몇 가지 실마리, 즉 즉각적인 효과가 나타날 수 있는 가능한 행동 수단만 제시하고자 한다.

우선 투쟁적 활동가들이 제시하는 논증 요소들 가운데 가장 눈에 띄는 것, 즉 제일 많이 기억되고 시민에게 제일 신빙성 있게 보이는 논거를 찾는 것이 좋다. 다시 말해 현재 시장에서 한창 보급되고 있는 인지 상품들을 분류해서 목록을 작성해보자. 그다음 이들 논거의 바탕이 되는 결함 많은 인지적 토대가 무엇인지 밝혀내고, 이런 문제들에 대한 의견 교류를 더욱 합리적으로 이루어지게 하려면 이런 논거들을 어떻게 제시해야 할지 검토해야 한다.

우리는 통상적으로 비용과 이득의 개념을 불균형적인 방식으로 조작한다. 앞서 우리는 이런 방식이 위험에 관한 공론의 일부 일탈 사례에서 바닥짐으로 기능하는 것을 살펴보았다. 이 가운데 한 가지 측면만 살펴보면, 이득에 대한 인식은 대체로 '격차가 축소된' 로그함수 모양을 한다. 즉 우리는 이득에 정비례로 즐거워하지는 않는 경향을 지닌다. 앞서 본 것처럼 복권으로 100만 유로 당첨이 되면 매우 행복하지만, 300만 유로 당첨이 된다고 해서 세 배 더 행복하지는 않다. 이런 '격차의 축소' 효과가 있다는 것을 알기 때문에, 우리의 사고방식으로 어떤 기술혁신이 가져올 수 있는 장점을 충실히 파악하려면 이 기술혁신의 이득을 결집하기보다는 잘게 나눌 필요가 있다. 모든 이득을 하나로 모으면, 즉 모든 이점의 총합을 나타내는 포괄적인 숫자 하나로 제시하면 주관적인 평가절하가 일어난다. 알다시피 이러한 평가절하를 극복하고자 하는 노력은 자신의 목표를 달성하려고 거짓을 만들어내는 행위가 아니다. 오히려 진실이 인간의 논리에 의해 일상적으로 자행되는 고문을 겪지 않도록, 즉 독단적으로 재단되지 않도록 사고가 작용하는 방식을 고려하는 일이다.

또 다른 예를 들어보자. 독일의 심리학자 게르트 기거렌처는 매우 다양한 설명 방식으로 유방암 진단에 대한 커뮤니케이션이 이루어질 수 있다는 것을 보여주었다.[46] 먼저 유방촬영술에 의한 검진이 유방암 사망 위험을 25퍼센트 감소시킨다고 해보자. 이 수치는 유방촬영술 검진을 받은 여성 1000명 가운데 3명이 유방암으로 사망하는 반면, 이 검진을 받지 않은 여성 1000명 중에선 4명이 유방암으로 사망한다는 것을 의미한

46   Gigerenzer(2009), pp. 82~83.

다(따라서 4명 중 1명, 곧 25퍼센트가 목숨을 건지므로 옳은 말이다). 하지만 이를 두고 1000명 중 1명꼴로 위험이 감소했다고도 표현할 수 있다! 방금 살펴보았듯 유방암 검진 덕분에 여성 1000명 중 1명이 목숨을 건지기 때문이다. 우리는 이렇게 표현했을 때 더 쉽게 알아듣는다. 우리가 정보를 어떤 식으로 전달하느냐에 따라 여론에 미치는 영향은 달라지지만, 둘 중 어떤 식으로 전달하든 거짓말은 아니다.

지식의 주체들은 인지 마케팅 측면에서 자신의 무능력 때문에 시장 지분을 잃었다는 사실을 인식하지 못했다. 그들의 입장을 옹호하자면, 그건 이 시장이 구조적으로 변화했고, 내가 기술하고자 한 법칙들 가운데 일부는 자세히 관찰해야만 드러나기 때문이다.

한편 인지적 주장은 정확하게 제시되기만 해서는 공적 공간에서 만족스럽게 사용될 수 없다. 인지 시장에 하나의 주장이 제시되는 과정은 공급자의 동기부여에 크게 좌우되며 올슨 효과의 지배를 받는다. 이런 이유로 많은 영역에서 정통성 있는 지식이 소수 의견으로 치부되고 있다. 내 눈에는 과학계가 이 문제를 제대로 검토해서 앞으로 이런 경쟁에 한 발 한 발 뛰어들 것으로 보이지 않는다. 이는 심지어 전체의 이익을 위해서도 바람직하지 않다. 이렇게 하려면 필연적으로 지식을 생산하는 데 귀중한 시간이 소요될 것이기 때문이다. 따라서 우리에게 필요한 것은 정통성 있는 지식을 중계해줄 네트워크다. 이 네트워크가 우리에게 실마리가 될 것이다.

　물론 이런 네트워크는 이미 존재하기는 하나 너무 미약한 수준이다. 먼 옛날 프랑스 영토에서 여러 학회를 그물망처럼 조직했던 네트워크보다 훨씬 형편없는 실정이다. 고등교육연구부의 인터넷 사이트에 따르면, 오늘날 활동하고 있는 학회 수는 119개라고 한다. 반면 1900년에는 1000개가 넘는 학회가 존재했다. 더 심각한 문제는, 2000년부터 학회 회원들의 노령화가 나타나고 가장 젊은 회원들이 학회 활동에 관심을 잃어가고 있다는 사실이다. 어쩌면 우연의 일치에 불과하겠지만, 공교롭게도 이 시기는 인터넷망의 보급과 묘하게 겹친다. 이 가설은 시험하기가 어렵지만, 인터넷이 과학 정보(또는 과학이라고 주장하는 정보)의 보급을 장악했다는 느낌이 자주 든다.

　중요한 관건 가운데 하나는 이러한 대중 과학 네트워크를 다시 활성화할 방법을 고민하는 것이다. 이 부분에서 초등 및 중등 교육기관에서 근무하는 교사들이 중대한 역할을 할 수 있다. 이들은 능력도 있고, 이런 새로운 계획을 실행하는 데 필요한 일종의 권위와 신뢰를 여전히 누리고 있기 때문이다. 우리가 접하는 문제를 해결할 주요 방책은 무엇보다도 미시사회적이다. 따라서 바로 가까운 사람들, 친한 개인들과의 대화를 통해 불신감을 1센티미터씩 서서히 사라지게 할 수 있다.

　여러 실험 결과, 전달자와 감정적 관계를 가지면 그가 전하는 정보나 메시지, 신념에 더 신뢰를 주는 경향이 나타났다. 사회심리학자 무자퍼 셰리프와 칼 호블랜드는 개인들이 자기가 높이 평가하고 더 나아가 사랑하는 사람의 능력을 과대평가하는 반면, 좋아하지 않는 사람의 능력은 과소평가하는 경향이 있다는 것을 발견했다.[47] 그렇기 때문에, 과학은 부패했고 끝없는 이해충돌을 벌이는 장본인이며 국제적 자본주의에 팔려나갔다는 환상에서 벗어나려면 가능할 때마다 친숙한 사람들이 과학 이야기를 하는 것이 매우 중요하다. 이제 모든 능력 있는 주체가 그들의 수준을 막론하고 인지 시장에 영향력을 발휘하는 전투에 뛰어들어야 할 때다. 그래야 지식의 민주주의와 체계적 사고가 흥하고 곳곳에서 환상 속 학자를 물리칠 수 있을 것이다.

짧은 에필로그

신념은 누구에게나 스며들어 있다. 이 글을 쓰는 저자나 글을 읽는 독자나 마찬가지다. 그래서 나는 모든 오해를 피하고자 이 저작의 대상이 신념을 신봉하는 사람들보다는 신념을 겨누고 있다고 확실히 말해두고 싶다.

다시 한번 말하지만, 신봉자의 맹신은 어리석음이나 불성실의 결과가 아니다. 요컨대 그들의 확신은 비합리적인 힘에 기인하는 것이 아니다. 그저 그들에게는 믿을 만한 이유가 있는 것이다. 그렇다고 그들의 믿는 행위가 옳다는 의미는 아니다. 단지 그들의 정신세계를 한번 재구성해보면 그들의 환상을 더 잘 이해할 수 있다는 뜻이다.

신념 가운데는 재미있는 것도 있다. 그러나 대부분은 끔찍한 결과를 낳을 수 있다. 종교적 혹은 정치적으로 급진적인 신념을 보면 이런 현상은 명백하다. 과거와 현재의 수많은 사례가 이를 말해주지 않는가! 마찬가지로 이 모든 정신적 환상은 이념적 시나리오를 만나, 동시대를 살아가는 사람들 가운데 일부에게 우리가 사는 세상에 대한 불신과 더 나아가 전반적인 환멸을 불러일으킨다.

나는 우리 서구 사회가 이렇게 많은 경멸을 받는 것이 마땅한지 모르겠다. 관점의 문제일 수 있다. 하지만 이런 모든 신념과 그에 동반되는 정치적 요구 때문에, 정치 영역에서 민주주의가 작동하지 않는 다른 국가나 지역보다 우리 프랑스가, 그리고 세계 어느 곳보다 유럽이 매우 불리한 경쟁 상황에 놓인다고 생각한다. 이 책을 관통하는 것이 두려움이라면(물론 나는 이것이 기우이기를 바란다), 그것은 우리의 민주주의가 그 내부의 악마와 쉽게 믿는 자들의 민주주의에 무릎을 꿇어 우리가 사는 세상을 역사로부터 버림받은 변두리로 만드는 모습을 보게 될까 하는 두려움이다.

참고문헌

Ajzen I. et Kruglanski A., "Bias and Error in Human Judgement", *European Journal of Social Psychology*, 1983, 13, pp. 1~49.

Albert P.-L., *Histoire de la presse*, Puf, 2003.

Allport G. et Postman L., *The Psychology of Rumor*, New York, Henry Holt, 1947.

Anfossi C., *La Sociologie au pays des croyances conspirationnistes: Le théâtre du 11 septembre*, mémoire de M2 inédit, Strasbourg, 2010.

Argote L., Seabright M.-A. et Dyer L., "Individual versus Group Use of Base-Rate and Individuating Information", *Organisational Behavior and Human Decision Processes*, 1986, 38, pp. 65~75.

Atran S., "Les origines cognitives et évolutionnistes de la religion", in G. Fusslan (dir), *Croyance, Raison et Déraison*, Paris, Odile Jacob, 2006.

Autret M., "La brouillotique nous gagne", *Écrire et Éditer*, 2002, no 39.

Backan P., "Response Tendencies in Attempts to Generate Random Binary Series", *American Journal of Psychology*, 1960, 73.

Bacon Francis (1620), *Novum Organum*, Paris, Puf, 1986.

Baijent M., Leigh R. et Lincoln H., *L'Énigme sacrée*, Paris, Pygmalion, 1982.

Bauerlein M., *The Dumbest Generation*, Londres, Tarcher/Penguin, 2008.

Bélanger M., *Sceptique ascendant sceptique*, Éditions Stanké, Montréal, 1999.

Bindé J., *Vers les sociétés du savoir: Rapport mondial de l'UNESCO*, Éditions UNESCO, 2005.

Blomberg B. et Harrington J., "A Theory of Flexible Moderates and Rigid Extremists with an Application to the US Congress", *American Economic Review*, 2000, 90, pp. 605~620.

Bouchayer F., "Les usagers des médecines alternatives: itinéraires thérapeutiques, culturels, existentiels", *Revue française des affaires sociales*, numéro hors série, avril, 1986, pp. 105~115.

Boudon R., *L'Art de se persuader*, Paris, Fayard, 1990.

—————, *Le Relativisme,* Paris, Puf, 2008.

—————, *Croire et Savoir*, Paris, Puf, 2012.

Boudon R. et Clavelin M., *Le relativisme est-il résistible?*, Paris, Puf, 1994.

Bouvier A., "La dynamique des relations de confiance et d'autorité au sein de la démocratie dite "participative" et "délibérative"", *Revue européenne des sciences sociales*, t. XLV, 2007, 136, pp. 181~230.

Bovard E.W., "Conformity to Social Norms in Stable anTemporary Groups", *Science*, 1953, pp. 361~363.

Boy D., "L'évolution des opinions sur les biotechnologies dans l'Union européenne", *Revue internationale de politique comparée*, 2, vol. 10, 2003, pp. 207~218.

Boy D. et Michelat G., "Croyances aux parasciences: dimensions sociales et culturelles", *Revue française de sociologie*, XXVII, 1986.

Broch H., *Le Paranormal*, Paris, Le Seuil, 1989.

Bronner G., *L'Incertitude*, Paris, Puf, 1997.

—————, *L'Empire des croyances*, Paris, Puf, 2003.

—————, *Vie et des croyances collectives*, Paris, Hermann, 2006.

—————, *L'Empire de l'erreur: Éléments de sociologie cognitive*, Paris, Puf, 2007a.

—————, "La résistance au darwinisme: croyances et raisonnements" (2007b), *La Revue française de sociologie*, 3, 2007.

—————, Coïncidences. *Nos représentations du hasard*, Paris, Vuibert, 2007c.

—————, *The Future of Collective Beliefs*, Oxford, Bardwell Press, 2010a.

—————, "Ondes et croyances" (2010b), *La Revue des Deux Mondes*, mars 2010, pp. 51~75.

—————, "Ce qu'Internet fait à la diffusion des croyances", *Revue européenne des sciences sociales*, 49-1, 2011, pp. 35~60.

Callon M., Lascoumes P. et Barthe Y., *Agir dans un monde incertain: Essai sur la démocratie technique*, Paris, Le Seuil, 2001.

Campion-Vincent V., *La Société parano*, Paris, Payot, 2005.

Campion-Vincent V. et Renard J.-B., *Légendes urbaines*, Paris, Payot, 2002.

Caplan B, "*Le mythe de l'électeur rationnel et la théorie politique*", in Elster et Landemore (dir.), *La Sagesse collective: Raison publique*, 2010, no 12, pp. 57~85.

Cardon D., *La Démocratie Internet*, Paris, Le Seuil, coll. "La République des idées", 2010.

Carr N., *The Big Switch: Rewiring the World, from Edison to Google*, New York, W.W. Norton & Company, 2008.

Casscells W., Schoenberger A. et Grayboys T., "Interpretation by Physicians of Clinical Laboratory Results", *New England Journal of Medicine*, 1978, 299.

Chaiken S., "Heuristic versus Systematic Information Processing and the Use of Source versus Message Cue in Persuasion", *Journal of Personality and Social Psychology*, 1980, 39, 5, pp. 752~766.

Charpier F., *L'Obsession du complot*, Paris, François Bourin, 2005.

Chen H., Marmorstein H., Tsiros M. et Rao A., "When More Is Less: the Impact of Base Value Neglect on Consumer Preferences for Bonus Packs over Price Discounts", *Journal of Marketing*, 2012, 76, 4, pp. 64~77.

Cherkaoui M., *Good Intentions: Max Weber and the Paradox of Unintended Consequences*, Oxford, Bardwell Press, 2007.

CohenL. J., "Can Human Irrationality Be Experimentally Demonstrated?", *Behavorial and Brain Sciences*, 1981, 4, 317-70.

Cosmides L. et Tooby J., "Are Humans Good Intuitive Statisticians after All? Rethinking some Conclusions from the Literature on Judgement under Uncertainty", *Cognition*, 1996, 58, pp. 1~73.

Crenshaw M., "The Cause of Terrorism", *Comparative Politics*, 1981, 13, pp. 379~399.

Cuniot A., *Incroyable... mais faux!*, Bordeaux, L'Horizon chimérique, 1989.

Delahaye J.-P., *Les Inattendus mathématiques*, Paris, Belin, 2006.

Dogan M. (ed.), *Political Mistrust and the Discrediting of Politicians*, Leyden and Boston, Brill, 2005.

Donnat O., *Pratiques culturelles des Français à l'ère numérique*, Paris, La Découverte/ministère de la Culture et de la Communication, 2008.

Drozda-Senkowska E. (dir.), *Les Pièges du raisonnement*, Paris, Retz, 1997.

Drucker P., *The Age of Discontinuity: Guidelines to Our Changing Society*, New York, Harper & Row, 1969.

Durkheim E., *Le Suicide*, Paris, Puf, 1930, 2007.

Duval M., *Un ethnologue au Mandarom*, Paris, Puf, 2002.

Eager T. et Musso C., "Why Did the World Trade Center Collapse: Science, Engineering and Speculation", *JOM*, 2006, 53 (12), pp. 8~11.

EFSA: European Food Safety Authority, "Opinion of the Scientific Panel on Food Additives, Flavourings, Processing Aids and Materials in Contact with Food (AFC) on a Request from the Commission Related to a New Long Term Carcinogenecity Study of Aspartame", *The EFSA Journal*, 2006, 356, pp. 1~44.

Elster J., "Deliberation and Constitution Making", in J. Elster (ed.), *Deliberative Democracy*, Cambridge, CambridgeUniversity Press, 1998, pp. 97~122.

Erner G., *La Société des victimes*, Paris, La Découverte, 2006.

Etchegoin M.-F. et Aron M., *Le Bûcher de Toulouse –D'Allègre à Baudis: histoire d'une mystification*, Paris, Grasset, 2005.

Étienne B., *Les Combattants suicidaires*, Paris, L'Aube, 2005.

Fischhoff B., "For ose Condemned to Study the Past: Heuristics and Biases in Hindsight", in A. Tversky, D. Kahneman & P. Slovic (eds.), *Judgment under Uncertainty: Heuristics and Biaises*, Cambridge, Cambridge University Press, 1984.

Fishkin J. S., *When the People Speak: Deliberative Democracy and Public Consultation*, Oxford, Oxford University Press, 2009.

Fiske & Taylor S., *Social Cognition*, New York, Random House, 1984.

Fleury C., *Les Pathologies de la démocratie*, Paris, Fayard, 2005.

Flichy P., *Le Sacre de l'amateur*, Paris, Le Seuil, 2010.

Fort C., *Le Livre des damnés*, Paris, Les Éditions des deux rives, 1955.

Friedrich J., "Primary Detection and Minimization Strategies in Social Cognition: a Reinterpretation of Confirmation Bias Phenomena", *Psychological Review*, 1993, 100, 2, pp. 298~319.

Fuentès P., "Camille Flammarion et le forces naturelles inconnues", *Des savants face à l'occulte. 1870-1940*, Bensaude-Vincent et Blondel (dir.), Paris, La Découverte, 2002, pp. 105~124.

Galifret Y. (dir.), *Le Crépuscule des magiciens*, Paris, Éditions rationalistes, 1965.

Gigerenzer G., *Penser le risque: Apprendre à vivre dans l'incertitude*, Paris, Markus Haller, 2009.

Girard C. et Legoff A., *La Démocratie délibérative: Anthologie de textes fondamentaux*, Paris, Hermann, 2010.

Girotto V. et Legrenzi P., "Mental Representation and Hypothetico-Deductive Reasoning: The Case of the THOG Problem", *Psychological Research*, 1989, no 51, pp. 129~135.

Gordon K. H., "Group Judgments in the Field of Lifted Weights", *Journal of Experimental Psychology*, 1924, 7, pp. 437~443.

Gré G. de, *The Social Compulsions of Ideas: Toward a Sociological Analysis of Knowledge*, London, Transaction publishers, 1985.

Griffith Richard M., "Odds Adjustment by American Horse-Race Bettors", *American Journal of Psychology*, 1949, 62, pp. 290~294.

Griggs et Newstead S., "The Source of Intuitive Errors in Wason's THOG Problem", *British Journal of Psychology*, 1983, no 74, pp. 451~459.

Hazell R., Worthy M. et Glover M., *The Impact of the Freedom of Information Act on Central Government in the UK*, Londres, Palgrave Macmillan, 2010.

Heath C. et Gonzalez R., "Interaction with Others Increases Decision Confidence but not Decision Quality: Evidence against Information Collection Views of Interactive Decision Making", *Organizational Behavior and Human Decision Processes*, 1995, 61, pp. 305~318.

Heller D., "Taking a Closer Look: Hard Science and the Collapse of the World Trade Center", *Garlic and Grass*, 2005, 6.

Houdé O, Zago L., Mellet E., Moutier S., Pineau A., Mazoyer B. et Tzourio-Mazoyer N., "Shifting from the Perceptual Brain to the Logical Brain: the Neural Impact of Cognitive Inhibition Training", *Journal of Cognitive Neuroscience*, 2000, vol. 12, 5, pp. 721~728.

Ingelhart R. (ed.), *Human Values and Social Change*, Boston, MA, Brill, 2003.

Insenberg D. J., "Group Polarization: a Critical Review and Meta-Analysis", *Personality and Social Psychology*, 1986, 50, 1986, p. 1141.

Jamain S., Betancur C., Giros B., Leboyer M. et Bourgeron T., "La génétique de l'autisme", *Médecine/Science*, 2003, 19, pp. 1081~1090.

Jordan B., "Remous autour d'un test génétique", *Science et Pseudo-Sciences*, 2007, 276, pp. 26~27.

Jordan B., *Les Imposteurs de la génétique*, Paris, Le Seuil, 2000.

Julliard J., *La Reine du monde*, Paris, Flammarion, 2009.

Kapferer J.-N., *Rumeurs*, Paris, Le Seuil, 1995.

Keen A., *The Cult of the Amateur*, New York, Bantam, 2007.

Kervasdoué J., *La peur est au-dessus de nos moyens: pour en finir avec le principe de précaution*, Paris, Plon, 2011.

Khosrokhavar F., *Quand Al-Qaïda parle*, Paris, Grasset, 2006.

Krueger A., *What Makes a Terrorist: Economics and the Roots of Terrorism*, Princeton University Press, 2007.

Krivine J.-P., "Vaccination: les alertes et leurs conséquences", *Science et Pseudo-Science*, 2010, 291, pp. 117~118.

Kuntz M., "Le cas du maïs MON863. Un débat usurpé par les rumeurs", *Science et Pseudo-Science*, 2007, 279, pp. 23~29.

Lagrange P., *La guerre des mondes a-t-elle eu lieu?*, Paris, Robert Laffont, 2005.

Landemore H., "La raison démocratique: les mécanismes de l'intelligence collective en politique", in Elster et Landemore (dir.), *La Sagesse collective, Raison publique*, 2010, no 12, pp. 9~55.

Latour B, *Enquête sur les modes d'existence: Une anthropologie des Modernes*, Paris, La Découverte, 2012.

Launière de C., "Aux yeux de la science officielle, la parapsychologie n'a pas encore fait ses preuves", *Québec Science*, 1, vol. 19, 1980.

Le Bon G., *Psychologie des foules*, Paris, Puf, 2003.

Leadbeater C. et Miller P., *The Pro-Am Revolution: How Enthusiasts Are Changing Our Economy and Society*, Londres, Demos, 2004.

Ledoux A., "Vidéos en ligne: la preuve par l'image?", *Esprit*, mars-avril, 2009, pp. 95~107.

Lequèvre F., "L'astrologie", in Mahric (dir.), *Guide critique de l'extraordinaire*, Bordeaux, Les Arts libéraux, 2002.

Loriol M, "Faire exister une maladie controversée", *Sciences sociales et santé*, 2003, 4.

Loveluck B., "Internet, vers la démocratie radicale?", *Le Débat*, 2008, 4, 151, 2008, 150~166.

Mackay C., *Extraordinary Popular Delusions & the Madness of Crowds*, London, Wordworth Edition, 1995.

Mansell R. et Wehn U., *Knowledge Societies: Information Technology for Sustainable Development*, United Nations Commission on Science and Technology for Development, New York, Oxford University Press, 1998.

Marchetti D., *Quand la santé devient médiatique: Les logiques de production de l'information dans la presse*, Grenoble, Pug, 2010.

Mendelberg T., "e Deliberative Citizen. eory and Evidence", *Research in Micropolitics*, 2002, 6, pp. 151~192.

Meunier B., "Le principe de précaution, remarques d'un chimiste", conférence au colloque *Regards sur le principe de précaution*: informations/colloque-2012-de-l-union-rationaliste.html, 2012.

Mill J. S., *Système de logique*, Bruxelles, Mardaga, 1988.

Mole P., "Les théories conspirationnistes autour du 11 septembre", *Science et Pseudo-Science*, 2007, no 279, pp. 4~13.

Morel C., *Les Décisions absurdes*, Paris, Gallimard, 2002.

Mulet E., "La perception des risques", in P. Goguelin et X. Cuny (dir.), *La Prise de risque dans le travail*, Paris, Octaves Éditions, 1993.

Nisbett R. E. et Ross L., *Human Inference: Strategies and Shortcomings of Social Judgement*, Englewood Cliffs NJ, Prentice-Hall, 1980.

O'Brien Dan *et al.*, "Source of Difficulty in Deductive Reasoning Task: the THOG Problem", *Quarterly Journal of Experimental Psychology: Human Experimental Psychology*, 1990, no 42, pp. 329~351.

Olson M., *La Logique de l'action collective*, Paris, Puf, 1978.

Page S., *The Difference: How the Power of Diversity Creates Better Groups. Firms, Schools, and Societies*, Princeton, Princeton University Press, 2006.

Pariser E., *The Filter Bubble: What the Internet Is Hiding from you*, Londres, Penguin Press HC, 2011.

Perrin A., "Ondes électromagnétiques: comment s'y retrouver dans l'information?", *SPS*, 2009, 285, pp. 10~16.

Phillips D. P., "The Influence of Suggestion on Suicide: Substantive and Theoretical Implications of the Werther Effect", *American Sociological Review*, 1974, 39, pp. 340~354.

Piatelli Palmarini M., *La Réforme du jugement ou comment ne plus se tromper*, Paris, Odile Jacob, 1995.

Piatelli Palmarini M. et Raude J., *Choix, Décisions et Préférences*, Paris, Odile Jacob, 2006.

Poulet B., *La Fin des journaux et l'avenir de l'information*, Paris, Gallimard, 2011.

Prelec D., "The Probability Weighting Function", *Econometrica*, 1998, 47, pp. 313~327.

Preston M. G. et Baratta P., "An Experimental Study of the Auction: Value of an Uncertain Uncome", *American Journal of Psychology*, 1948, 61, pp. 183~193.

Rabatel A., "Le traitement médiatique des suicides à France Télécom de mai-juin à mi-août 2009: la lente émergence de la responsabilité du management dans les suicides en lien avec le travail", *Studia Universitatis Babes-Bolyai*, Philologia, 2010, t. LV, vol. 1, pp. 31~52.

Raoul D. (dir.), *Les Lignes à très haute tension: quels impacts sur la santé et l'environnement?*, compte rendu de l'audition publique du 29 janvier 2009, Office parlementaire d'évaluation des choix scientifiques et technologiques, Assemblée nationale no 1556, Sénat no 307, 2009.

Renard J.-B., "Croyances fantastiques et rationalité", *L'Année sociologique*, 2010, 60-1, pp. 115~135.

_____, *Le Merveilleux*, Paris, CNRS Éditions, 2011.

Rosanvallon P., *La Contre-Démocratie: La politique à l'âge de la défiance*, Paris, Le Seuil, 2006.

Ross Lee et Leeper Robert, "The Perseverance of Beliefs: Empirical and Normative Considerations", in Shweder et Fiske (eds.), *New Directions for Methodology of Behavioral Science: Fallible Judgement in Behavioral Research*, San Francisco, Jossey-Bass, 1980.

Ross Lee, Leeper Robert et Hubbard, "Perseverance in Self-Perception and Social Perception: Biased Attributional Processes in the Debriefing Paradigm", *Journal of Personality and Social Psychology*, 1975, 32, pp. 880~892.

Roussiau N. et Bonardi Ch., *Les Représentations sociales*, Hayen, Mardaga, 2001.

Ruby C. L., "Are Terrorists Mentally Deranged?", *Analysis of Social Issues and Public Policy*, 2002, 2, pp. 15~26.

Sageman M., *Understanding Terror Networks*, Philadelphia, University of Pennsylvania Press, 2004.

Sauvayre R., *Croire à l'incroyable*, Paris, Puf, 2012.

Seralini G.-E., Cellier D. & Spiroux de Vendomois J., "New Analysis of a Rat Feeding Study with a Genetically Modified Maize Reveals Signs of Hepatorenal Toxicity", *Archives of Environmental Contamination and Toxicology*, 2007, pp. 596~602.

Sherif M. & Hovland C. I., *Social Judgment*, Yale, New Haven, University Press, 1961.

Shtulman A. & Valcarcel J., "Scientific Knowledge Suppresses but Does not Supplant Earlier Intuitions", *Cognition*, 2012, 124, 2, pp. 209~215.

Simons A., *The Story Factor*, New York, Basic Books, 2001.

Simon H., "Theories and Decision-Making in Economics and Behavioral Science", *American Economic Review*, 1959, 49, 3, pp. 253~283.

_____, "Economics and Psychology", in Koch (eds.), *Psychology: a Study of Science*, New York, McGraw Hill, t. VI, 1963.

Slovic P., Fischhoff B. et Lichtenstein S., "Facts versus Fears: Undesrtanding Perceived Risk", in Tversky, Kahneman & Slovic (eds.), *Judgment under Uncertainty: Heuristics and Biases*, Cambridge, Cambridge University Press, 1984.

Soffriti M. *et al.*, "First Experimental Demonstration of the Multipotential Carcinogenic Effects of Aspartame Administered in the Feed to Sprague-Dawley Rats", *Env. Health Perspect*, 2006, 114, pp. 379~385.

Souques M., "Faut-il avoir peur des champs électromagnétiques liés à l'électricité?", *Science et Pseudo-Science*, 2009, 285, pp. 32~40.

Sperber D. et Wilson D., *La Pertinence: Communication et cognition*, Paris, Minuit, 1989.

Stasson M. F., Kaoru O., Zimmerman S. K. et Davis J. H., "Group Consensus Processes on Cognitive Bias Tasks: a Social Decision Scheme Approach", *Japanese Journal of Psychology*, 1988, 30, pp. 68~77.

Stehr N., *Knowledge Societies: the Transformation of Labour, Property and Knowledge in Contemporary Society*, Londres, Sage, 1994.

Stoczkowski W., *Des Hommes, des Dieux et des Extraterrestres*, Paris, Flammarion, 1999.

Stupple D., "Mahatmas and Space Brothers: the Ideologies of Alleged Contact with Extraterrestrials", *Journal of American Culture*, 1984, no 7, pp. 131~139.

Sunstein C. R., *Infotopia: how many Minds Produce Knowledge*, Londres/Oxford, Oxford University Press, 2006.

Surowiecki J., *La Sagesse des foules*, Paris, Jean-Claude Lattès, 2008.

Taguieff P.-A., *La Foire aux illuminés*, Paris, Mille et une nuits, 2005.

Tapscott D., *Grown-Up Digital*, New York, MacGraw-Hill, 2008.

Thouverez L., ""Mr Azn@r, par T". Manipulations informatives et révolte SMS du 11 au 14 mars 2004 en Espagne", *Revue de civilisation contemporaine de l'université de Bretagne occidentale*, 2004, 4.

Tocqueville A. de, *De la démocratie en Amérique*, t. II, Paris, Gallimard, 1992.

Tubiana M., *Arrêtons d'avoir peur!*, Paris, Michel Lafon, 2012.

Tversky A. et Kahneman D., "Belief in the Law of SmallNumbers", *Psychological Bulletin*, 1971, 2, pp. 105~110.

——————————— , "Judgment under Uncertainty: Heuristics and Biases", *Science*, 1974, 185, pp. 1124~1131.

——————————— , "Evidential Impact of Base Rates" in A. Tversky, D. Kahneman et P. Slovic (eds.) *Judgment under Uncertainty: Heuristics and Biases*, Cambridge, Cambridge University Press, 1984.

——————————— , "Framing of Decisions and the Psychology of Choice", in Elster (ed.), *Rational Choice*, Oxford, Basil Blackwell, 1986.

Tversky A., Kahneman D. et Slovic P. (eds.), *Judgment under Uncertainty: Heuristics and Biases*, Cambridge, Cambridge University Press, 1984.

Vain P., "Trends in GM Crop, Food and Feed Safety Litterature", *Nature Biotechnol-*

ogy, 2007, vol. 25, no 6, p. 624.

Vatin F., "La question du suicide au travail", *Commentaires*, 34, 2011, pp. 405~416.

Viennot L., *Raisonner en physique: La part du sens commun*, Bruxelles, De Boeck, 1996.

Wason Peter Cathcart, "Reasoning", in Foss (eds.), *New Horizons in Psychology*, vol. 1, Londres, Penguin, 1966.

————————, "Self-Contradiction", in Johnson-Laird et Wason (eds.), *Thinking: Reading in Cognitive Science*, Cambridge, Cambridge University Press, 1977.

Watzlawick P., *La Réalité de la réalité*, Paris, Le Seuil, 1978. Wright E. F. & Wells G. L., "Does Group Discussion Attenuate the Dispositional Bias?", *Journal of Applied Social Psychology*, 1985, 15, pp. 531~546.

고유명사 일람

민주단결연대Solidaires Unitaires
　　Démocratiques
밀, 존 스튜어트John Stuart Mill

ㅂ

바라타, 필립Philip Baratta
바르트, 야닉Yannick Barthe
바버, 벤저민Benjamin Barber
바스-노르망디Basse-Normandie
바시아고, 앤드루Andrew D. Basiago
〈바이바이 벨기에〉Bye Bye Belgium
《바이블 코드》Bible code
바이어슈트라스, 카를Karl Weierstrass
바탱, 프랑수아François Vatin
발레리 지스카르 데스탱Valéry Giscard
　　d'Estaing
발바스트르, 질Gilles Balbastre
발커셀, 조슈아Joshua Valcarcel
《뱅 미뉘트》20 minutes
버너스-리, 팀Tim Berners-Lee
베로, 장-프랑수아Jean-François Beraud
베르, 폴Paul Bert
베르제르, 파트릭Patric Berger
베르지에, 자크Jacques Bergier
베를루스코니, 실비오Silvio Berlusconi
베세트, 조제프Joseph Bessette
베스페르틸리오-호모Vespertilio-homo

베이컨, 프랜시스Francis Bacon
벤투라, 리노Lino Ventura
벨기에 프랑스어 공동체 방송Radio
　　Télévision Belge Francophone
벨랑제, 마르코Marco Bélanger
변상증變像症
보디, 도미니크Dominique Baudis
보우어, 더그Doug Bower
볼테르 네트워크Voltaire Network
부샤르도법la loi Bouchardeau
부셰예, 프랑수아즈Françoise Bouchayer
부아, 다니엘Daniel Boy
부클-드-라-센Boucle-de-la-Seine
부키아, 플로랑스Florence Bouquillat
부탱, 크리스틴Christine Boutin
부트르Boutre
붉은 여단Brigate Rosse
브라익, 앙드레André Brahic
브레샹, 소피Sophie Bressand
브루니, 카를라Carla Bruni
브리고드, 프랑수아 드François de Brigo-
　　de
블레어, 토니Tony Blair
블룸버그, 스티븐Stephen Blomberg
비기치, 닉Nick Begich
비둘기 세계 원조 센터Dove World Out-
　　reach Center

고유명사 일람

ley

헤르만 데 크로Herman de Croo

헬러, 데이비드David Heller

호블랜드, 칼Carl Hovland

《황금가지》The Golden Bough

히스, 칩Chip Heath

A B C

CERN → 유럽 입자물리연구소

CNRS → 국립과학연구센터

CRIIREM → 독립적 방사능정보연구

　위원회)

EFSA → 유럽 식품안전청

FOIA → 정보자유법

HAARP → 고주파 오로라 활동 연구

　프로그램

INSEE → 국립 통계경제연구소

PUS → 과학에 대한 대중의 이해

RTBF → 벨기에 프랑스어 공동체 방송

SUD → 민주단결연대

UNSA → 전국자율노조연맹

쉽게 믿는
자들의
민주주의

초판 1쇄 발행 2020년 12월 30일

지은이   제랄드 브로네르
옮긴이   김수진

펴낸이   김현태
펴낸곳   책세상
등록   1975년 5월 21일 제1-517호
주소   서울시 마포구 잔다리로 62-1, 3층(04031)
전화   02-704-1250(영업), 02-3273-1334(편집)
팩스   02-719-1258
이메일   editor@chaeksesang.com
광고·제휴 문의   creator@chaeksesang.com
홈페이지   chaeksesang.com
페이스북   /chaeksesang   트위터   @chaeksesang
인스타그램   @chaeksesang   네이버포스트   bkworldpub

ISBN   979-11-5931-581-7 03300